Yf 2314

LES
CLASSIQUES FRANÇOIS

PUBLIÉS

PAR M. LEFÈVRE.

SEIZIÈME VOLUME.

PARIS. — TYPOGRAPHIE DE FIRMIN DIDOT FRÈRES,
Imprimeurs de l'Institut de France,
RUE JACOB, 56.

OEUVRES
DE
P. CORNEILLE
AVEC LES NOTES
DE TOUS LES COMMENTATEURS.

TOME DEUXIÈME.

A PARIS,
CHEZ FIRMIN DIDOT FRÈRES, LIBRAIRES,
RUE JACOB, 56;
ET CHEZ L'ÉDITEUR, RUE HAUTEFEUILLE, 18.

M DCCC LIV.

LA GALERIE
DU PALAIS [1],
COMÉDIE.
1634.

---

[1] Var. *La Galerie du Palais, ou l'Amie rivale.* (1637.)

A MADAME
DE LIANCOUR[1].

Madame,

Je vous demande pardon si je vous fais un mauvais présent; non pas que j'aie si mauvaise opinion de cette pièce, que je veuille condamner les applaudissements qu'elle a reçus, mais parceque je ne croirai jamais qu'un ouvrage de cette nature soit digne de vous être présenté. Aussi vous supplierai-je très humblement de ne prendre pas tant garde à la qualité de la chose, qu'au pouvoir de celui dont elle part : c'est tout ce que vous peut offrir un homme de ma sorte; et Dieu ne m'ayant pas fait naître assez considérable pour être utile à votre service, je me tiendrai trop récompensé d'ailleurs si je puis contribuer en quelque façon à vos

---

[1] Nous avons suivi l'orthographe de Corneille. Les éditeurs modernes écrivent *Liancourt*. (Lef....)

divertissements. De six comédies[1] qui me sont échappées, si celle-ci n'est la meilleure, c'est la plus heureuse, et toutefois la plus malheureuse en ce point que, n'ayant pas eu l'honneur d'être vue de vous, il lui manque votre approbation, sans laquelle sa gloire est encore douteuse, et n'ose s'assurer sur les acclamations publiques. Elle vous la vient demander, Madame, avec cette protection qu'autrefois *Mélite* a trouvée si favorable. J'espère que votre bonté ne lui refusera pas l'une et l'autre, ou que, si vous désapprouvez sa conduite, du moins vous agréerez mon zèle, et me permettrez de me dire toute ma vie,

Madame,

Votre très humble, très obéissant,
et très obligé serviteur,

CORNEILLE.

---

[1] On jouait depuis près de deux ans *la Galerie du Palais*, lorsqu'elle fut imprimée pour la première fois en 1637. A cette époque, Corneille avait déjà fait *Mélite, Clitandre, la Veuve, la Suivante,* et *la Place Royale,* qui, avec *la Galerie du Palais,* forment les six comédies dont il parle. (Lef....)

ACTEURS.

PLEIRANTE, père de Célidée.
LYSANDRE, amant de Célidée.
DORIMANT, amoureux d'Hippolyte
CHRYSANTE, mère d'Hippolyte.
CÉLIDÉE, fille de Pleirante.
HIPPOLYTE, fille de Chrysante.
ARONTE, écuyer de Lysandre.
CLÉANTE, écuyer de Dorimant.
FLORICE, suivante d'Hippolyte [1].
LE LIBRAIRE du palais.
LE MERCIER du palais.
LA LINGÈRE du palais.

La scène est à Paris.

---

[1] « Le personnage de nourrice, qui est de la vieille comédie, « et que le manque d'actrices sur nos théâtres y avoit conservé « jusqu'alors, afin qu'un homme le pût représenter sous le « masque, se trouve ici métamorphosé en celui de suivante, « qu'une femme représente sur son visage. » (CORNEILLE, *dans l'Examen de sa pièce*.) Ainsi, les rôles de suivante ou de soubrette furent une nouveauté introduite au théâtre par Corneille. On sait combien ces rôles ont embelli la scène depuis cet heureux changement, et l'on n'oubliera jamais l'effet que produisait dans cet emploi le talent inimitable de mademoiselle Dangeville. (V.)

LA GALERIE
DU PALAIS.

ACTE PREMIER.

SCÈNE I.

ARONTE, FLORICE.

ARONTE.
Enfin je ne le puis : que veux-tu que j'y fasse[1] ?
Pour tout autre sujet mon maître n'est que glace ;
Elle est trop dans son cœur, on ne l'en peut chasser ;
Et c'est folie à nous que de plus y penser.
J'ai beau devant les yeux lui remettre Hippolyte,
Parler de ses attraits, élever son mérite,
Sa grace, son esprit, sa naissance, son bien ;
Je n'avance non plus qu'à ne lui dire rien[2] :
L'amour, dont malgré moi son ame est possédée,
Fait qu'il en voit autant, ou plus, en Célidée.
FLORICE.
Ne quittons pas pourtant ; à la longue on fait tout.

[1] Var. Mais puisque je ne peux, que veux-tu que j'y fasse? (1637.)
[2] Var. Je n'avance non plus qu'en ne lui disant rien. (1637-54.)

La gloire suit la peine : espérons jusqu'au bout.
Je veux que Célidée ait charmé son courage,
L'amour le plus parfait n'est pas un mariage ;
Fort souvent moins que rien cause un grand changement,
Et les occasions naissent en un moment.

ARONTE.
Je les prendrai toujours quand je les verrai naître.

FLORICE.
Hippolyte, en ce cas, saura le reconnoître[1].

ARONTE.
Tout ce que j'en prétends, c'est un entier secret.
Adieu : je vais trouver Célidée à regret.

FLORICE.
De la part de ton maître?

ARONTE.
Oui.

FLORICE.
Si j'ai bonne vue,
La voilà que son père amène vers la rue.
Tirons-nous à quartier ; nous jouerons mieux nos jeux,
S'ils n'aperçoivent point que nous parlions tous deux[2].

SCÈNE II.

PLEIRANTE, CÉLIDÉE.

PLEIRANTE.
Ne pense plus, ma fille, à me cacher ta flamme ;

---

[1] Var. Hippolyte, en ce cas, le saura reconnoître.
ARONTE.
Tout ce que j'en prétends n'est qu'un entier secret. (1637-54.)

[2] Var. Aronte, éloigne-toi ; nous jouerons mieux nos jeux,
S'ils ne se doutent point que nous parlions nous deux. (1637-54.)

ACTE I, SCÈNE II.

N'en conçois point de honte, et n'en crains point de blâme :
Le sujet qui l'allume a des perfections
Dignes de posséder tes inclinations ;
Et, pour mieux te montrer le fond de mon courage,
J'aime autant son esprit que tu fais son visage.
Confesse donc, ma fille, et crois qu'un si beau feu
Veut être mieux traité que par un désaveu.

CÉLIDÉE.

Monsieur, il est tout vrai [1] ; son ardeur légitime
A tant gagné sur moi, que j'en fais de l'estime ;
J'honore son mérite, et n'ai pu m'empêcher
De prendre du plaisir à m'en voir rechercher ;
J'aime son entretien, je chéris sa présence :
Mais cela n'est enfin qu'un peu de complaisance [2],
Qu'un mouvement léger qui passe en moins d'un jour.
Vos seuls commandements produiront mon amour ;
Et votre volonté, de la mienne suivie....

PLEIRANTE.

Favorisant ses vœux, seconde ton envie.
Aime, aime ton Lysandre ; et, puisque je consens
Et que je t'autorise à ces feux innocents,
Donne-lui hardiment une entière assurance
Qu'un mariage heureux suivra son espérance ;

---

[1] *Monsieur.* En se servant de cette expression respectueuse, Célidée fait pressentir qu'elle est peu disposée à suivre les conseils de son père. Cette nuance délicate, dont on chercherait vainement le modèle dans les écrivains antérieurs à Corneille, aurait disparu si Célidée avait dit simplement : Mon père, il est tout vrai. *Tout vrai* est ici pour *très vrai*. La particule qui caractérise aujourd'hui notre superlatif était alors peu usitée en poésie. (Par.)

[2] Var. Mais cela n'est aussi qu'un peu de complaisance. (1637-54.)

Engage-lui ta foi. Mais j'aperçois venir
Quelqu'un qui de sa part te vient entretenir.
Ma fille, adieu : les yeux d'un homme de mon âge
Peut-être empêcheroient la moitié du message.

CÉLIDÉE.
Il ne vient rien de lui qu'il faille vous celer.

PLEIRANTE.
Mais tu seras, sans moi, plus libre à lui parler;
Et ta civilité, sans doute un peu forcée,
Me fait un compliment qui trahit ta pensée.

SCÈNE III.

CÉLIDÉE, ARONTE.

CÉLIDÉE.
Que fait ton maître, Aronte?

ARONTE.
Il m'envoie aujourd'hui
Voir ce que sa maîtresse a résolu de lui,
Et comment vous voulez qu'il passe la journée.

CÉLIDÉE.
Je serai chez Daphnis toute l'après-dînée;
Et s'il m'aime, je crois que nous l'y pourrons voir.
Autrement....

ARONTE.
Ne pensez qu'à l'y bien recevoir.

CÉLIDÉE.
S'il y manque, il verra sa paresse punie.
Nous y devons dîner fort bonne compagnie;
J'y mène, du quartier, Hippolyte et Cloris.

ARONTE.
Après elles et vous il n'est rien dans Paris[1];
Et je n'en sache point, pour belles qu'on les nomme,
Qui puissent attirer les yeux d'un honnête homme.
CÉLIDÉE.
Je ne suis pas d'humeur bien propre à t'écouter,
Et ne prends pas plaisir à m'entendre flatter[2].
Sans que ton bel esprit tâche plus d'y paroître,
Mêle-toi de porter ma réponse à ton maître[3].
ARONTE, seul.
Quelle superbe humeur! quel arrogant maintien!
Si mon maître me croit, vous ne tenez plus rien;
Il changera d'objet, ou j'y perdrai ma peine :
Aussi bien son amour ne vous rend que trop vaine[4].

SCÈNE IV.

LA LINGÈRE, LE LIBRAIRE.

(On tire un rideau, et l'on voit le libraire, la lingère et le mercier, chacun dans sa boutique.)

LA LINGÈRE.
Vous avez fort la presse à ce livre nouveau;
C'est pour vous faire riche.
LE LIBRAIRE.
On le trouve si beau,
Que c'est, pour mon profit, le meilleur qui se voie[5].

---

[1] Var. Elles et vous dehors, il n'est rien dans Paris. (1637-54.)

[2] Var. Je veux des gens mieux faits que toi pour me flatter. (1637-54.)

[3] Var. Mêle-toi de porter mon message à ton maître. (1637-54.)

[4] Var. Son amour aussi bien ne vous rend que trop vaine. (1637-54.)

[5] Var. . . . . On le trouve assez beau,

(à la lingère.)

Mais, vous, que vous vendez de ces toiles de soie [1] !

LA LINGÈRE.

De vrai, bien que d'abord on en vendit fort peu,
A présent Dieu nous aime, on y court comme au feu ;
Je n'en saurois fournir autant qu'on m'en demande :
Elle sied mieux aussi que celle de Hollande,
Découvre moins le fard dont un visage est peint,
Et donne, ce me semble, un plus grand lustre au teint [2].
Je perds bien à gagner [3], de ce que ma boutique,
Pour être trop étroite, empêche ma pratique ;
A peine y puis-je avoir deux chalands à-la-fois :
Je veux changer de place avant qu'il soit un mois ;
J'aime mieux en payer le double et davantage,
Et voir ma marchandise en un bel étalage [4].

LE LIBRAIRE.

Vous avez bien raison ; mais, à ce que j'entends....

(à Dorimant.)

Monsieur, vous plaît-il voir quelques livres du temps ?

SCÈNE V.

DORIMANT, CLÉANTE, LE LIBRAIRE.

DORIMANT.

Montrez-m'en quelques-uns.

Et c'est, pour mon profit, le meilleur qui se voie. (1637.)

[1] *Toile de soie*. C'était une espèce de gaze ou toile très claire, fort à la mode au commencement du dix-septième siècle. (PAR.)

[2] VAR. Et, moins blanche, elle donne un plus grand lustre au teint. (1637.)

[3] C'est-à-dire : *je manque à gagner*. (A.-M.)

[4] VAR. Et voir ma marchandise en plus bel étalage. (1637-54.)

ACTE I, SCÈNE V. 13

LE LIBRAIRE.
Voici ceux de la mode.
DORIMANT.
Otez-moi cet auteur, son nom seul m'incommode ;
C'est un impertinent, ou je n'y connois rien.
LE LIBRAIRE.
Ses œuvres toutefois se vendent assez bien.
DORIMANT.
Quantité d'ignorants ne songent qu'à la rime.
LE LIBRAIRE.
Monsieur, en voici deux dont on fait grande estime ;
Considérez ce trait, on le trouve divin.
DORIMANT.
Il n'est que mal traduit du cavalier Marin [1] ;
Sa veine, au demeurant, me semble assez hardie.
LE LIBRAIRE.
Ce fut son coup d'essai que cette comédie.
DORIMANT.
Cela n'est pas tant mal pour un commencement ;
La plupart de ses vers coulent fort doucement :
Qu'il a de mignardise à décrire un visage !

[1] *La Sampogna*, imprimée en 1620, est, selon toute apparence, la pièce indiquée ici. J.-B. Marini, connu sous le nom de *cavalier Marin*, naquit à Naples le 18 octobre 1569. Il fut d'abord attaché à la légation du pape Clément VIII en Savoie ; mais ses démêlés avec le poëte *Murtolo*, qu'il déchira dans une satire sanglante intitulée *la Murtoléide*, l'obligèrent à quitter Turin. Il vint en France, où il fut bien reçu de Marie de Médicis, et continua d'y exercer son humeur satirique. Il disait de Malherbe : « Je n'ai jamais vu d'homme plus humide, ni de poëte plus sec, » faisant allusion à la maigreur de Malherbe et à l'habitude qu'il avait de cracher fréquemment en récitant ses vers. Le cavalier Marin mourut le 21 mai 1625, dans la même ville qui l'avait vu naître. (PAR.)

SCÈNE VI.

HIPPOLYTE, FLORICE, DORIMANT, CLÉANTE, LE LIBRAIRE, LA LINGÈRE.

HIPPOLYTE, à la lingère.
Madame, montrez-nous quelques collets d'ouvrage.
LA LINGÈRE.
Je vous en vais montrer de toutes les façons.
DORIMANT, au libraire.
Ce visage vaut mieux que toutes vos chansons [1].
LA LINGÈRE, à Hippolyte.
(Elle ouvre une boîte.)
Voilà du point d'Esprit, de Gênes, et d'Espagne.
HIPPOLYTE.
Ceci n'est guère bon qu'à des gens de campagne.
LA LINGÈRE.
Voyez bien ; s'il en est deux pareils dans Paris [2]....
HIPPOLYTE.
Ne les vantez point tant, et dites-nous le prix.
LA LINGÈRE.
Quand vous aurez choisi.

[1] Var. Ceci vaut mieux le voir que toutes vos chansons. (1637-54.)

[2] Var. Voyez bien ; s'il en est deux pareils dans Paris,
Je veux perdre la boëte.
FLORICE.
On est fort souvent pris
À ces sortes de points, si l'on n'a quelque fille
Qui sache à tous moments y repasser l'aiguille :
En moins de trois savons, rien n'y tient presque plus.
HIPPOLYTE.
Cettuy-ci, qu'en dis-tu ? (1637-54.)

ACTE I, SCÈNE VI.

HIPPOLYTE.

Que t'en semble, Florice?

FLORICE.

Ceux-là sont assez beaux, mais de mauvais service ;
En moins de trois savons on ne les connoît plus.

HIPPOLYTE.

Celui-ci, qu'en dis-tu?

FLORICE.

L'ouvrage en est confus,
Bien que l'invention de près soit assez belle.
Voici bien votre fait, n'étoit que la dentelle
Est fort mal assortie avec le passement ;
Cet autre n'a de beau que le couronnement.

LA LINGÈRE.

Si vous pouviez avoir deux jours de patience [1],
Il m'en vient, mais qui sont dans la même excellence.

(Dorimant parle au libraire à l'oreille.)

FLORICE.

Il vaudroit mieux attendre.

HIPPOLYTE.

Eh bien, nous attendrons ;
Dites-nous au plus tard quel jour nous reviendrons.

LA LINGÈRE.

Mercredi j'en attends de certaines nouvelles.
Cependant vous faut-il quelques autres dentelles?

HIPPOLYTE.

J'en ai ce qu'il m'en faut pour ma provision.

LE LIBRAIRE, à Dorimant.

J'en vais subtilement prendre l'occasion.

(à la lingère.)

La connois-tu, voisine?

[1] Var. Si vous pouvez avoir trois jours de patience. (1637-54.)

LA LINGÈRE.

Oui, quelque peu de vue :
Quant au reste, elle m'est tout-à-fait inconnue.
<small>(Dorimant tire Cléante au milieu du théâtre, et lui parle à l'oreille.)</small>
Ce cavalier, sans doute, y trouve plus d'appas
Que dans tous vos auteurs?

CLÉANTE, à Dorimant.

Je n'y manquerai pas.

DORIMANT.

Si tu ne me vois là, je serai dans la salle[1].
<small>(Il prend un livre sur la boutique du libraire.)</small>
Je connois celui-ci ; sa veine est fort égale ;
Il ne fait point de vers qu'on ne trouve charmants.
Mais on ne parle plus qu'on fasse de romans ;
J'ai vu que notre peuple en étoit idolâtre.

LE LIBRAIRE.

La mode est à présent des pièces de théâtre.

DORIMANT.

De vrai, chacun s'en pique, et tel y met la main,
Qui n'eut jamais l'esprit d'ajuster un quatrain.

SCÈNE VII.

LYSANDRE, DORIMANT, LE LIBRAIRE, LE MERCIER.

LYSANDRE.

Je te prends sur le livre.

DORIMANT.

Eh bien, qu'en veux-tu dire ?

---

[1] Il s'agit ici de la *grand'salle*, appelée aujourd'hui *salle des Pas perdus*. (PAR.)

Tant d'excellents esprits, qui se mêlent d'écrire,
Valent bien qu'on leur donne une heure de loisir.
LYSANDRE.
Y trouves-tu toujours une heure de plaisir?
Beaucoup font bien des vers, et peu la comédie [1].
DORIMANT.
Ton goût, je m'en assure, est pour la Normandie?
LYSANDRE.
Sans rien spécifier, peu méritent le voir;
Souvent leur entreprise excède leur pouvoir;
Et tel parle d'amour sans aucune pratique [2].
DORIMANT.
On n'y sait guère alors que la vieille rubrique :
Faute de le connoître, on l'habille en fureur;
Et, loin d'en faire envie, on nous en fait horreur.
Lui seul de ses effets a droit de nous instruire;
Notre plume à lui seul doit se laisser conduire :
Pour en bien discourir, il faut l'avoir bien fait;
Un bon poëte ne vient que d'un amant parfait.
LYSANDRE.
Il n'en faut point douter, l'amour a des tendresses
Que nous n'apprenons point qu'auprès de nos maîtresses.
Tant de sortes d'appas, de doux saisissements,
D'agréables langueurs et de ravissements,
Jusques où d'un bel œil peut s'étendre l'empire,
Et mille autres secrets que l'on ne sauroit dire
(Quoi que tous nos rimeurs en mettent par écrit),
Ne se surent jamais par un effort d'esprit;
Et je n'ai jamais vu de cervelles bien faites

---

[1] Var. Beaucoup font bien des vers, mais peu la comédie. (1637-54.)

[2] Var. Beaucoup, dont l'entreprise excède le pouvoir,
    Veulent parler d'amour sans aucune pratique. (1637-54.)

Qui traitassent l'amour à la façon des poëtes :
C'est tout un autre jeu. Le style d'un sonnet
Est fort extravagant dedans un cabinet;
Il y faut bien louer la beauté qu'on adore,
Sans mépriser Vénus, sans médire de Flore,
Sans que l'éclat des lis, des roses, d'un beau jour,
Ait rien à démêler avecque notre amour.
O pauvre comédie, objet de tant de veines,
Si tu n'es qu'un portrait des actions humaines,
On te tire souvent sur un original
A qui, pour dire vrai, tu ressembles fort mal!

DORIMANT.

Laissons la muse en paix, de grace; à la pareille,
Chacun fait ce qu'il peut, et ce n'est pas merveille
Si, comme avec bon droit on perd bien un procès,
Souvent un bon ouvrage a de foibles succès.
Le jugement de l'homme, ou plutôt son caprice,
Pour quantité d'esprits n'a que de l'injustice :
J'en admire beaucoup dont on fait peu d'état;
Leurs fautes, tout au pis, ne sont pas coups d'état,
La plus grande est toujours de peu de conséquence.

LE LIBRAIRE.

Vous plairoit-il de voir des pièces d'éloquence [1]?

LYSANDRE, *ayant regardé le titre d'un livre
que le libraire lui présente.*

J'en lus hier la moitié; mais son vol est si haut [2],
Que presque à tous moments je me trouve en défaut.

DORIMANT.

Voici quelques auteurs dont j'aime l'industrie.

[1] Var. Vous plaît-il point de voir des pièces d'éloquence? (1637-54.)

[2] L'enflure était si commune alors parmi les orateurs, qu'il est difficile de désigner celui que Corneille avait en vue ici. (Par.)

Mettez ces trois à part, mon maître, je vous prie;
Tantôt un de mes gens vous les viendra payer.
\begin{center}LYSANDRE, se retirant d'auprès les boutiques.\end{center}
Le reste du matin où veux-tu l'employer?
\begin{center}LE MERCIER.\end{center}
Voyez deçà, messieurs; vous plaît-il rien du nôtre?
Voyez, je vous ferai meilleur marché qu'un autre,
Des gants, des baudriers, des rubans, des castors.

SCÈNE VIII.

DORIMANT, LYSANDRE.

DORIMANT.

Je ne saurois encor te suivre, si tu sors :
Faisons un tour de salle, attendant mon Cléante.
\begin{center}LYSANDRE.\end{center}
Qui te retient ici?
\begin{center}DORIMANT.\end{center}
L'histoire en est plaisante :
Tantôt, comme j'étois sur le livre occupé [1],
Tout proche on est venu choisir du point-coupé.
\begin{center}LYSANDRE.\end{center}
Qui?
\begin{center}DORIMANT.\end{center}
C'est la question; mais il faut s'en remettre
A ce qu'à mes regards sa coiffe a pu permettre [2].
Je n'ai rien vu d'égal : mon Cléante la suit,
Et ne reviendra point qu'il n'en soit bien instruit [3],

---

[1] Var. Tantôt, comme j'étois dans le livre occupé. (1637-54.)
[2] Var. A ce qu'à mes regards son masque a pu permettre. (1637-54.)
[3] Var. Et ne reviendra point qu'il ne soit bien instruit

Qu'il n'en sache le nom, le rang, et la demeure.
LYSANDRE.
Ami, le cœur t'en dit.
DORIMANT.
Nullement, ou je meure.
Voyant je ne sais quoi de rare en sa beauté,
J'ai voulu contenter ma curiosité.
LYSANDRE.
Ta curiosité deviendra bientôt flamme;
C'est par là que l'amour se glisse dans une ame.
 A la première vue, un objet qui nous plaît
N'inspire qu'un desir de savoir quel il est;
On en veut aussitôt apprendre davantage [1],
Voir si son entretien répond à son visage,
S'il est civil ou rude, importun ou charmeur [2],
Éprouver son esprit, connoître son humeur :
De là cet examen se tourne en complaisance;
On cherche si souvent le bien de sa présence,
Qu'on en fait habitude, et qu'au point d'en sortir
Quelque regret commence à se faire sentir :
On revient tout rêveur; et notre ame blessée,
Sans prendre garde à rien, cajole sa pensée.
Ayant rêvé le jour, la nuit à tout propos
On sent je ne sais quoi qui trouble le repos;

Quelle est sa qualité, son nom, et sa demeure. (1637-54.)

[1] Var. A la première vue, un sujet qui nous plaît
   Ne forme qu'un desir de savoir quel il est;
   Le sachant, on en veut apprendre davantage. (1637-54.)

[2] On dit *enchanteur*, on dit *charmant;* on ne dit plus *charmeur*. Est-ce caprice de l'usage? est-ce délicatesse de l'oreille, que la dureté de deux *r* a blessée, dans un mot qui exprimait ce qu'il y a de plus doux? (Marm.)

ACTE I, SCÈNE IX.

Un sommeil inquiet, sur de confus nuages [1],
Élève incessamment de flatteuses images,
Et, sur leur vain rapport, fait naître des souhaits
Que le réveil admire et ne dédit jamais :
Tout le cœur court en hâte après de si doux guides ;
Et le moindre larcin que font ses vœux timides
Arrête le larron, et le met dans les fers.

DORIMANT.
Ainsi tu fus épris de celle que tu sers ?

LYSANDRE.
C'est un autre discours ; à présent je ne touche
Qu'aux ruses de l'amour contre un esprit farouche,
Qu'il faut apprivoiser presque insensiblement [2],
Et contre ses froideurs combattre finement.
Des naturels plus doux....

SCÈNE IX.

DORIMANT, LYSANDRE, CLÉANTE.

DORIMANT.
             Eh bien, elle s'appelle ?

CLÉANTE.
Ne m'informez de rien qui touche cette belle [3].

---

[1] VAR. On souffre doucement l'illusion des songes ;
    Notre esprit, qui s'en flatte, adore leurs mensonges
    Sans y trouver encor que des biens imparfaits
    Qui le font aspirer aux solides effets :
    Là consiste à son gré le bonheur de sa vie,
    Et le moindre larcin permis à son envie
    Arrête le larron. . . . . (1637-54.)

[2] VAR. Qu'il faut apprivoiser comme insensiblement. (1637-54.)

[3] *Informer quelqu'un*, c'est lui apprendre quelque chose. Il eût été si facile à Corneille de dire,

Trois filous rencontrés vers le milieu du pont ¹,
Chacun l'épée au poing, m'ont voulu faire affront,
Et, sans quelques amis qui m'ont tiré de peine,
Contre eux ma résistance eût peut-être été vaine ;
Ils ont tourné le dos, me voyant secouru :
Mais ce que je suivois tandis ² est disparu.

DORIMANT.

Les traîtres! trois contre un! t'attaquer! te surprendre!
Quels insolents vers moi s'osent ainsi méprendre ³ ?

CLÉANTE.

Je ne connois qu'un d'eux, et c'est là le retour
De quelques tours de main qu'il reçut l'autre jour ⁴,
Lorsque, m'ayant tenu quelques propos d'ivrogne,
Nous eûmes prise ensemble à l'hôtel de Bourgogne.

> Ne me demandez rien qui touche cette belle,

que nous sommes portés à croire que le verbe *informer*, employé activement comme il l'est ici, avait la double signification de *apprendre* et *interroger*. Les dictionnaires du temps ne parlent que de la première. (Par.)

¹ Var. Trois poltrons rencontrés vers le milieu du pont. (1637.)

² *Tandis* pour *pendant ce temps*. Malherbe et Ronsard, avaient, avant Corneille, donné cette signification à ce mot.

Le premier a dit :

> Tandis, la nuit s'en va, les lumières s'éteignent ;

le second :

> Tandis, l'ignorance arma
> L'aveugle fureur des princes.

Suivant Vaugelas et Ménage, dont la décision a prévalu, *tandis* ne peut jamais s'employer isolément, et on dit *tandis que* pour *pendant que*. (Par.)

³ Var. Quels impudents vers moi s'osent ainsi méprendre? (1637-54.)

⁴ Var. De cent coups de bâton qu'il reçut l'autre jour. (1637-54.)

ACTE I, SCÈNE IX.

DORIMANT.

Qu'on le trouve où qu'il soit [1]; qu'une grêle de bois
Assemble sur lui seul le châtiment des trois;
Et que, sous l'étrivière, il puisse tôt connoître [2],
Quand on se prend aux miens, qu'on s'attaque à leur maître.

LYSANDRE.

J'aime à te voir ainsi décharger ton courroux :
Mais voudrois-tu parler franchement entre nous?

DORIMANT.

Quoi! tu doutes encor de ma juste colère ?

LYSANDRE.

En ce qui le regarde, elle n'est que légère :
En vain pour son sujet tu fais l'intéressé;
Il a paré des coups dont ton cœur est blessé :
Cet accident fâcheux te vole une maîtresse;
Confesse ingénument, c'est là ce qui te presse.

DORIMANT.

Pourquoi te confesser ce que tu vois assez ?
Au point de se former, mes desseins renversés,
Et mon desir trompé, poussent dans ces contraintes,
Sous de faux mouvements, de véritables plaintes.

LYSANDRE.

Ce desir, à vrai dire, est un amour naissant
Qui ne sait où se prendre, et demeure impuissant;
Il s'égare et se perd dans cette incertitude;
Et, renaissant toujours de ton inquiétude,

---

[1] *Où que*, pour *en quelque lieu que*, était d'un fréquent usage du temps de Corneille : c'est l'*ubicumque* des Latins. Ménage a proscrit cette locution, et elle a disparu de notre langue, malgré l'autorité de Malherbe et Corneille parmi nos poëtes anciens, de J.-J. Rousseau et Buffon parmi nos prosateurs modernes. (PAR.)

[2] VAR. Et que, sous l'étrivière, il puisse enfin connoître. (1637-54.)

Il te montre un objet d'autant plus souhaité,
Que plus sa connoissance a de difficulté.
C'est par là que ton feu davantage s'allume :
Moins on l'a pu connoître, et plus on en présume [1] :
Notre ardeur curieuse en augmente le prix.

DORIMANT.

Que tu sais, cher ami, lire dans les esprits !
Et que, pour bien juger d'une secrète flamme,
Tu pénètres avant dans les ressorts d'une ame !

LYSANDRE.

Ce n'est pas encor tout, je veux te secourir [2].

DORIMANT.

Oh, que je ne suis pas en état de guérir !
L'amour use sur moi de trop de tyrannie.

LYSANDRE.

Souffre que je te mène en une compagnie
Où l'objet de mes vœux m'a donné rendez-vous ;
Les divertissements t'y sembleront si doux,
Ton ame en un moment en sera si charmée,
Que, tous ses déplaisirs dissipés en fumée,
On gagnera sur toi fort aisément ce point
D'oublier un objet que tu ne connois point [3].
Mais garde-toi sur-tout d'une jeune voisine
Que ma maîtresse y mène ; elle est et belle et fine,
Et sait si dextrement ménager ses attraits,
Qu'il n'est pas bien aisé d'en éviter les traits.

DORIMANT.

Au hasard, fais de moi tout ce que bon te semble.

---

[1] Var. Car moins on le connoît, et plus on en présume. (1637-54.)

[2] Var. Ce n'est pas encor tout, je te veux secourir. (1637-54.)

[3] Var. D'oublier un sujet que tu ne connois point. (1637-54.)

LYSANDRE.
Donc, en attendant l'heure, allons dîner ensemble.

SCÈNE X.

HIPPOLYTE, FLORICE.

HIPPOLYTE.
Tu me railles toujours.
FLORICE.
S'il ne vous veut du bien,
Dites assurément que je n'y connois rien.
Je le considérois tantôt chez ce libraire ;
Ses regards de sur vous ne pouvoient se distraire,
Et son maintien étoit dans une émotion
Qui m'instruisoit assez de son affection.
Il vouloit vous parler, et n'osoit l'entreprendre.
HIPPOLYTE.
Toi, ne me parle point, ou parle de Lysandre :
C'est le seul dont la vue excita mon ardeur.
FLORICE.
Et le seul qui pour vous n'a que de la froideur.
Célidée est son ame, et tout autre visage
N'a point d'assez beaux traits pour toucher son courage[1] ;
Son brasier est trop grand, rien ne peut l'amortir[2] :
En vain son écuyer tâche à l'en divertir[3],

[1] Le mot *courage* signifiait encore, du temps de Corneille, le *cœur*, *l'esprit* : on ne s'en sert plus aujourd'hui que pour désigner un état, une qualité de l'ame. (PAL.)

[2] On a gardé les *feux* et les *flammes* de l'amour ; mais le *brasier* et la *braise* ne sont plus d'usage, quoique *embraser* soit encore le terme le plus énergique. (MARM.)

[3] *Divertir*, formé du latin *divertere*, et qui s'employait alors

En vain, jusques aux cieux portant votre louange,
Il tâche à lui jeter quelque amorce du change,
Et lui dit jusque-là que dans votre entretien
Vous témoignez souvent de lui vouloir du bien;
Tout cela n'est qu'autant de paroles perdues.
HIPPOLYTE.
Faute d'être, sans doute, assez bien entendues[1]!
FLORICE.
Ne le présumez pas, il faut avoir recours
A de plus hauts secrets qu'à ces foibles discours.
Je fus fine autrefois, et, depuis mon veuvage,
Ma ruse chaque jour s'est accrue avec l'âge :
Je me connois en monde, et sais mille ressorts
Pour débaucher une ame et brouiller des accords.
HIPPOLYTE.
Dis promptement, de grace[2].
FLORICE.
A présent l'heure presse,
Et je ne vous saurois donner qu'un mot d'adresse.
Cette voisine et vous.... Mais déja la voici.

SCÈNE XI.
CÉLIDÉE, HIPPOLYTE, FLORICE.

CÉLIDÉE.
A force de tarder, tu m'as mise en souci :

dans le même sens que *détourner*, a perdu sa signification active.
On dit aujourd'hui *se divertir* pour *s'amuser*. (Par.)

[1] Var. Faute d'être, possible, assez bien entendues! (1637-54.)
[2] Var. Et, de grace, dis vite. (1637.)

Il est temps, et Daphnis par un page me mande
Que, pour faire servir, on n'attend que ma bande;
Le carrosse est tout prêt : allons, veux-tu venir?
HIPPOLYTE.
Lysandre après dîner t'y vient entretenir?
CÉLIDÉE.
S'il osoit y manquer, je te donne promesse
Qu'il pourroit bien ailleurs chercher une maîtresse.

FIN DU PREMIER ACTE.

ACTE SECOND.

SCÈNE I.

HIPPOLYTE, DORIMANT.

HIPPOLYTE.
Ne me contez point tant que mon visage est beau :
Ces discours n'ont pour moi rien du tout de nouveau ;
Je le sais bien sans vous, et j'ai cet avantage,
Quelques perfections qui soient sur mon visage,
Que je suis la première à m'en apercevoir :
Pour me les bien apprendre, il ne faut qu'un miroir[1] ;
J'y vois en un moment tout ce que vous me dites.
DORIMANT.
Mais vous n'y voyez pas tous vos rares mérites[2] ;
Cet esprit tout divin, et ce doux entretien,
Ont des charmes puissants dont il ne montre rien.
HIPPOLYTE.
Vous les montrez assez par cette après-dînée
Qu'à causer avec moi vous vous êtes donnée ;
Si mon discours n'avoit quelque charme caché,
Il ne vous tiendroit pas si long-temps attaché.
Je vous juge plus sage, et plus aimer votre aise,
Que d'y tarder ainsi sans que rien vous y plaise ;

---

[1] VAR. Pour me galantiser, il ne faut qu'un miroir. (1637-54.)
[2] VAR. Mais bien la moindre part de vos rares mérites. (1637-54.)

ACTE II, SCÈNE I.

Et, si je présumois qu'il vous plût sans raison ¹,
Je me ferois moi-même un peu de trahison ;
Et, par ce trait badin qui sentiroit l'enfance,
Votre beau jugement recevroit trop d'offense.
Je suis un peu timide, et, dût-on me jouer,
Je n'ose démentir ceux qui m'osent louer ².

DORIMANT.

Aussi vous n'avez pas le moindre lieu de craindre
Qu'on puisse, en vous louant, ni vous flatter, ni feindre ;
On voit un tel éclat en vos brillants appas ³,
Qu'on ne peut l'exprimer, ni ne l'adorer pas.

HIPPOLYTE.

Ni ne l'adorer pas ! Par là vous voulez dire... ?

DORIMANT.

Que mon cœur désormais vit dessous votre empire,
Et que tous mes desseins de vivre en liberté
N'ont eu rien d'assez fort contre votre beauté.

HIPPOLYTE.

Quoi ! mes perfections vous donnent dans la vue ?

DORIMANT.

Les rares qualités dont vous êtes pourvue
Vous ôtent tout sujet de vous en étonner.

HIPPOLYTE.

Cessez aussi, monsieur, de vous l'imaginer.
Si vous brûlez pour moi, ce ne sont pas merveilles ⁴ ;

---

¹ Var. Et présumer d'ailleurs qu'il vous plût sans raison. (1637-54.)
² Var. Je suis un peu timide ; et qui me veut louer,
    Je ne l'ose jamais en rien désavouer.
            DORIMANT.
    Aussi, certes, aussi n'avez-vous pas à craindre. (1637-54.)
³ Var. On voit un tel éclat en vos divins appas. (1637-54.)
⁴ Var. Vu que, si vous m'aimez, ce ne sont pas merveilles. (1637-54.)

J'ai de pareils discours chaque jour aux oreilles,
Et tous les gens d'esprit en font autant que vous.

DORIMANT.

En amour, toutefois, je les surpasse tous.
Je n'ai point consulté pour vous donner mon ame ;
Votre premier aspect sut allumer ma flamme,
Et je sentis mon cœur, par un secret pouvoir,
Aussi prompt à brûler que mes yeux à vous voir.

HIPPOLYTE.

Avoir connu d'abord combien je suis aimable [1],
Encor qu'à votre avis il soit inexprimable !
Ce grand et prompt effet m'assure puissamment
De la vivacité de votre jugement.
Pour moi, que la nature a faite un peu grossière,
Mon esprit, qui n'a pas cette vive lumière,
Conduit trop pesamment toutes ses functions [2]
Pour m'avertir si tôt de vos perfections.
Je vois bien que vos feux méritent récompense ;
Mais de les seconder ce défaut me dispense.

DORIMANT.

Railleuse !

HIPPOLYTE.

Excusez-moi, je parle tout de bon.

DORIMANT.

Le temps de cet orgueil me fera la raison ;
Et nous verrons un jour, à force de services,
Adoucir vos rigueurs et finir mes supplices.

---

[1] Var. Connoître ainsi d'abord combien je suis aimable. (1637-54.)

[2] *Functions.* Ce mot n'avait encore perdu aucune trace de son étymologie, puisqu'il vient du latin *functio*. On ne le trouve dans aucun des dictionnaires du temps : peut-être le devons-nous à Corneille. (Par.)

SCÈNE II.

DORIMANT, LYSANDRE, HIPPOLYTE, FLORICE.

(Lysandre sort de chez Célidée, et passe sans s'arrêter, leur donnant seulement un coup de chapeau.)

HIPPOLYTE.

Peut-être l'avenir.... Tout beau, coureur, tout beau !
On n'est pas quitte ainsi pour un coup de chapeau :
Vous aimez l'entretien de votre fantaisie;
Mais, pour un cavalier, c'est peu de courtoisie,
Et cela messied fort à des hommes de cour,
De n'accompagner pas leur salut d'un bonjour.

LYSANDRE.

Puisqu'auprès d'un sujet capable de nous plaire
La présence d'un tiers n'est jamais nécessaire,
De peur qu'il en reçût quelque importunité [1],
J'ai mieux aimé manquer à la civilité.

HIPPOLYTE.

Voilà parer mon coup d'un galant artifice [2],
Comme si je pouvois.... Que me veux-tu, Florice?

(Florice sort, et parle à Hippolyte à l'oreille.)

Dis-lui que je m'en vais. Messieurs, pardonnez-moi :
On me vient d'apporter une fâcheuse loi ;
Incivile à mon tour, il faut que je vous quitte.
Une mère m'appelle.

DORIMANT.

Adieu, belle Hippolyte,

---

[1] VAR. De peur qu'il n'en reçût quelque importunité. (1637-54.)
[2] VAR. Voilà parer mon coup d'un gentil artifice. (1637-54.)

Adieu : souvenez-vous....
HIPPOLYTE.
Mais vous, n'y songez plus.

SCÈNE III.

LYSANDRE, DORIMANT.

LYSANDRE.
Quoi! Dorimant, ce mot t'a rendu tout confus!
DORIMANT.
Ce mot à mes desirs laisse peu d'espérance.
LYSANDRE.
Tu ne la vois encor qu'avec indifférence?
DORIMANT.
Comme toi Célidée.
LYSANDRE.
Elle eut donc chez Daphnis,
Hier, dans son entretien, des charmes infinis?
Je te l'avois bien dit que ton ame, à sa vue,
Demeureroit ou prise, ou puissamment émue :
Mais tu n'as pas si tôt oublié la beauté
Qui fit naître au palais ta curiosité?
Du moins ces deux objets balancent ton courage?
DORIMANT.
Sais-tu bien que c'est là justement mon visage,
Celui que j'avois vu le matin au palais?
LYSANDRE.
A ce compte....
DORIMANT.
J'en tiens, ou l'on n'en tint jamais.

ACTE II, SCÈNE III.

LYSANDRE.
C'est consentir bientôt à perdre ta franchise ¹.
DORIMANT.
C'est rendre un prompt hommage aux yeux qui me l'ont prise.
LYSANDRE.
Puisque tu les connois, je ne plains plus ton mal ².
DORIMANT.
Leur coup, pour les connoître, en est-il moins fatal?
LYSANDRE.
Non, mais du moins ton cœur n'est plus à la torture ³
De voir tes vœux forcés d'aller à l'aventure ;
Et cette belle humeur de l'objet qui t'a pris....
DORIMANT.
Sous un accueil riant cache un subtil mépris.
Ah! que tu ne sais pas de quel air on me traite!
LYSANDRE.
Je t'en avois jugé l'ame fort satisfaite ;
Et cette gaie humeur, qui brilloit dans ses yeux ⁴,
M'en promettoit pour toi quelque chose de mieux.
DORIMANT.
Cette belle, de vrai, quoique toute de glace,
Mêle dans ses froideurs je ne sais quelle grace
Par où tout de nouveau je me laisse gagner,
Et consens, peu s'en faut, à m'en voir dédaigner ⁵.
Loin de s'en affoiblir, mon amour s'en augmente ;
Je demeure charmé de ce qui me tourmente.

---

¹ Var. C'est parler franchement pour être sans franchise. (1637.)

² Var. Puisque tu les connois, ce n'est que demi-mal. (1637.)

³ Var. Non pas ; mais tu n'as plus l'esprit à la torture. (1637-54.)

⁴ Var. Et vous voyant tous deux si gais à mon abord,
Je vous croyois du moins prêts à tomber d'accord. (1637-54.)

⁵ Var. Et consens, peu s'en faut, à me voir dédaigner. (1637-54.)

34 LA GALERIE DU PALAIS.

Je pourrois de toute autre être le possesseur,
Que sa possession auroit moins de douceur.
Je ne suis plus à moi quand je vois Hippolyte
Rejeter ma louange et vanter son mérite¹,
Négliger mon amour ensemble et l'approuver,
Me remplir tout d'un temps d'espoir et m'en priver,
Me refuser son cœur en acceptant mon ame,
Faire état de mon choix en méprisant ma flamme.
Hélas! en voilà trop : le moindre de ces traits
A pour me retenir de trop puissants attraits;
Trop heureux d'avoir vu sa froideur enjouée²
Ne se point offenser d'une ardeur avouée!

LYSANDRE.

Son adieu toutefois te défend d'y songer,
Et ce commandement t'en devroit dégager.

DORIMANT.

Qu'un plus capricieux d'un tel adieu s'offense;
Il me donne un conseil plutôt qu'une défense,
Et, par ce mot d'avis, son cœur sans amitié
Du temps que j'y perdrai montre quelque pitié.

LYSANDRE.

Soit défense ou conseil, de rien ne désespère;
Je te réponds déja de l'esprit de sa mère.
Pleirante son voisin lui parlera pour toi³,

¹ Var. Rejetant ma louange, avouer son mérite,
   Négliger mon ardeur ensemble et l'approuver. (1637-54.)

² Var. Encore trop heureux que sa froideur extrême
   Veut bien* que je la serve, et souffre que je l'aime! (1637-47.)

³ Var. Un qui peut tout sur elle, et fera tout pour moi,
   L'aura bientôt gagnée en faveur de ta foi.
   C'est son proche voisin, père de ma maîtresse :
   Tu n'as plus que la fille à vaincre par adresse;

* Var. Consent. (1648-54.)

ACTE II, SCÈNE III.

Il peut beaucoup sur elle, et fera tout pour moi.
Tu sais qu'il m'a donné sa fille pour maîtresse.
Tâche à vaincre Hippolyte avec un peu d'adresse,
Et n'appréhende pas qu'il en faille beaucoup;
Tu verras sa froideur se perdre tout d'un coup.
Elle ne se contraint à cette indifférence
Que pour rendre une entière et pleine déférence,
Et cherche, en déguisant son propre sentiment,
La gloire de n'aimer que par commandement.

DORIMANT.
Tu me flattes, ami, d'une attente frivole.

LYSANDRE.
L'effet suivra de près.

DORIMANT.
Mon cœur, sur ta parole,
Ne se résout qu'à peine à vivre plus content¹.

LYSANDRE.
Il se peut assurer du bonheur qu'il prétend;
J'y donnerai bon ordre. Adieu : le temps me presse,
Et je viens de sortir d'auprès de ma maîtresse²;
Quelques commissions dont elle m'a chargé
M'obligent maintenant à prendre ce congé.

<small>Encor ne crois-je pas qu'il en faille beaucoup. (1637.)
. . . .
Son humeur se maintient dedans * l'indifférence,
Tant qu'une mère donne une entière assurance;
Et, cachant par respect son propre mouvement,
Elle ne veut aimer que par commandement. (1637-54.)
¹ Var. . . . . Doncques, sur ta parole,
Mon esprit se résout à vivre plus content. (1637-54.)
LYSANDRE.
Qu'il s'assure, autant vaut, du bonheur qu'il prétend. (1637.)
² Var. Et je viens de sortir d'avecque ma maîtresse. (1637.)
* Var. Dans cette indifférence. (1647-54.)</small>

SCÈNE IV.

DORIMANT, FLORICE.

DORIMANT, seul.

Dieux! qu'il est mal aisé qu'une ame bien atteinte
Conçoive de l'espoir qu'avec un peu de crainte[1]!
Je dois toute croyance à la foi d'un ami,
Et n'ose cependant m'y fier qu'à demi.
Hippolyte, d'un mot, chasseroit ce caprice.
Est-elle encore en haut?

FLORICE.
Encore.
DORIMANT.
Adieu, Florice.
Nous la verrons demain.

SCÈNE V.

HIPPOLYTE, FLORICE.

FLORICE.
Il vient de s'en aller. Sortez.
HIPPOLYTE.
Mais falloit-il ainsi me rappeler,
Me supposer ainsi des ordres d'une mère[2]?
Sans mentir, contre toi j'en suis toute en colère :

---

[1] Var. Conçoive de l'espoir qu'avecque de la crainte! (1637.)

[2] Var. Par des commandements supposés d'une mère? (1637-54.)

ACTE II, SCÈNE V.

A peine ai-je attiré Lysandre en nos discours [1],
Que tu viens, par plaisir, en arrêter le cours.

FLORICE.

Eh bien, prenez-vous-en à mon impatience
De vous communiquer un trait de ma science :
Cet avis important, tombé dans mon esprit,
Méritoit qu'aussitôt Hippolyte l'apprît ;
Je vais sans perdre temps y disposer Aronte [2].

HIPPOLYTE.

J'ai la mine, après tout, d'y trouver mal mon compte.

FLORICE.

Je sais ce que je fais, et ne perds point mes pas ;
Mais de votre côté ne vous épargnez pas :
Mettez tout votre esprit à bien mener la ruse.

HIPPOLYTE.

Il ne faut point par là te préparer d'excuse.
Va, suivant le succès, je veux à l'avenir
Du mal que tu m'as fait perdre le souvenir [3].

---

[1] Var. A peine ai-je attiré mon Lysandre au discours. (1637-54.)

[2] Var. Je m'en vais de ce pas y disposer Aronte. (1637.)
HIPPOLYTE.
Et que m'en promets-tu ?
FLORICE.
          Qu'enfin, au bout du compte,
Cette heure d'entretien dérobée à vos feux
Vous mettra pour jamais au comble de vos vœux ;
Mais, de votre côté, conduisez bien la ruse. (1637-54.)

[3] Vers supprimés :
    Célidée, il est vrai, je te suis déloyale ;
    Tu me crois ton amie, et je suis ta rivale :
    Si je te puis résoudre à suivre mon conseil,
    Je t'enlève, et me donne un bonheur sans pareil. (1637-54.)

SCÈNE VI.

HIPPOLYTE, CÉLIDÉE.

HIPPOLYTE, frappant à la porte de Célidée.
Célidée, es-tu là ?
CÉLIDÉE.
Que me veut Hippolyte ?
HIPPOLYTE.
Délasser mon esprit une heure en ta visite.
Que j'ai depuis un jour un importun amant !
Et que, pour mon malheur, je plais à Dorimant !
CÉLIDÉE.
Ma sœur, que me dis-tu ? Dorimant t'importune !
Quoi ! j'enviois déja ton heureuse fortune,
Et déja dans l'esprit je sentois quelque ennui [1]
D'avoir connu Lysandre auparavant que lui [2].
HIPPOLYTE.
Ah ! ne me raille point. Lysandre, qui t'engage,
Est le plus accompli des hommes de son âge.
CÉLIDÉE.
Je te jure, à mes yeux l'autre l'est bien autant.
Mon cœur a de la peine à demeurer constant ;
Et, pour te découvrir jusqu'au fond de mon ame,
Ce n'est plus que ma foi qui conserve ma flamme :
Lysandre me déplaît de me vouloir du bien.
Plût aux dieux que son change autorisât le mien,

---

[1] VAR. Et déja dans l'esprit je sentois de l'ennui. (1637 54.)

[2] *Auparavant.* On a long-temps donné un régime à cet adverbe : aujourd'hui la préposition *avant* peut seule en recevoir. (PAR.)

ACTE II, SCÈNE VI.

Ou qu'il usât vers moi de tant de négligence,
Que ma légèreté se pût nommer vengeance!
Si j'avois un prétexte à me mécontenter,
Tu me verrois bientôt résoudre à le quitter.

HIPPOLYTE.

Simple! présumes-tu qu'il devienne volage
Tant qu'il verra l'amour régner sur ton visage [1]?
Ta flamme trop visible entretient ses ferveurs,
Et ses feux dureront autant que tes faveurs.

CÉLIDÉE.

Il semble, à t'écouter, que rien ne le retienne [2]
Que parceque sa flamme a l'aveu de la mienne.

HIPPOLYTE.

Que sais-je? Il n'a jamais éprouvé tes rigueurs;
L'amour en même temps sut embraser vos cœurs;
Et même j'ose dire, après beaucoup de monde,
Que sa flamme vers toi ne fut que la seconde.
Il se vit accepter avant que de s'offrir;
Il ne vit rien à craindre, il n'eut rien à souffrir [3];
Il vit sa récompense acquise avant la peine,
Et devant le combat sa victoire certaine :
Un homme est bien cruel, quand il ne donne pas
Un cœur qu'on lui demande avec autant d'appas [4].
Qu'à ce prix la constance est une chose aisée!
Et qu'autrefois par là je me vis abusée!
Alcidor, que mes yeux avoient si fort épris,

---

[1] VAR. Tant qu'il verra d'amour sur un si beau visage *? (1637.)

[2] VAR. A ce compte, tu crois que cette ardeur extrême
Ne le brûle pour moi qu'à cause que je l'aime? (1637-54.)

[3] VAR. Il ne vit rien à craindre, et n'eut rien à souffrir. (1637-54.)

[4] VAR. Un cœur qu'on lui demande avecque tant d'appas. (1637-54.)

* VAR. Lui qui voit tant d'amour sur un si beau visage? (1647-54.)

Courut au changement dès le premier mépris [1].
La force de l'amour paroît dans la souffrance.
Je le tiens fort douteux, s'il a tant d'assurance.
Qu'on en voit s'affoiblir pour un peu de longueur!
Et qu'on en voit céder à la moindre rigueur [2]!

CÉLIDÉE.

Je connois mon Lysandre, et sa flamme est trop forte
Pour tomber en soupçon qu'il m'aime de la sorte.
Toutefois un dédain éprouvera ses feux :
Ainsi, quoi qu'il en soit, j'aurai ce que je veux [3],
Il me rendra constante, ou me fera volage :
S'il m'aime, il me retient; s'il change, il me dégage.
Suivant ce qu'il aura d'amour ou de froideur,
Je suivrai ma nouvelle ou ma première ardeur.

HIPPOLYTE.

En vain tu t'y résous; ton ame, un peu contrainte,
Au travers de tes yeux lui trahira ta feinte.
L'un d'eux dédira l'autre, et toujours un souris
Lui fera voir assez combien tu le chéris.

CÉLIDÉE.

Ce n'est qu'un faux soupçon qui te le persuade ;
J'armerai de rigueurs jusqu'à la moindre œillade,
Et réglerai si bien toutes mes actions,
Qu'il ne pourra juger de mes intentions.

HIPPOLYTE.

Pour le moins aussitôt que par cette conduite
Tu seras de son cœur suffisamment instruite,
S'il demeure constant, l'amour et la pitié,

---

[1] VAR. Me quitta cependant dès le moindre mépris. (1637-54.)
[2] VAR. Qu'on en voit se lâcher pour un peu de longueur!
Et qu'on en voit mourir pour un peu de rigueur! (1637 54.)
[3] VAR. Ainsi, de tous côtés, j'aurai ce que je veux. (1637.)

Avant que dire adieu, renoueront l'amitié.
CÉLIDÉE.
Il va bientôt venir. Va-t'en, et sois certaine
De ne voir d'aujourd'hui Lysandre hors de peine.
HIPPOLYTE.
Et demain?
CÉLIDÉE.
Je t'irai conter ses mouvements,
Et touchant l'avenir prendre tes sentiments.
O dieux! si je pouvois changer sans infamie!
HIPPOLYTE.
Adieu. N'épargne en rien ta plus fidèle amie.

SCÈNE VII.

CÉLIDÉE.

Quel étrange combat! Je meurs de le quitter,
Et mon reste d'amour ne le peut maltraiter[1].
Mon ame veut et n'ose, et, bien que refroidie,
N'aura trait de mépris si je ne l'étudie.
Tout ce que mon Lysandre a de perfections
Se vient offrir en foule à mes affections [2].
Je vois mieux ce qu'il vaut lorsque je l'abandonne,
Et déja la grandeur de ma perte m'étonne.
Pour régler sur ce point mon esprit balancé,

---

[1] Vers supprimés :
De quelque doux espoir que le change me flatte,
Je redoute les noms de perfide et d'ingrate;
En adorant l'effet, j'en hais les qualités,
Tant mon esprit confus a d'inégalités! (1637-54.)

[2] VAR. Vient s'offrir à la foule à mes affections. (1637-54.)

42 LA GALERIE DU PALAIS.

J'attends ses mouvements sur mon dédain forcé;
Ma feinte éprouvera si son amour est vraie.
Hélas! ses yeux me font une nouvelle plaie.
Prépare-toi, mon cœur, et laisse à mes discours
Assez de liberté pour trahir mes amours.

SCÈNE VIII.

LYSANDRE, CÉLIDÉE.

CÉLIDÉE.

Quoi! j'aurai donc de vous encore une visite!
Vraiment, pour aujourd'hui, je m'en estimois quitte.

LYSANDRE.

Une par jour suffit, si tu veux endurer
Qu'autant comme le jour je la fasse durer.

CÉLIDÉE.

Pour douce que nous soit l'ardeur qui nous consume[1],
Tant d'importunité n'est point sans amertume.

LYSANDRE.

Au lieu de me donner ces appréhensions,
Apprends ce que j'ai fait sur tes commissions.

CÉLIDÉE.

Je ne vous en chargeai qu'afin de me défaire
D'un entretien chargeant, et qui m'alloit déplaire[2].

LYSANDRE.

Depuis quand donnez-vous ces qualités aux miens?

CÉLIDÉE.

Depuis que mon esprit n'est plus dans vos liens[3].

---

[1] VAR. Quelque forte que soit l'ardeur qui nous consomme,
On s'ennuie aisément de voir toujours un homme. (1637-54.)

[2] VAR. D'un entretien fâcheux qui ne me pouvoit plaire. (1637-54.)

[3] VAR. C'est depuis que mon cœur n'est plus dans vos liens. (1637-54.)

ACTE II, SCÈNE VIII.   43
LYSANDRE.
Est-ce donc par gageure, ou par galanterie ?
CÉLIDÉE.
Ne vous flattez point tant que ce soit raillerie.
Ce que j'ai dans l'esprit, je ne le puis celer ;
Et ne suis pas d'humeur à rien dissimuler.
LYSANDRE.
Quoi! que vous ai-je fait ? d'où provient ma disgrace?
Quel sujet avez-vous d'être pour moi de glace [1] ?
Ai-je manqué de soins? ai-je manqué de feux ?
Vous ai-je dérobé le moindre de mes vœux?
Ai-je trop peu cherché l'heur de votre présence [2] ?
Ai-je eu pour d'autres yeux la moindre complaisance?
CÉLIDÉE.
Tout cela n'est qu'autant de propos superflus.
Je voulus vous aimer, et je ne le veux plus ;
Mon feu fut sans raison, ma glace l'est de même ;
Si l'un eut quelque excès, je rendrai l'autre extrême [3].
LYSANDRE.
Par cette extrémité, vous avancez ma mort.
CÉLIDÉE.
Il m'importe fort peu quel sera votre sort.
LYSANDRE.
Quelle nouvelle amour, ou plutôt quel caprice [4]
Vous porte à me traiter avec cette injustice,

[1] Var. Quel sujet avez-vous de m'être ainsi de glace ? (1637-54.)
[2] Var. Ai-je trop peu cherché votre chère présence? (1637-54.)
[3] Var. Si l'un fut excessif, je rendrai l'autre extrême.
LYSANDRE.
Par ces extrémités, vous avancez ma mort. (1637-54.)
[4] Var. Ma chère ame, mon tout, avec quelle injustice
Pouvez-vous rejeter mon fidèle service ?
Votre serment jadis me reçut pour époux. (1637-54.)

44 LA GALERIE DU PALAIS.
Vous de qui le serment m'a reçu pour époux?
CÉLIDÉE.
J'en perds le souvenir aussi bien que de vous.
LYSANDRE.
Évitez-en la honte, et fuyez-en le blâme.
CÉLIDÉE.
Je les veux accepter pour peines de ma flamme.
LYSANDRE.
Un reproche éternel suit ce tour inconstant [1].
CÉLIDÉE.
Si vous me voulez plaire, il en faut faire autant.
LYSANDRE.
Est-ce donc là le prix de vous avoir servie [2]?
Ah! cessez vos mépris, ou me privez de vie.
CÉLIDÉE.
Eh bien! soit : un adieu les va faire cesser;
Aussi bien ce discours ne fait que me lasser.
LYSANDRE.
Ah! redouble plutôt ce dédain qui me tue,
Et laisse-moi le bien d'expirer à ta vue;
Que j'adore tes yeux, tout cruels qu'ils me sont;
Qu'ils reçoivent mes vœux pour le mal qu'ils me font.
Invente à me gêner quelque rigueur nouvelle;
Traite, si tu le veux, mon ame en criminelle :
Dis que je suis ingrat, appelle-moi léger,
Impute à mes amours la honte de changer;

---

[1] VAR. Un reproche éternel suit ce trait inconstant. (1637-54.)
[2] VAR. Mon souci, d'un seul point obligez mon envie;
Finissez vos mépris, ou m'arrachez la vie.
CÉLIDÉE.
Eh bien, soit; d'un adieu je m'en vais les finir;
Je suis lasse aussi bien de vous entretenir. (1637-54.)

Dedans mon désespoir fais éclater ta joie;
Et tout me sera doux, pourvu que je te voie.
Tu verras tes mépris n'ébranler point ma foi,
Et mes derniers soupirs ne voler qu'après toi ¹.
Ne crains point de ma part de reproche ou d'injure ;
Je ne t'appellerai ni lâche, ni parjure,
Mon feu supprimera ces titres odieux ;
Mes douleurs céderont au pouvoir de tes yeux ;
Et mon fidèle amour, malgré leur vive atteinte,
Pour t'adorer encore étouffera ma plainte ².

CÉLIDÉE.

Adieu. Quelques encens que tu veuilles m'offrir ³,
Je ne me saurois plus résoudre à les souffrir.

SCÈNE IX.

LYSANDRE.

Célidée, ah, tu fuis! tu fuis donc, et tu n'oses
Faire tes yeux témoins d'un trépas que tu causes!
Ton esprit, insensible à mes feux innocents,
Craint de ne l'être pas aux douleurs que je sens :
Tu crains que la pitié qui se glisse en ton ame
N'y rejette un rayon de ta première flamme,
Et qu'elle ne t'arrache un soudain repentir ⁴,

¹ Var. Et mes derniers soupirs ne parler que de toi. (1637-54.)

² Var. Pour dire ta louange, étouffera ma plainte. (1637.)

³ *Encens.* On ne peut pas employer ce mot au pluriel. (*Voyez* la note de Voltaire sur *Pompée*, acte I, sc. I.) (Par.)

⁴ Var. Un mouvement forcé t'arrache un repentir
    Où ton cruel orgueil ne sauroit consentir. (1637-54.)
Vers supprimés :
    Le courage te manque, et ton aversion

Malgré tout cet orgueil qui n'y peut consentir.
Tu vois qu'un désespoir dessus mon front exprime
En mille traits de feu mon ardeur et ton crime;
Mon visage t'accuse, et tu vois dans mes yeux
Un portrait que mon cœur conserve beaucoup mieux.
Tous mes soins, tu le sais, furent pour Célidée;
La nuit ne m'a jamais retracé d'autre idée,
Et tout ce que Paris a d'objets ravissants
N'a jamais ébranlé le moindre de mes sens.
Ton exemple à changer en vain me sollicite;
Dans ta volage humeur, j'adore ton mérite;
Et mon amour, plus fort que mes ressentiments,
Conserve sa vigueur au milieu des tourments.
Reviens, mon cher souci, puisque après tes défenses [1]
Mes plus vives ardeurs sont pour toi des offenses.
Vois comme je persiste à te désobéir,
Et par là, si tu peux, prends droit de me haïr.
Fol, je présume ainsi rappeler l'inhumaine,
Qui ne veut pas avoir de raisons à sa haine :
Puisqu'elle a sur mon cœur un pouvoir absolu,
Il lui suffit de dire : « Ainsi je l'ai voulu. »
Cruelle, tu le veux! C'est donc ainsi qu'on traite
Les sincères ardeurs d'une amour si parfaite?
Tu me veux donc trahir? tu le veux, et ta foi

   Redoute les assauts de la compassion.
   Rien ne t'en défend plus qu'une soudaine absence;
   Mon aspect te dit trop quelle est mon innocence,
   Et contre ton dessein te donne un souvenir
   Contre qui ta froideur ne sauroit plus tenir :
   Dans la confusion qui déja te surmonte,
   Augmentant mon amour, je redouble ma honte. (1637.)

[1] Var. Reviens, mon cher souci, puisque après ta défense
  Mes feux sont criminels, et tiennent lieu d'offense. (1637-54.)

N'est qu'un gage frivole à qui vit sous ta loi !
Mais je veux l'endurer sans bruit, sans résistance.
Tu verras ma langueur, et non mon inconstance ;
Et, de peur de t'ôter un captif par ma mort,
J'attendrai ce bonheur de mon funeste sort.
Jusque-là mes douleurs, publiant ta victoire,
Sur mon front pâlissant élèveront ta gloire,
Et sauront en tous lieux hautement témoigner
Que, sans me refroidir, tu m'as pu dédaigner [1].

[1] Var. Et je mettrai la mienne à dire, sans cesser,
Que, sans me refroidir, tu m'auras pu chasser. (1637-54.)

FIN DU SECOND ACTE.

ACTE TROISIÈME.

SCÈNE I.

LYSANDRE, ARONTE.

LYSANDRE.
Tu me donnes, Aronte, un étrange remède !
ARONTE.
Souverain toutefois au mal qui vous possède.
Croyez-moi, j'en ai vu des succès merveilleux
A remettre au devoir ces esprits orgueilleux :
Quand on leur sait donner un peu de jalousie [1],
Ils ont bientôt quitté ces traits de fantaisie ;
Car enfin tout l'éclat de ces emportements [2]
Ne peut avoir pour but de perdre leurs amants.
LYSANDRE.
Que voudroit donc par là mon ingrate maîtresse ?
ARONTE.
Elle vous joue un tour de la plus haute adresse.
Avez-vous bien pris garde au temps de ses mépris ?
Tant qu'elle vous a cru légèrement épris,
Que votre chaîne encor n'étoit pas assez forte,
Vous a-t-elle jamais gouverné de la sorte ?
Vous ignoriez alors l'usage des soupirs ;

---

[1] Var. Depuis qu'on leur fait prendre un peu de jalousie. (1637-54.)
[2] Var. Car encore, après tout, ces rudes traitements
    Ne sont pas à dessein de perdre leurs amants. (1637-54.)

ACTE III, SCÈNE I.

Ce n'étoient que douceurs, ce n'étoient que plaisirs [1].
Son esprit avisé vouloit, par cette ruse,
Établir un pouvoir dont maintenant elle use.
Remarquez-en l'adresse; elle fait vanité [2]
De voir dans ses dédains votre fidélité.
Votre humeur endurante à ces rigueurs l'invite [3].
On voit par là vos feux, par vos feux son mérite;
Et cette fermeté de vos affections
Montre un effet puissant de ses perfections.
Osez-vous espérer qu'elle soit plus humaine,
Puisque sa gloire augmente, augmentant votre peine?
Rabattez cet orgueil, faites-lui soupçonner
Que vous vous en piquez jusqu'à l'abandonner [4].
La crainte d'en voir naître une si juste suite
A vivre comme il faut l'aura bientôt réduite;
Elle en fuira la honte, et ne souffrira pas
Que ce change s'impute à son manque d'appas.
Il est de son honneur d'empêcher qu'on présume
Qu'on éteigne aisément les flammes qu'elle allume.
Feignez d'aimer quelque autre, et vous verrez alors
Combien à vous reprendre elle fera d'efforts [5].

[1] Var. Ce n'étoit rien qu'appas, que douceurs, que plaisirs. (1637-54.)
[2] Var. Connoissez son humeur : elle fait vanité. (1637-54.)
[3] Var. Votre extrême souffrance à ces rigueurs l'invite. (1637-54.)
[4] Var. Que vous seriez enfin homme à l'abandonner.
   La crainte de vous perdre et de se voir changée,
   A vivre comme il faut l'aura bientôt rangée;
   Elle en craindra la honte, et ne souffrira pas. (1637-54.)
[5] Var. Combien à vous ravoir elle fera d'efforts.
   LYSANDRE.
Mais me jugerois-tu capable d'une feinte?
   ARONTE.
Mais reculeriez-vous pour un peu de contrainte? (1637-54.)

LYSANDRE.
Pourrois-tu me juger capable d'une feinte?
ARONTE.
Pourriez-vous trouver rude un moment de contrainte?
LYSANDRE.
Je trouve ses mépris plus doux à supporter.
ARONTE.
Pour les faire finir, il faut les imiter.
LYSANDRE.
Faut-il être inconstant, pour la rendre fidèle?
ARONTE.
Il faut souffrir toujours, ou déguiser comme elle [1].
LYSANDRE.
Que de raisons, Aronte, à combattre mon cœur,
Qui ne peut adorer que son premier vainqueur!
Du moins, auparavant que l'effet en éclate [2],
Fais un effort pour moi; va trouver mon ingrate :
Mets-lui devant les yeux mes services passés,
Mes feux si bien reçus, si mal récompensés,
L'excès de mes tourments et de ses injustices;
Emploie à la gagner tes meilleurs artifices.
Que n'obtiendras-tu point par ta dextérité,
Puisque tu viens à bout de ma fidélité?
ARONTE.
Mais, mon possible fait, si cela ne succède?
LYSANDRE.
Je feindrai dès demain qu'Aminte me possède.
ARONTE.
Aminte? Ah! commencez la feinte dès demain;

[1] VAR. Il le faut, ou souffrir une peine éternelle. (1637-54.)
[2] VAR. Je m'y rends, mais avant que l'effet en éclate. (1637-54.)

ACTE III, SCÈNE I.

Mais n'allez point courir au faubourg Saint-Germain.
Et quand penseriez-vous que cette ame cruelle
Dans le fond du Marais en reçût la nouvelle?
Vous seriez tout un siècle à lui vouloir du bien,
Sans que votre arrogante en apprît jamais rien [1].
Puisque vous voulez feindre, il faut feindre à sa vue,
Qu'aussitôt votre feinte en puisse être aperçue [2],
Qu'elle blesse les yeux de son esprit jaloux,
Et porte jusqu'au cœur d'inévitables coups.
Ce sera faire au vôtre un peu de violence;
Mais tout le fruit consiste à feindre en sa présence.

LYSANDRE.

Hippolyte, en ce cas, seroit fort à propos;
Mais je crains qu'un ami n'en perdît le repos.
Dorimant, dont ses yeux ont charmé le courage,
Autant que Célidée en auroit de l'ombrage.

ARONTE.

Vous verrez si soudain rallumer son amour,
Que la feinte n'est pas pour durer plus d'un jour;
Et vous aurez après un sujet de risée
Des soupçons mal fondés de son ame abusée.

LYSANDRE.

Va trouver Célidée, et puis nous résoudrons [3],
En ces extrémités, quel avis nous prendrons.

---

[1] Var. Sans que votre maîtresse en apprît jamais rien. (1637-54.)

[2] Var. Afin que votre feinte, aussitôt aperçue,
   Produise un prompt effet dans son esprit jaloux;
   Et pour en adresser plus sûrement les coups,
   Quand vous verrez quelque autre en discours avec elle,
   Feignez en sa présence une flamme nouvelle. (1637-54.)

[3] Var. Va trouver ma maîtresse, et puis nous résoudrons. (1637-54.)

SCÈNE II.

ARONTE, FLORICE.

ARONTE, seul.

Sans que pour l'apaiser je me rompe la tête,
Mon message est tout fait, et sa réponse prête.
Bien loin que mon discours pût la persuader,
Elle n'aura jamais voulu me regarder.
Une prompte retraite au seul nom de Lysandre,
C'est par où ses dédains se seront fait entendre.
Mes amours du passé ne m'ont que trop appris
Avec quelles couleurs il faut peindre un mépris.
A peine faisoit-on semblant de me connoître,
De sorte....

FLORICE.

Aronte, eh bien, qu'as-tu fait vers ton maître?
Le verrons-nous bientôt[1]?

ARONTE.

N'en sois plus en souci;
Dans une heure au plus tard je te le rends ici.

FLORICE.

Prêt à lui témoigner[2]....

ARONTE.

Tout prêt. Adieu. Je tremble
Que de chez Célidée on ne nous voie ensemble.

---

[1] Var. S'y résout-il enfin? (1637-54.)
[2] Var. Prêt à la caresser? (1637-54.)

SCÈNE III.

HIPPOLYTE, FLORICE.

HIPPOLYTE.
D'où vient que mon abord l'oblige à te quitter?
FLORICE.
Tant s'en faut qu'il vous fuie, il vient de me conter....
Toutefois je ne sais si je vous le dois dire.
HIPPOLYTE.
Que tu te plais, Florice, à me mettre en martyre!
FLORICE.
Il faut vous préparer à des ravissements [1]....
HIPPOLYTE.
Ta longueur m'y prépare avec bien des tourments.
Dépêche; ces discours font mourir Hippolyte.
FLORICE.
Mourez donc promptement, que je vous ressuscite.
HIPPOLYTE.
L'insupportable femme! Enfin, diras-tu rien?
FLORICE.
L'impatiente fille! Enfin, tout ira bien.
HIPPOLYTE.
Enfin, tout ira bien : ne saurai-je autre chose?
FLORICE.
Il faut que votre esprit là-dessus se repose.
Vous ne pouviez tantôt souffrir de longs propos,
Et, pour vous obliger, j'ai tout dit en trois mots;
Mais ce que maintenant vous n'en pouvez apprendre,

---

[1] Var. Il faut vous préparer à des contentements. (1637-54.)

Vous l'apprendrez bientôt plus au long de Lysandre.
HIPPOLYTE.
Tu ne flattes mon cœur que d'un espoir confus.
FLORICE.
Parlez à votre amie, et ne vous fâchez plus [1].

SCÈNE IV.
CÉLIDÉE, HIPPOLYTE, FLORICE.

CÉLIDÉE.
Mon abord importun rompt votre conférence :
Tu m'en voudras du mal.
HIPPOLYTE.
    Du mal? et l'apparence?
Je ne sais pas aimer de si mauvaise foi [2];
Et tout-à-l'heure encor je lui parlois de toi.
CÉLIDÉE.
Je me retire donc, afin que sans contrainte....
HIPPOLYTE.
Quitte cette grimace, et mets à part la feinte.

---

[1] Var. Parlez à Célidée, et ne m'informez plus. (1637-54.)

[2] Var. Tu peux bien avec nous; je t'en jure ˮ ma foi,
  Nos entretiens étoient de Lysandre et de toi.
CÉLIDÉE.
Et pour cette raison, adieu, je me retire,
Afin qu'en liberté vous puissiez en tout dire.
HIPPOLYTE.
Tu fais bien la discrète en ces occasions.
. . . .
CÉLIDÉE.
Toi-même, bien plutôt, tu meurs de me l'apprendre.
Suivant donc tes desirs, résolue à l'entendre,
J'éveille en ta faveur ma curiosité. (1637-54.)

ˮ Var. Je t'en donne. (1648-54.)

ACTE III, SCÈNE IV.

Tu fais la réservée en ces occasions,
Mais tu meurs de savoir ce que nous en disions.
CÉLIDÉE.
Tu meurs de le conter plus que moi de l'apprendre,
Et tu prendrois pour crime un refus de l'entendre.
Puis donc que tu le veux, ma curiosité....
HIPPOLYTE.
Vraiment, tu me confonds de ta civilité.
CÉLIDÉE.
Voilà de tes détours, et comme tu diffères
A me dire en quel point vous teniez mes affaires.
HIPPOLYTE.
Nous parlions du dessein d'éprouver ton amant[1].
Tu l'as vu réussir à ton contentement?
CÉLIDÉE.
Je viens te voir exprès pour t'en dire l'issue.
Que je m'en suis trouvée heureusement déçue!
Je présumois beaucoup de ses affections,
Mais je n'attendois pas tant de soumissions[2].
Jamais le désespoir, qui saisit son courage,
N'en put tirer un mot à mon désavantage;
Il tenoit mes dédains encor trop précieux,
Et ses reproches même étoient officieux.
Aussi ce grand amour a rallumé ma flamme :
Le change n'a plus rien qui chatouille mon ame;
Il n'a plus de douceurs pour mon esprit flottant,

[1] Var. Nous parlions du conseil que je t'avois donné;
Lysandre, je m'assure, en fut bien étonné?
CÉLIDÉE.
Et je venois aussi pour t'en conter l'issue. (1637-54.)

[2] Du temps de Corneille ce mot s'écrivait *submission;* il gardait encore les traces de son étymologie, *submissio.* (Par.)

Aussi ferme à présent qu'il le croit inconstant.
FLORICE.
Quoi que vous ayez vu de sa persévérance,
N'en prenez pas encore une entière assurance.
L'espoir de vous fléchir a pu, le premier jour,
Jeter sur son dépit ces beaux dehors d'amour¹ ;
Mais vous verrez bientôt que pour qui le méprise
Toute légèreté lui semblera permise.
J'ai vu des amoureux de toutes les façons.
HIPPOLYTE.
Cette bizarre² humeur n'est jamais sans soupçons.
L'avantage qu'elle a d'un peu d'expérience
Tient éternellement son ame en défiance ;
Mais ce qu'elle te dit ne vaut pas l'écouter.
CÉLIDÉE.
Et je ne suis pas fille à m'en épouvanter.
Je veux que ma rigueur à tes yeux continue,
Et lors sa fermeté te sera mieux connue ;
Tu ne verras des traits que d'un amour si fort,
Que Florice elle-même avouera qu'elle a tort³.
HIPPOLYTE.
Ce sera trop long-temps lui paroître cruelle.
CÉLIDÉE.
Tu connoîtras par là combien il m'est fidèle.

¹ Var. Masquer ses mouvements de cet excès d'amour,
    Qu'après, pour mépriser celle qui le méprise. (1637-54.)

² On lit *bigearre* dans les premières éditions. Ce mot, dont on a fait depuis *bizarre*, pour la satisfaction de l'oreille, vient de *bigarrer*, qui lui-même est formé, par corruption, des deux mots latins *bis variare*. Quelques provinces, du nombre desquelles était la Normandie, s'en servaient encore du temps de Corneille. (Par.)

³ Var. Que ta Florice même avouera qu'elle a tort. (1637-54.)

Le ciel à ce dessein nous l'envoie à propos.
HIPPOLYTE.
Et quand te résous-tu de le mettre en repos ?
CÉLIDÉE.
Trouve bon, je te prie, après un peu de feinte,
Que mes feux violents s'expliquent sans contrainte ;
Et pour le rappeler des portes du trépas,
Si j'en dis un peu trop, ne t'en offense pas ¹.

SCÈNE V.
LYSANDRE, CÉLIDÉE, HIPPOLYTE, FLORICE.

LYSANDRE.
Merveille des beautés, seul objet qui m'engage....
CÉLIDÉE.
N'oublierez-vous jamais cet importun langage ?
Vous obstiner encore à me persécuter,
C'est prendre du plaisir à vous voir maltraiter.
Perdez mon souvenir avec votre espérance,
Et ne m'accablez plus de cette déférence ².
Il faut, pour m'arrêter, des entretiens meilleurs.
LYSANDRE.
Quoi ! vous prenez pour vous ce que j'adresse ailleurs?
Adore qui voudra votre rare mérite,
Un change heureux me donne à la belle Hippolyte ;
Mon sort en cela seul a voulu me trahir,
Qu'en ce change mon cœur semble vous obéir,

¹ Var. S'il m'échappe un baiser, ne t'en offense pas. (1637-54.)
² Var. Et ne m'accablez plus de votre impertinence :
    Pour me plaire, il faut bien des entretiens meilleurs. (1637-54.)

Et que mon feu passé vous va rendre si vaine
Que vous imputerez ma flamme à votre haine,
A votre orgueil nouveau mes nouveaux sentiments [1],
L'effet de ma raison à vos commandements.

CÉLIDÉE.

Tant s'en faut que je prenne une si triste gloire;
Je chasse mes dédains même de ma mémoire.
Et dans leur souvenir rien ne me semble doux,
Puisqu'en le conservant je penserois à vous [2].

LYSANDRE, à Hippolyte.

Beauté, de qui les yeux, nouveaux rois de mon ame,
Me font être léger sans en craindre le blâme....

HIPPOLYTE.

Ne vous emportez point à ces propos perdus,
Et cessez de m'offrir des vœux qui lui sont dus;
Je pense mieux valoir que le refus d'une autre.
Si vous voulez venger son mépris par le vôtre,
Ne venez point du moins m'enrichir de son bien.
Elle vous traite mal, mais elle n'aime rien.
Vous, faites-en autant, sans chercher de retraite
Aux importunités dont elle s'est défaite.

LYSANDRE.

Que son exemple encor réglât mes actions!
Cela fut bon du temps de mes affections;
A présent que mon cœur adore une autre reine,
A présent qu'Hippolyte en est la souveraine....

HIPPOLYTE.

C'est elle seulement que vous voulez flatter.

LYSANDRE.

C'est elle seulement que je dois imiter.

---

[1] Var. A votre orgueil nouveau mes nouveaux mouvements. (1637-54.)

[2] Var. Puisque, le conservant, je songerois à vous. (1637-54.)

ACTE III, SCÈNE V.

HIPPOLYTE.

Savez-vous donc à quoi la raison vous oblige?
C'est à me négliger, comme je vous néglige.

LYSANDRE.

Je ne puis imiter ce mépris de mes feux,
A moins qu'à votre tour vous m'offriez des vœux[1] :
Donnez-m'en les moyens, vous en verrez l'issue.

HIPPOLYTE.

J'appréhenderois fort d'être trop bien reçue[2],
Et qu'au lieu du plaisir de me voir imiter,
Je n'eusse que l'honneur de me faire écouter,
Pour n'avoir que la honte après de me dédire.

LYSANDRE.

Souffrez donc que mon cœur sans exemple soupire,
Qu'il aime sans exemple, et que mes passions
S'égalent seulement à vos perfections.
Je vaincrai vos rigueurs par mon humble service,
Et ma fidélité....

CÉLIDÉE.

Viens avec moi, Florice :
J'ai des nippes en haut que je veux te montrer[3].

---

[1] Var. Si, comme je vous fais, vous ne m'offrez des vœux. (1637-54.)

[2] Var. Je craindrois, en ce cas, d'être trop bien reçue,
. . . .
Vous rencontrant d'humeur facile à m'écouter,
Je n'eusse que la honte après de me dédire.

LYSANDRE.

Vous devez donc souffrir que dessous votre empire
Mon feu soit sans exemple, et que mes passions. (1637-54.)

[3] Var. J'ai des nippes en haut que je te veux montrer. (1637-54.)

SCÈNE VI.

HIPPOLYTE, LYSANDRE.

HIPPOLYTE.

Quoi! sans la retenir, vous la laissez rentrer!
Allez, Lysandre, allez ; c'est assez de contraintes ;
J'ai pitié du tourment que vous donnent ces feintes.
Suivez ce bel objet dont les charmes puissants
Sont et seront toujours absolus sur vos sens.
Quoi qu'après ses dédains un peu d'orgueil publie [1],
Son mérite est trop grand pour souffrir qu'on l'oublie ;
Elle a des qualités et de corps et d'esprit,
Dont pas un cœur donné jamais ne se reprit.

LYSANDRE.

Mon change fera voir l'avantage des vôtres,
Qu'en la comparaison des unes et des autres
Les siennes désormais n'ont qu'un éclat terni,
Que son mérite est grand, et le vôtre infini.

HIPPOLYTE.

Que j'emporte sur elle aucune préférence !
Vous tenez des discours qui sont hors d'apparence ;
Elle me passe en tout ; et, dans ce changement,
Chacun vous blâmeroit de peu de jugement.

LYSANDRE.

M'en blâmer en ce cas, c'est en manquer soi-même,
Et choquer la raison, qui veut que je vous aime [2].
Nous sommes hors du temps de cette vieille erreur

---

[1] Var. Quoi qu'un peu de dépit devant elle publie. (1637-54.)

[2] Var. C'est choquer la raison, qui veut que je vous aime. (1637.)

ACTE III, SCÈNE VI.

Qui faisoit de l'amour une aveugle fureur,
Et, l'ayant aveuglé, lui donnoit pour conduite
Le mouvement d'une ame et surprise et séduite.
Ceux qui l'ont peint sans yeux ne le connoissoient pas;
C'est par les yeux qu'il entre, et nous dit vos appas :
Lors notre esprit en juge; et, suivant le mérite,
Il fait croître une ardeur que cette vue excite[1].
Si la mienne pour vous se relâche un moment,
C'est lors que je croirai manquer de jugement;
Et la même raison qui vous rend admirable
Doit rendre, comme vous, ma flamme incomparable.

HIPPOLYTE.

Épargnez avec moi ces propos affétés[2].
Encore hier Célidée avoit ces qualités;
Encore hier en mérite elle étoit sans pareille.
Si je suis aujourd'hui cette unique merveille,
Demain quelque autre objet, dont vous suivrez la loi,
Gagnera votre cœur et ce titre sur moi.
Un esprit inconstant a toujours cette adresse[3].

---

[1] Var. Il fait naître une ardeur ou puissante ou petite.
   Moi, si mon feu vers vous se relâche un moment,
   . . . .
   Car, puisque auprès de vous il n'est rien d'admirable,
   Ma flamme comme vous doit être incomparable. (1637-54.)

[2] Dans toutes les éditions publiées par Corneille, et même dans celle de 1692, on lit *affétés;* les éditions postérieures portent *affectés*. (Lef....)

[3] Var. Un esprit inconstant, quelque part qu'il s'adresse. (1637-54.)

SCÈNE VII.

CHRYSANTE, PLEIRANTE, HIPPOLYTE, LYSANDRE.

CHRYSANTE.

Monsieur, j'aime ma fille avec trop de tendresse
Pour la vouloir contraindre en ses affections.

PLEIRANTE.

Madame, vous saurez ses inclinations;
Elle voudra vous plaire, et je l'en vois sourire[1].
(à Lysandre.)
Allons, mon cavalier, j'ai deux mots à vous dire.

CHRYSANTE.

Vous en aurez réponse avant qu'il soit trois jours.

SCÈNE VIII.

CHRYSANTE, HIPPOLYTE.

CHRYSANTE.

Devinerois-tu bien quels étoient nos discours?

HIPPOLYTE.

Il vous parloit d'amour peut-être?

CHRYSANTE.

                              Oui : que t'en semble?

HIPPOLYTE.

D'âge[2] presque pareils, vous seriez bien ensemble.

---

[1] VAR. La voilà qui s'en doute, et s'en met à sourire. (1637-54.)

[2] Quelques éditeurs modernes ont écrit : *D'âges presque pa-*

CHRYSANTE.

Tu me donnes vraiment un gracieux détour;
C'étoit pour ton sujet qu'il me parloit d'amour.

HIPPOLYTE.

Pour moi ? Ces jours passés, un poëte qui m'adore,
Du moins à ce qu'il dit, m'égaloit à l'aurore [1];
Je me raillois alors de sa comparaison :
Mais, si cela se fait, il avoit bien raison.

CHRYSANTE.

Avec tout ce babil, tu n'es qu'une étourdie.
Le bonhomme est bien loin de cette maladie;
Il veut te marier, mais c'est à Dorimant :
Vois si tu te résous d'accepter cet amant.

HIPPOLYTE.

Dessus tous mes desirs vous êtes absolue;
Et, si vous le voulez, m'y voilà résolue.
Dorimant vaut beaucoup, je vous le dis sans fard;
Mais remarquez un peu le trait de ce vieillard :
Lysandre si long-temps a brûlé pour sa fille,
Qu'il en faisoit déja l'appui de sa famille;
A présent que ses feux ne sont plus que pour moi,
Il voudroit bien qu'un autre eût engagé ma foi,
Afin que, sans espoir dans cette amour nouvelle,
Un nouveau changement le ramenât vers elle [2].
N'avez-vous point pris garde, en vous disant adieu,
Qu'il a presque arraché Lysandre de ce lieu ?

---

reils; mais ils n'ont pas vu qu'il y a dans ce vers une inversion,
sans laquelle la phrase serait incorrecte. (PAR.)

[1] VAR. (Au moins à ce qu'il dit) m'égaloit à l'aurore;
   Mais si cela se fait, dans sa comparaison,
   Prévoyant cet hymen, il avoit bien raison. (1637-54.)

[2] VAR. Il fût comme forcé de retourner vers elle. (1637-54.)

CHRYSANTE.

Simple! ce qu'il en fait, ce n'est qu'à sa prière [1];
Et Lysandre tient même à faveur singulière....

HIPPOLYTE.

Je sais que Dorimant est un de ses amis;
Mais vous voyez d'ailleurs que le ciel a permis
Que, pour mieux vous montrer que tout n'est qu'artifice,
Lysandre me faisoit ses offres de service.

CHRYSANTE.

Aucun des deux n'est homme à se jouer de nous :
Quelque secret mystère est caché là-dessous.
Allons, pour en tirer la vérité plus claire,
Seules dedans ma chambre examiner l'affaire;
Ici quelque importun pourroit nous aborder [2].

SCÈNE IX.

HIPPOLYTE, FLORICE.

HIPPOLYTE.

J'aurai bien de la peine à la persuader :
Ah, Florice! en quel point laisses-tu Célidée?

FLORICE.

De honte et de dépit tout-à-fait possédée.

HIPPOLYTE.

Que t'a-t-elle montré?

---

[1] Var. Simple; ce qu'il en fait n'est rien qu'à sa prière!
Et Lysandre tient même à faveur singulière
Cette peine qu'il prend pour un de ses amis.
HIPPOLYTE.
Mais voyez cependant que le ciel a permis. (1637-54.)

[2] Var. Ici quelque importun nous pourroit aborder. (1637-54.)

ACTE III, SCÈNE X.

FLORICE.
Cent choses à-la-fois,
Selon que le hasard les mettoit sous ses doigts :
Ce n'étoit qu'un prétexte à faire sa retraite.

HIPPOLYTE.
Elle t'a témoigné d'être fort satisfaite ?

FLORICE.
Sans que je vous amuse en discours superflus,
Son visage suffit pour juger du surplus[1].

HIPPOLYTE regarde Célidée.
Ses pleurs ne se sauroient empêcher de descendre ;
Et j'en aurois pitié, si je n'aimois Lysandre.

SCÈNE X.

CÉLIDÉE.

Infidèles témoins d'un feu mal allumé,
Soyez-les de ma honte ; et, vous fondant en larmes,
Punissez-vous, mes yeux, d'avoir trop présumé
    Du pouvoir de vos charmes.

De quoi vous a servi d'avoir su me flatter[2],
D'avoir pris le parti d'un ingrat qui me trompe,
S'il ne fit le constant qu'afin de me quitter
    Avecque plus de pompe ?

---

[1] Var. Voyez sa contenance, et jugez du surplus. (1637-54.)

[2] Var. Sur votre faux rapport osant trop me flatter,
    Je vantois sa constance ; et l'ingrat qui me trompe
    Ne se feignit constant qu'afin de m'affronter
        Avecque plus de pompe.

    Quand je le veux chasser, il est parfait amant ;
    Quand j'en veux être aimé, il n'en fait plus de compte. (1637-54.)

Quand je m'en veux défaire, il est parfait amant;
Quand je veux le garder, il n'en fait plus de compte;
Et, n'ayant pu le perdre avec contentement,
    Je le perds avec honte.

Ce que j'eus lors de joie augmente mon regret;
Par là mon désespoir davantage se pique.
Quand je le crus constant, mon plaisir fut secret,
    Et ma honte est publique.

Le traître avoit senti qu'alors me négliger [1]
C'étoit à Dorimant livrer toute mon ame;
Et la constance plut à cet esprit léger
    Pour amortir ma flamme.

Autant que j'eus de peine à l'éteindre en naissant,
Autant m'en faudra-t-il à la faire renaître :
De peur qu'à cet amour d'être encore impuissant,
    Il n'ose plus paroître.

Outre que, de mon cœur pleinement exilé,
Et n'y conservant plus aucune intelligence,
Il est trop glorieux pour n'être rappelé
    Qu'à servir ma vengeance.

Mais j'aperçois celui qui le porte en ses yeux.
Courage donc, mon cœur; espérons un peu mieux.
Je sens bien que déja devers lui tu t'envoles;

---

[1] Var. Ce traître voyoit bien qu'alors me négliger
    C'étoit à Dorimant abandonner mon ame,
    Et voulut par la feinte, avant que me changer,
        Amortir cette flamme. (1637-54.)

ACTE III, SCÈNE XI.

Mais pour t'accompagner je n'ai point de paroles :
Ma honte et ma douleur, surmontant mes desirs,
N'en laissent le passage ouvert qu'à mes soupirs.

SCÈNE XI.
DORIMANT, CÉLIDÉE, CLÉANTE.

DORIMANT.
Dans ce profond penser, pâle, triste, abattue,
Ou quelque grand malheur de Lysandre vous tue,
Ou bientôt vos douleurs l'accableront d'ennuis [1].
CÉLIDÉE.
Il est cause en effet de l'état où je suis,
Non pas en la façon qu'un ami s'imagine,
Mais....
DORIMANT.
Vous n'achevez point, faut-il que je devine?
CÉLIDÉE.
Permettez que je cède à la confusion [2],
Qui m'étouffe la voix en cette occasion.
J'ai d'incroyables traits de Lysandre à vous dire;
Mais ce reste du jour souffrez que je respire,
Et m'obligez demain que je vous puisse voir.
(Elle sort.)
DORIMANT.
De sorte qu'à présent on n'en peut rien savoir?

---

[1] Var. Ou bientôt vos douleurs le mettront au cercueil.
CÉLIDÉE.
Lysandre est en effet la cause de mon deuil. (1637-54.)

[2] Var. Excusez-moi, monsieur, si ma confusion
M'étouffe la parole en cette occasion. (1637-54.)

Dieux! elle se dérobe, et me laisse en un doute....
Poursuivons toutefois notre première route ;
Peut-être ces beaux yeux, dont l'éclat me surprit,
De ce fâcheux soupçon purgeront mon esprit.
(à Cléante.)
Frappe.

SCÈNE XII.

DORIMANT, FLORICE, CLÉANTE.

FLORICE.

Que vous plaît-il ?

DORIMANT.

Peut-on voir Hippolyte ?

FLORICE.

Elle vient de sortir pour faire une visite.

DORIMANT.

Ainsi tout aujourd'hui mes pas ont été vains.
Florice, à ce défaut, fais-lui mes baise-mains.

FLORICE, seule.

Ce sont des compliments qu'il fait mauvais lui faire [1] :
Depuis que ce Lysandre a tâché de lui plaire,
Elle ne veut plus être au logis que pour lui,
Et tous autres devoirs lui donnent de l'ennui.

---

[1] Var. Ce sont des compliments dont elle a bien affaire ! (1637.)

FIN DU TROISIÈME ACTE.

ACTE QUATRIÈME.

SCÈNE I.

HIPPOLYTE, ARONTE.

HIPPOLYTE.
A cet excès d'amour qu'il me faisoit paroître [1],
Je me croyois déja maîtresse de ton maître ;
Tu m'as fait grand dépit de me désabuser.
Qu'il a l'esprit adroit, quand il veut déguiser [2] !
Et que, pour mettre en jour ces compliments frivoles,
Il sait bien ajuster ses yeux à ses paroles !
Mais je me promets tant de ta dextérité,
Qu'il tournera bientôt la feinte en vérité.
ARONTE.
Je n'ose l'espérer : sa passion trop forte
Déja vers son objet malgré moi le remporte ;
Et, comme s'il avoit reconnu son erreur,
Vos yeux lui sont à charge, et sa feinte en horreur :
Même il m'a commandé d'aller vers sa cruelle
Lui jurer que son cœur n'a brûlé que pour elle,
Attaquer son orgueil par des soumissions....
HIPPOLYTE.
J'entends assez le but de tes commissions.

---

[1] Var. Vu l'excessif amour qu'il me faisoit paroître. (1637-54.)
[2] Var. O dieux ! qu'il est adroit, quand il veut déguiser ! (1637-54.)

Tu vas tâcher pour lui d'amollir son courage [1] ?
ARONTE.
J'emploie auprès de vous le temps de ce message,
Et la ferai parler tantôt à mon retour
D'une façon mal propre à donner de l'amour;
Mais, après mon rapport, si son ardeur extrême
Le résout à porter son message lui-même,
Je ne réponds de rien. L'amour qu'ils ont tous deux
Vaincra notre artifice, et parlera pour eux.
HIPPOLYTE.
Sa maîtresse éblouie ignore encor ma flamme,
Et laisse à mes conseils tout pouvoir sur son ame [2].
Ainsi tout est à nous, s'il ne faut qu'empêcher
Qu'un si fidèle amant n'en puisse rapprocher.
ARONTE.
Qui pourroit toutefois en détourner Lysandre,
Ce seroit le plus sûr.
HIPPOLYTE.
N'oses-tu l'entreprendre?
ARONTE.
Donnez-moi les moyens de le rendre jaloux,
Et vous verrez après frapper d'étranges coups.
HIPPOLYTE.
L'autre jour Dorimant toucha fort ma rivale,
Jusque-là qu'entre eux deux son ame étoit égale;
Mais Lysandre depuis, endurant sa rigueur,
Lui montra tant d'amour qu'il regagna son cœur.

[1] Var. Enfin tu vas tâcher d'amollir son courage? (1637-54.)
[2] Var. Et ne permet qu'à moi de gouverner son ame.
Si donc il ne les faut qu'empêcher de se voir,
Je te laisse à juger si j'y saurai pourvoir. (1637-54.)

ARONTE.
Donc à voir Célidée et Dorimant ensemble,
Quelque dieu qui vous aime aujourd'hui les assemble.
HIPPOLYTE.
Fais-les voir à ton maître, et ne perds point ce temps,
Puisque de là dépend le bonheur que j'attends.

SCÈNE II.
DORIMANT, CÉLIDÉE, ARONTE.

DORIMANT.
Aronte, un mot. Tu fuis? Crains-tu que je te voie?
ARONTE.
Non; mais, pressé d'aller où mon maître m'envoie,
J'avois doublé le pas sans vous apercevoir.
DORIMANT.
D'où viens-tu?
ARONTE.
D'un logis vers la Croix-du-Tiroir.
DORIMANT.
C'est donc en ce marais que finit ton voyage?
ARONTE.
Non; je cours au Palais faire encore un message.
DORIMANT.
Et c'en est le chemin de passer par ici[1]?
ARONTE.
Souffrez que j'aille ôter mon maître de souci;
Il meurt d'impatience à force de m'attendre.

---

[1] Var. C'en est fort le chemin de passer par ici! (1637.)

DORIMANT.
Et touchant mes amours ne peux-tu rien m'apprendre?
As-tu vu depuis peu l'objet que je chéris?
ARONTE.
Oui, tantôt en passant j'ai rencontré Chloris.
DORIMANT.
Tu cherches des détours : je parle d'Hippolyte.
CÉLIDÉE.
Et c'est là seulement le discours qu'il évite.
Tu t'enferres, Aronte; et, pris au dépourvu,
En vain tu veux cacher ce que nous avons vu.
Va, ne sois point honteux des crimes de ton maître :
Pourquoi désavouer ce qu'il fait trop paroitre?
Il la sert à mes yeux, cet infidèle amant,
Et te vient d'envoyer lui faire un compliment.
(Aronte rentre.)

SCÈNE III.

DORIMANT, CÉLIDÉE.

CÉLIDÉE.
Après cette retraite et ce morne silence,
Pouvez-vous bien encor demeurer en balance?
DORIMANT.
Je n'en ai que trop vu, mes yeux m'en ont trop dit :
Aronte, en me parlant, étoit tout interdit,
Et sa confusion portoit sur son visage
Assez et trop de jour pour lire son message.
Traître, traître Lysandre, est-ce là donc le fruit
Qu'en faveur de mes feux ton amitié produit?

ACTE IV, SCÈNE III.

CÉLIDÉE.

Connoissez tout-à-fait l'humeur de l'infidèle ;
Votre amour seulement la lui fait trouver belle :
Cet objet, tout aimable et tout parfait qu'il est [1],
N'a des charmes pour lui que depuis qu'il vous plaît ;
Et votre affection, de la sienne suivie,
Montre que c'est par là qu'il en a pris envie,
Qu'il veut moins l'acquérir que vous le dérober.

DORIMANT montrant son épée.

Voici, dans ce larcin, qui le fait succomber.
En ce dessein commun de servir Hippolyte
Il faut voir seul à seul qui des deux la mérite :
Son sang me répondra de son manque de foi,
Et me fera raison et pour vous et pour moi.
Notre vieille union ne fait qu'aigrir mon ame,
Et mon amitié meurt voyant naître sa flamme.

CÉLIDÉE.

Vouloir quelque mesure entre un perfide et vous [2],
Est-ce faire justice à ce juste courroux ?
Pouvez-vous présumer, après sa tromperie,
Qu'il ait dans les combats moins de supercherie ?
Certes, pour le punir, c'est trop vous négliger,
Et chercher à vous perdre au lieu de vous venger.

DORIMANT.

Pourriez-vous approuver que je prisse avantage [3]
Pour immoler ce traître à mon peu de courage ?
J'achèterois trop cher la mort du suborneur,

---

[1] Var. Son objet, tout aimable et tout parfait qu'il est. (1637-54.)

[2] Var. Voulez-vous, offensé, pour en avoir raison,
    Qu'un perfide avec vous entre en comparaison ? (1637-54.)

[3] Var. Me conseilleriez-vous que, pris à l'avantage,
    J'immolasse le traître à mon peu de courage ? (1637-47.)

Si, pour avoir sa vie, il m'en coûtoit l'honneur,
Et montrerois une ame et trop basse et trop noire
De ménager mon sang aux dépens de ma gloire.
CÉLIDÉE.
Sans les voir l'un ni l'autre en périls exposés [1],
Il est pour vous venger des moyens plus aisés.
Pour peu que vous fussiez de mon intelligence,
Vous auriez bientôt pris une juste vengeance;
Et vous pourriez sans bruit ôter à l'inconstant...
DORIMANT.
Quoi? Ce qu'il m'a volé?
CÉLIDÉE.
     Non, mais du moins autant.
DORIMANT.
La foiblesse du sexe en ce point vous conseille;
Il se croit trop vengé, quand il rend la pareille :
Mais suivre le chemin que vous voulez tenir [2],
C'est imiter son crime au lieu de le punir;
Au lieu de lui ravir une belle maîtresse,
C'est prendre, à son refus, une beauté qu'il laisse.
(*Lysandre vient avec Aronte, qui lui fait voir Dorimant avec Célidée.*)
C'est lui faire plaisir, au lieu de l'affliger;
C'est souffrir un affront, et non pas se venger.
J'en perds ici le temps. Adieu : je me retire;

 [1] Var. Je ne veux pas de vous une action si lâche,
   Non; mais, à quelque point que la sienne vous fâche,
   Écoutez un peu moins votre juste courroux;
   Vous pouvez vous venger par des moyens plus doux.
   Hélas! si vous étiez tous deux d'intelligence *,
   Que vous auriez bientôt achevé la vengeance!
   Que vous pourriez sans bruit ôter à l'inconstant... (1637-47.)

 [2] Var. Mais vous suivre au chemin que vous voulez tenir. (1637-54.)

  * Var. De mon intelligence. (1647-54.)

ACTE IV, SCÈNE IV.

Mais, avant qu'il soit peu, si vous entendez dire
Qu'un coup fatal et juste ait puni l'imposteur,
Vous pourrez aisément en deviner l'auteur.
CÉLIDÉE.
De grace, encore un mot. Hélas! il m'abandonne
Aux cuisants déplaisirs que ma douleur me donne.
Rentre, pauvre abusée, et dedans tes malheurs,
Si tu ne les retiens, cache du moins tes pleurs.

SCÈNE IV.
LYSANDRE, ARONTE.

ARONTE.
Hé bien, qu'en dites-vous? et que vous semble d'elle?
LYSANDRE.
Hélas! pour mon malheur, tu n'es que trop fidèle.
N'exerce plus tes soins à me faire endurer;
Ma plus douce fortune est de tout ignorer[1];
Je serois trop heureux sans le rapport d'Aronte.
ARONTE.
Encor pour Dorimant, il en a quelque honte;
Vous voyant, il a fui.
LYSANDRE.
Mais mon ingrate alors,
Pour empêcher sa fuite, a fait tous ses efforts,
Aronte, et tu prenois ses dédains pour des feintes!
Tu croyois que son cœur n'eût point d'autres atteintes,
Que son esprit entier se conservoit à moi,
Et parmi ses rigueurs n'oublioit point sa foi[2]!

[1] Var. Mon meilleur, en ce cas, est de tout ignorer. (1637-54.)
[2] Var. Et parmi ses douleurs n'oublioit point sa foi! (1637-54.)

ARONTE.
A vous dire le vrai, j'en suis trompé moi-même.
Après deux ans passés dans un amour extrême,
Que sans occasion elle vînt à changer,
Je me fusse tenu coupable d'y songer;
Mais, puisque sans raison la volage vous change,
Faites qu'avec raison un changement vous venge.
Pour punir comme il faut son infidélité,
Vous n'avez qu'à tourner la feinte en vérité.
LYSANDRE.
Misérable, est-ce ainsi qu'il faut qu'on me soulage?
Ai-je trop peu souffert sous cette humeur volage?
Et veux-tu désormais que par un second choix
Je m'engage à souffrir encore une autre fois?
Qui t'a dit qu'Hippolyte à cette amour nouvelle[2]
Se rendroit plus sensible, ou seroit plus fidèle?
ARONTE.
Vous en devez, monsieur, présumer beaucoup mieux.
LYSANDRE.
Conseiller importun, ôte-toi de mes yeux.
ARONTE.
Son ame....
LYSANDRE.
Ote-toi, dis-je; et dérobe ta tête
Aux violents effets que ma colère apprête :
Ma bouillante fureur ne cherche qu'un objet;
Va, tu l'attirerois sur un sang trop abject.

---

[1] VAR. Qui t'a dit qu'Hippolyte, en cette amour nouvelle,
    Quand bien je lui plairois, me seroit plus fidèle? (1637-54.)

SCÈNE V.

LYSANDRE.

Il faut à mon courroux de plus nobles victimes :
Il faut qu'un même coup me venge de deux crimes [1];
Qu'après les trahisons de ce couple indiscret,
L'un meure de ma main, et l'autre de regret.
Oui, la mort de l'amant punira la maîtresse;
Et mes plaisirs alors naîtront de sa tristesse.
Mon cœur, à qui mes yeux apprendront ses tourments,
Permettra le retour à mes contentements;
Ce visage si beau, si bien pourvu de charmes,
N'en aura plus pour moi, s'il n'est couvert de larmes.
Ses douleurs seulement ont droit de me guérir;
Pour me résoudre à vivre, il faut la voir mourir [2].

[1] Var. Je veux qu'un même coup me venge de deux crimes. (1637-54.)

[2] Vers supprimés :

    Mais la mort d'un amant seroit-elle bastante[*]
    De toucher tant soit peu l'esprit de l'inconstante?
    Peut-être que, déjà résolue à changer,
    La défaire de lui, ce seroit l'obliger;
    Et dans l'aise qu'alors elle en feroit paroître,
    Serois-je assez vengé par la perte d'un traître?
    Qu'ici le jugement ne manquoit au besoin!
    Il faut que ma fureur s'épande bien plus loin;
    Il faut que, sans égard, ma rage impitoyable
    Confonde l'innocent avecque le coupable;
    Que, dans mon désespoir, je traite également
    Célidée, Hippolyte, Aronte, Dorimant,
    Le sujet de ma flamme et tous ceux qui l'ont sue :
    L'affront qu'elle a reçu de sa honteuse issue

[*] Var. Mais la mort d'un amant seroit-elle capable
    De toucher à ce point une ame si coupable? (1647-54.)

Frénétiques transports, avec quelle insolence
Portez-vous mon esprit à tant de violence?
Allez, vous avez pris trop d'empire sur moi;
Dois-je être sans raison, parcequ'ils sont sans foi?
Dorimant, Célidée, ami, chère maîtresse,
Suivrois-je contre vous la fureur qui me presse?
Quoi! vous ayant aimés, pourrois-je vous haïr?
Mais vous pourrois-je aimer, quand vous m'osez trahir[1]?
Qu'un rigoureux combat déchire mon courage!
Ma jalousie augmente, et redouble ma rage[2];
Mais, quelques fiers projets qu'elle jette en mon cœur,
L'amour.... ah! ce mot seul me range à la douceur.
Celle que nous aimons jamais ne nous offense;
Un mouvement secret prend toujours sa défense :
L'amant souffre tout d'elle; et, dans son changement,
Quelque irrité qu'il soit, il est toujours amant[3].
Toutefois, si l'amour contre elle m'intimide,
Revenez, mes fureurs, pour punir le perfide;
Arrachez-lui mon bien; une telle beauté
N'est pas le juste prix d'une déloyauté.
Souffrirois-je, à mes yeux, que, par ses artifices,
Il recueillît les fruits dus à mes longs services?
S'il vous faut épargner le sujet de mes feux,

> Fait un éclat trop grand pour s'effacer à moins;
> Je ne puis l'étouffer qu'en perdant les témoins. (1637-54.)

[1] Var. Mais vous pourrai-je aimer, vous voyant me trahir? (1637-54.)

[2] Var. Ma jalousie augmente, et, renforçant ma rage,
Quelques sanglants desseins qu'elle jette en mon cœur. (1637-54.)

[3] Vers supprimés :

> Au simple souvenir du bel œil qui me blesse,
> Tous mes ressentiments n'ont que de la foiblesse,
> Et je sens malgré moi mon courroux languissant
> Céder aux moindres traits d'un objet si puissant. (1637-54.)

Que ce traître du moins réponde pour tous deux.
Vous me devez son sang pour expier son crime :
Contre sa lâcheté tout vous est légitime ;
Et quelques châtiments.... Mais, dieux! que vois-je ici?

SCÈNE VI.

HIPPOLYTE, LYSANDRE.

HIPPOLYTE.

Vous avez dans l'esprit quelque pesant souci ;
Ce visage enflammé, ces yeux pleins de colère,
En font voir au dehors une marque trop claire [1].
Je prends assez de part en tous vos intérêts
Pour vouloir en aveugle y mêler mes regrets.
Mais si vous me disiez ce qui cause vos peines....
LYSANDRE.
Ah! ne m'imposez point de si cruelles gênes ;
C'est irriter mes maux que de me secourir ;
La mort, la seule mort a droit de me guérir.

[1] Var. Me sont de votre peine une marque assez claire.
    Encor qui la sauroit, on pourroit aviser
    A prendre des moyens propres à l'apaiser.
LYSANDRE.
Ne vous informez point de mon cruel martyre ;
Vous le redoubleriez, m'obligeant à le dire.
HIPPOLYTE.
Vous faites le secret ; mais je le veux savoir,
Et par là sur votre ame essayer mon pouvoir.
Hier vous m'en donniez tant que j'estime impossible
Que pour me contenter rien vous soit trop sensible.
LYSANDRE.
Vous l'avez souverain, hormis en ce seul point.
HIPPOLYTE.
Je veux l'avoir par-tout, ou bien n'en avoir point. (1637-54.)

HIPPOLYTE.

Si vous vous obstinez à m'en taire la cause,
Tout mon pouvoir sur vous n'est que fort peu de chose.
LYSANDRE.
Vous l'avez souverain, hormis en ce seul point.
HIPPOLYTE.
Laissez-le-moi par-tout, ou ne m'en laissez point.
C'est n'aimer qu'à demi qu'aimer avec réserve;
Et ce n'est pas ainsi que je veux qu'on me serve :
Il faut m'apprendre tout, et, lorsque je vous voi,
Être de belle humeur, ou n'être plus à moi [1].
LYSANDRE.
Ne perdez point d'efforts à vaincre mon silence;
Vous useriez sur moi de trop de violence.
Adieu : je vous ennuie, et les grands déplaisirs
Veulent en liberté s'exhaler en soupirs.

SCÈNE VII.

HIPPOLYTE.

C'est donc là tout l'état que tu fais d'Hippolyte?
Après des vœux offerts, c'est ainsi qu'on me quitte!
Qu'Aronte jugeoit bien que ses feintes amours,
Avant qu'il fût long-temps, interromproient leur cours!

---

[1] Var. Être de belle humeur, ou bien rompre avec moi.
LYSANDRE.
Ne vous obstinez point à vaincre mon silence ;
. . . .
Souffrez que je vous laisse, et que seul aujourd'hui
Je puisse en liberté soupirer mon ennui.
HIPPOLYTE, seule.
Est-ce donc là l'état que tu fais d'Hippolyte ?
Après des vœux offerts, est-ce ainsi qu'on me quitte ? (1637-54.)

Dans ce peu de succès des ruses de Florice,
J'ai manqué de bonheur, mais non pas de malice;
Et, si j'en puis jamais trouver l'occasion,
J'y mettrai bien encor de la division.
Si notre pauvre amant est plein de jalousie,
Ma rivale, qui sort, n'en est pas moins saisie.

SCÈNE VIII.

HIPPOLYTE, CÉLIDÉE.

CÉLIDÉE.

N'ai-je pas tantôt vu mon perfide avec vous[1]?
Il a bientôt quitté des entretiens si doux.

HIPPOLYTE.

Qu'y feroit-il, ma sœur? Ta fidèle Hippolyte[2]
Traite cet inconstant ainsi qu'il le mérite.
Il a beau m'en conter de toutes les façons,
Je le renvoie ailleurs pratiquer ses leçons.

CÉLIDÉE.

Le parjure à présent est fort sur ta louange[3]?

HIPPOLYTE.

Il ne tient pas à lui que je ne sois un ange;
Et quand il vient ensuite à parler de ses feux[4],
Aucune passion jamais n'approcha d'eux.
Par tous ces vains discours il croit fort qu'il m'oblige,

---

[1] Var. N'ai-je pas tantôt vu Lysandre avecque vous? (1637-54.)

[2] Var. Hélas! qu'y feroit-il? Ma sœur, ton Hippolyte
Traite cet inconstant de même qu'il mérite. (1637-54.)

[3] Var. L'infidèle*, à présent, est fort sur ta louange? (1637.)

[4] Var. Et quand il vient après à parler de ses feux. (1637-54.)

* Var. Le perfide. (1648-54.)

Mais non la moitié tant qu'alors qu'il te néglige;
C'est par là qu'il me pense acquérir puissamment :
Et moi, qui t'ai toujours chérie uniquement,
Je te laisse à juger alors si je l'endure.

CÉLIDÉE.

C'est trop prendre, ma sœur, de part en mon injure;
Laisse-le mépriser celle dont les mépris
Sont cause maintenant que d'autres yeux l'ont pris.
Si Lysandre te plaît, possède le volage,
Mais ne me traite point avec désavantage;
Et, si tu te résous d'accepter mon amant,
Relâche-moi du moins le cœur de Dorimant.

HIPPOLYTE.

Pourvu que leur vouloir se range sous le nôtre,
Je te donne le choix et de l'un et de l'autre;
Ou, si l'un ne suffit à ton jeune désir,
Défais-moi de tous deux, tu me feras plaisir.
J'estimai fort Lysandre avant que le connoître;
Mais, depuis cet amour que mes yeux ont fait naître,
Je te répute heureuse après l'avoir perdu.
Que son humeur est vaine! et qu'il fait l'entendu!
Que son discours est fade avec ses flatteries[1]!
Qu'on est importuné de ses afféteries!
Vraiment, si tout le monde étoit fait comme lui,
Je crois qu'avant deux jours je sécherois d'ennui[2].

CÉLIDÉE.

Qu'en cela du destin l'ordonnance fatale
A pris pour nos malheurs une route inégale!
L'un et l'autre me fuit, et je brûle pour eux;

---

[1] Var. Mon Dieu! qu'il est chargeant avec ses flatteries! (1637-54.)
[2] Var. Je pense avant deux jours que je mourrois d'ennui. (1637-54.)

L'un et l'autre t'adore, et tu les fuis tous deux.
HIPPOLYTE.
Si nous changions de sort, que nous serions contentes!
CÉLIDÉE.
Outre, hélas! que le ciel s'oppose à nos attentes,
Lysandre n'a plus rien à rengager ma foi.
HIPPOLYTE.
Mais l'autre, tu voudrois....

SCÈNE IX.
PLEIRANTE, HIPPOLYTE, CÉLIDÉE.

PLEIRANTE.
Ne rompez pas pour moi;
Craignez-vous qu'un ami sache de vos nouvelles?
HIPPOLYTE.
Nous causions de mouchoirs, de rabats, de dentelles [1],
De ménages de fille.
PLEIRANTE.
Et, parmi ces discours,
Vous conifériez ensemble un peu de vos amours?
Eh bien, ce serviteur, l'aura-t-on agréable?
HIPPOLYTE.
Vous m'attaquez toujours par quelque trait semblable [2].
Des hommes comme vous ne sont que des conteurs.
Vraiment, c'est bien à moi d'avoir des serviteurs!

---

[1] Le *rabat* ne fut d'abord autre chose que le col de la chemise rabattu sur le vêtement; plus tard on eut des rabats postiches d'une toile fine et empesée, quelquefois même garnie de dentelles. (P.ᴀʀ.)

[2] Vᴀʀ. Vous venez m'attaquer toujours par quelque fable. (1637.)

PLEIRANTE.

Parlons, parlons françois[1]. Enfin, pour cette affaire,
Nous en remettrons-nous à l'avis d'une mère?

HIPPOLYTE.

J'obéirai toujours à son commandement.
Mais, de grace, monsieur, parlez plus clairement :
Je ne puis deviner ce que vous voulez dire.

PLEIRANTE.

Un certain cavalier pour vos beaux yeux soupire....

HIPPOLYTE.

Vous en voulez par là[2].

PLEIRANTE.

Ce n'est point fiction
Que ce que je vous dis de son affection.
Votre mère sut hier à quel point il vous aime[3],
Et veut que ce soit vous qui vous donniez vous-même[4].

HIPPOLYTE.

Et c'est ce que ma mère, afin de m'expliquer,
Ne m'a point fait l'honneur de me communiquer;
Mais, pour l'amour de vous, je vais le savoir d'elle.

---

[1] *Parlons français.* Locution proverbiale; c'est-à-dire, *parlons intelligiblement, entendons-nous.* (Par.)

[2] Var. Vous revoilà déja ! (1637.)

[3] Var. Votre mère de moi sut hier comme il vous aime. (1648-54.)

[4] Var. J'en fis hier ouverture à votre bonne femme,
   Qui se rapporte à vous de recevoir sa flamme. (1637.)

SCÈNE X.

PLEIRANTE, CÉLIDÉE.

PLEIRANTE.
Ta compagne est du moins aussi fine que belle.
CÉLIDÉE.
Elle a bien su, de vrai, se défaire de vous.
PLEIRANTE.
Et fort habilement se parer de mes coups.
CÉLIDÉE.
Peut-être innocemment, faute d'y rien comprendre [1].
PLEIRANTE.
Mais faute, bien plutôt, d'y vouloir rien entendre.
Je suis des plus trompés, si Dorimant lui plaît.
CÉLIDÉE.
Y prenez-vous, monsieur, pour lui quelque intérêt?
PLEIRANTE.
Lysandre m'a prié d'en porter la parole.
CÉLIDÉE.
Lysandre!
PLEIRANTE.
  Oui, ton Lysandre.
CÉLIDÉE.
    Et lui-même cajole....
PLEIRANTE.
Quoi? que cajole-t-il?
CÉLIDÉE.
  Hippolyte, à mes yeux.

---

[1] Var. Peut-être innocemment, faute de rien comprendre. (1637-54.)

PLEIRANTE.
Folle, il n'aima jamais que toi dessous les cieux ;
Et nous sommes tous prêts de choisir la journée
Qui bientôt de vous deux termine l'hyménée.
Il se plaint toutefois un peu de ta froideur ;
Mais, pour l'amour de moi, montre-lui plus d'ardeur ;
Parle : ma volonté sera-t-elle obéie?
CÉLIDÉE.
Hélas! qu'on vous abuse après m'avoir trahie!
Il vous fait, cet ingrat, parler pour Dorimant,
Tandis qu'au même objet il s'offre pour amant,
Et traverse par là tout ce qu'à sa prière
Votre vaine entremise avance vers la mère.
Cela qu'est-ce, monsieur, que se jouer de vous?
PLEIRANTE.
Qu'il est peu de raison dans ces esprits jaloux !
Eh! quoi? pour un ami s'il rend une visite,
Faut-il s'imaginer qu'il cajole Hippolyte?
CÉLIDÉE.
Je sais ce que j'ai vu.
PLEIRANTE.
Je sais ce qu'il m'a dit,
Et ne veux plus du tout souffrir de contredit.
Mon choix, de votre hymen en sa faveur dispose [1].
CÉLIDÉE.
Commandez-moi plutôt, monsieur, toute autre chose.
PLEIRANTE.
Quelle bizarre humeur! quelle inégalité
De rejeter un bien qu'on a tant souhaité!
La belle, voyez-vous, qu'on perde ces caprices;

---

[1] VAR. Il le faut épouser; vite, qu'on s'y dispose. (1637.)

Il faut pour m'éblouir de meilleurs artifices.
Quelque nouveau venu vous donne dans les yeux,
Quelque jeune étourdi qui vous flatte un peu mieux ;
Et parcequ'il vous fait quelque feinte caresse,
Il faut que nous manquions, vous et moi, de promesse?
Quittez, pour votre bien, ces fantasques refus.

CÉLIDÉE.

Monsieur....

PLEIRANTE.

Quittez-les, dis-je, et ne contestez plus.

SCÈNE XI.

CÉLIDÉE.

Fâcheux commandement d'un incrédule père !
Qu'il me fut doux jadis, et qu'il me désespère !
J'avois, auparavant qu'on m'eût manqué de foi,
Le devoir et l'amour tout d'un parti chez moi,
Et ma flamme, d'accord avecque sa puissance,
Unissoit mes desirs à mon obéissance ;
Mais, hélas ! que depuis cette infidélité
Je trouve d'injustice en son autorité !
Mon esprit s'en révolte, et ma flamme bannie
Fait qu'un pouvoir si saint m'est une tyrannie.
Dures extrémités où mon sort est réduit !
On donne mes faveurs à celui qui les fuit ;
Nous avons l'un pour l'autre une pareille haine,
Et l'on m'attache à lui d'une éternelle chaîne.
Mais, s'il ne m'aimoit plus, parleroit-il d'amour
A celui dont je tiens la lumière du jour?
Mais, s'il m'aimoit encor, verroit-il Hippolyte ?

Mon cœur en même temps se retient et s'excite.
Je ne sais quoi me flatte, et je sens déja bien
Que mon feu ne dépend que de croire le sien.
Tout beau, ma passion, c'est déja trop paraître;
Attends, attends du moins la sienne pour renaître.
A quelle folle erreur me laissé-je emporter!
Il fait tout à dessein de me persécuter.
L'ingrat cherche ma peine, et veut par sa malice
Que l'ordre qu'on me donne augmente mon supplice [1].
Rentrons, que son objet présenté par hasard
De mon cœur ébranlé ne reprenne une part :
C'est bien assez qu'un père à souffrir me destine,
Sans que mes yeux encore aident à ma ruine.

SCÈNE XII.

LA LINGÈRE, LE MERCIER.

LA LINGÈRE, après qu'ils se sont entre-poussé une boîte qui est entre leurs boutiques.

J'envoirai [2] tout à bas, puis après on verra.
Ardez, vraiment c'est-mon [3], on vous l'endurera!
Vous êtes un bel homme, et je dois fort vous craindre!

LE MERCIER.

Tout est sur mon tapis, qu'avez-vous à vous plaindre?

LA LINGÈRE.

Aussi votre tapis est tout sur mon battant [4] :

---

[1] Var. Que la rigueur d'un père augmente mon supplice. (1637-54.)

[2] *J'envoirai.* C'est ainsi qu'on écrivait alors le futur du verbe *envoyer.* Le conditionnel suivait la même orthographe. (Par.)

[3] Expressions populaires, et aujourd'hui entièrement inusitées. *Ardez* est une abréviation de *regardez : c'est-mon* voulait dire *c'est bien à moi.* (V.)

[4] *Battant.* « Grosse piece de bois qui va de haut en bas du costé

ACTE IV, SCÈNE XII.

Je ne m'étonne plus de quoi je gagne tant.
LE MERCIER.
Là, là, criez bien haut, faites bien l'étourdie,
Et puis on vous jouera dedans la comédie.
LA LINGÈRE.
Je voudrois l'avoir vu que quelqu'un s'y fût mis!
Pour en avoir raison nous manquerions d'amis?
On joue ainsi le monde?
LE MERCIER.
                Après tout ce langage,
Ne me repoussez pas mes boîtes davantage.
Votre caquet m'enlève à tous coups mes chalands;
Vous vendez dix rabats contre moi deux galands [1].
Pour conserver la paix, depuis six mois j'endure [2]
Sans vous en dire mot, sans le moindre murmure;
Et vous me harcelez et sans cause et sans fin.
Qu'une femme hargneuse est un mauvais voisin!
Nous n'apaiserons point cette humeur qui vous pique
Que par un entre-deux mis à votre boutique;
Alors, n'ayant plus rien ensemble à démêler,
Vous n'aurez plus aussi sur quoi me quereller.
LA LINGÈRE.
Justement.

de la serrure, ès portes et huys et fenestres, dans laquelle s'enchassent par vn bout les trauersins desdites portes, huys et fenestres, ou à clouds auec liens et croissans de fer au regard des portes. » (*Dictionnaire de Nicot.*)

[1] *Galands*. On donnait ce nom à des nœuds de rubans de différentes couleurs, que les femmes employaient dans leur parure : cette mode avait passé de l'Italie en France, où elle fut apportée par Catherine de Médicis. (P<small>AR</small>.)

[2] V<small>AR</small>. Pour conserver la paix, quoique cela me touche,
    J'ai toujours tout souffert sans en ouvrir la bouche;
    Et vous, vous m'attaquez et sans cause et sans fin. (1637-54.)

SCÈNE XIII.

LA LINGÈRE, FLORICE, LE MERCIER, LE LIBRAIRE, CLÉANTE.

LA LINGÈRE.
De tout loin je vous ai reconnue.
FLORICE.
Vous vous doutez donc bien pourquoi je suis venue?
Les avez-vous reçus ces points-coupés nouveaux?
LA LINGÈRE.
Ils viennent d'arriver.
FLORICE.
Voyons donc les plus beaux.
LE MERCIER, à Cléante qui passe.
Ne vous vendrai-je rien, monsieur? des bas de soie,
Des gants en broderie, ou quelque petite oie[1]?
CLÉANTE, au libraire.
Ces livres que mon maître avoit fait mettre à part,
Les avez-vous encore?
LE LIBRAIRE, empaquetant ses livres.
Ah! que vous venez tard!
Encore un peu, ma foi, je m'en allois les vendre.
Trois jours sans revenir! je m'ennuyois d'attendre.
CLÉANTE.
Je l'avois oublié. Le prix?
LE LIBRAIRE.
Chacun le sait;

---

[1] *Petite oie*. Au commencement du dix-septième siècle on donnait le nom de *petite oie* aux rubans, aux plumes et aux différentes garnitures qui ornaient l'habit, le chapeau, l'épée d'un cavalier. (A.-M.)

ACTE IV, SCÈNE XIII.

Autant de quarts-d'écu, c'est un marché tout fait[1].

LA LINGÈRE, à Florice.

Eh bien, qu'en dites-vous?

FLORICE.

J'en suis toute ravie,
Et n'ai rien encor vu de pareil en ma vie.
Vous aurez notre argent, si l'on croit mon rapport.
Que celui-ci me semble et délicat et fort[2]!
Que cet autre me plaît! que j'en aime l'ouvrage!
Montrez-m'en cependant quelqu'un à mon usage.

LA LINGÈRE.

Voici de quoi vous faire un assez beau collet.

FLORICE.

Je pense, en vérité, qu'il ne seroit pas laid;
Que me coûtera-t-il?

LA LINGÈRE.

Allez, faites-moi vendre,
Et, pour l'amour de vous, je n'en voudrai rien prendre;
Mais avisez alors à me récompenser.

FLORICE.

L'offre n'est pas mauvaise, et vaut bien y penser.
Vous me verrez demain avecque ma maîtresse.

---

[1] *Quart-d'écu.* C'était la quatrième partie d'une pièce d'or, dont la valeur fut fixée à 5 l. 4 s. par l'ordonnance de 1636. Les quarts-d'écu furent supprimés par la déclaration du 20 mars 1652. (Par)

[2] Var. Que ce point est ensemble et délicat et fort!
   Si ma maîtresse veut s'en croire à mon rapport,
   Vous aurez son argent; mon Dieu! le bel ouvrage! (1637-54.)

SCÈNE XIV.

FLORICE, ARONTE, LE MERCIER, LA LINGÈRE.

FLORICE.
Aronte, eh bien, quels fruits produira notre adresse?
ARONTE.
De fort mauvais pour moi. Mon maître, au désespoir,
Fuit les yeux d'Hippolyte, et ne veut plus me voir [1].
FLORICE.
Nous sommes donc ainsi bien loin de notre compte?
ARONTE.
Oui, mais tout le malheur en tombe sur Aronte.
FLORICE.
Ne te débauche point, je veux faire ta paix.
ARONTE.
Son courroux est trop grand pour s'apaiser jamais.
FLORICE.
S'il vient encor chez nous, ou chez sa Célidée,
Je te rends aussitôt l'affaire accommodée.
ARONTE.
Si tu fais ce coup-là, que ton pouvoir est grand!
Viens, je te veux donner tout-à-l'heure un galand.
LE MERCIER.
Voyez, monsieur; j'en ai des plus beaux de la terre :
En voilà de Paris, d'Avignon, d'Angleterre.
ARONTE, après avoir regardé une boîte de galands.
Tous vos galands n'ont point d'assez vives couleurs.
Allons, Florice, allons, il en faut voir ailleurs.

[1] VAR. Fuit les yeux d'Hippolyte, et ne me veut plus voir. (1637-54.)

ACTE IV, SCÈNE XIV.

LA LINGÈRE.

Ainsi, faute d'avoir de belle marchandise,
Des hommes comme vous perdent leur chalandise.

LE MERCIER.

Vous ne la perdez pas, vous, mais Dieu sait comment ;
Du moins, si je vends peu, je vends loyalement,
Et je n'attire point, avec une promesse,
De suivante qui m'aide à tromper sa maîtresse.

LA LINGÈRE.

Quand il faut dire tout, on s'entre-connoît bien ;
Chacun sait son métier, et.... Mais je ne dis rien.

LE MERCIER.

Vous ferez un grand coup, si vous pouvez vous taire.

LA LINGÈRE.

Je ne réplique point à des gens en colère [1].

---

[1] Les quatre derniers vers de cet acte ne se trouvent pas dans les éditions de 1637, de 1647 et de 1654. (LEF....)

FIN DU QUATRIÈME ACTE.

ACTE CINQUIÈME.

SCÈNE I.

LYSANDRE.

Indiscrète vengeance, imprudentes chaleurs,
Dont l'impuissance ajoute un comble à mes malheurs,
Ne me conseillez plus la mort de ce faussaire.
J'aime encor Célidée, et n'ose lui déplaire :
Priver de la clarté ce qu'elle aime le mieux,
Ce n'est pas le moyen d'agréer à ses yeux.
L'amour, en la perdant, me retient en balance ;
Il produit ma fureur, et rompt sa violence,
Et, me laissant trahi, confus, et méprisé,
Ne veut que triompher de mon cœur divisé.
 Amour, cruel auteur de ma longue misère,
Ou permets, à la fin, d'agir à ma colère,
Ou, sans m'embarrasser d'inutiles transports,
Auprès de ce bel œil fais tes derniers efforts ;
Viens, accompagne-moi chez ma belle inhumaine,
Et, comme de mon cœur, triomphe de sa haine :
Contre toi ma vengeance a mis les armes bas,
Contre ses cruautés rends les mêmes combats ;
Exerce ta puissance à fléchir la farouche ;
Montre-toi dans mes yeux, et parle par ma bouche :
Si tu te sens trop foible, appelle à ton secours

ACTE V, SCÈNE II.

Le souvenir de mille et de mille heureux jours,
Où ses desirs, d'accord avec mon espérance¹,
Ne laissoient à nos vœux aucune différence.
Je pense avoir encor ce qui la sut charmer,
Les mêmes qualités qu'elle vouloit aimer.
Peut-être mes douleurs ont changé mon visage;
Mais, en revanche aussi, je l'aime davantage.
Mon respect s'est accru pour un objet si cher²;
Je ne me venge point, de peur de la fâcher.
Un infidèle ami tient son ame captive,
Je le sais, je le vois; et je souffre qu'il vive.

Je tarde trop; allons, ou vaincre ses refus,
Ou me venger sur moi de ne lui plaire plus,
Et tirons de son cœur, malgré sa flamme éteinte,
La pitié par ma mort, ou l'amour par ma plainte :
Ses rigueurs par ce fer me perceront le sein.

SCÈNE II.

DORIMANT, LYSANDRE.

DORIMANT.

Eh quoi! pour m'avoir vu, vous changez de dessein³?
Ne craignez point pour moi d'entrer chez Hippolyte;
Vous ne m'apprendrez rien en lui faisant visite;
Mes yeux, mes propres yeux n'ont que trop découvert

---

¹ Var. Que ses desirs, d'accord avec mon espérance. (1637-54.)
² Var. Mon respect s'est accru vers un objet si cher. (1637-54.)
³ Var. Pensez-vous m'éblouir avec cette visite ?
 Ne feignez point pour moi d'entrer chez Hippolyte;
 Vous ne m'apprendrez rien : je sais trop comme quoi
 Un tel ami que vous traite l'amour pour moi. (1637.)

Comme un ami si rare auprès d'elle me sert.
LYSANDRE.
Parlez plus franchement : ma rencontre importune
Auprès d'un autre objet trouble votre fortune ;
Et vous montrez assez, par ces foibles détours,
Qu'un témoin comme moi déplaît à vos amours :
Vous voulez seul à seul cajoler Célidée ;
La querelle entre nous sera bientôt vidée [1] :
Ma mort vous donnera chez elle un libre accès,
Ou ma juste vengeance un funeste succès.
DORIMANT.
Qu'est-ce-ci, déloyal? quelle fourbe est la vôtre?
Vous m'en disputez une, afin d'acquérir l'autre !
Après ce que chacun a vu de votre feu,
C'est une lâcheté d'en faire un désaveu.
LYSANDRE.
Je ne me connois point à combattre d'injures.
DORIMANT.
Aussi veux-je punir autrement tes parjures :
Le ciel, le juste ciel, ennemi des ingrats,
Qui pour ton châtiment a destiné mon bras,
T'apprendra qu'à moi seul Hippolyte est gardée.
LYSANDRE.
Garde ton Hippolyte.
DORIMANT.
Et toi, ta Célidée.
LYSANDRE.
Voilà faire le fin, de crainte d'un combat.
DORIMANT.
Tu m'imputes la crainte, et ton cœur s'en abat !

[1] Var. Nous en aurons bientôt la querelle vidée. (1637-54.)

ACTE V, SCÈNE III.

LYSANDRE.

Laissons à part les noms ; disputons la maîtresse,
Et, pour qui que ce soit, montre ici ton adresse.

DORIMANT.

C'est comme je l'entends.

(Lysandre et Dorimant mettent l'épée à la main.)

SCÈNE III.

CÉLIDÉE, LYSANDRE, DORIMANT.

CÉLIDÉE.

O dieux ! ils sont aux coups !

(à Lysandre.)

Ah, perfide ! sur moi détourne ton courroux[1] ;
La mort de Dorimant me seroit trop funeste.

DORIMANT.

Lysandre, une autre fois nous viderons le reste.

CÉLIDÉE, à Dorimant.

Arrête, cher ingrat[2] !

LYSANDRE.

Tu recules, voleur.

DORIMANT.

Je fuis cette importune, et non pas ta valeur.

---

[1] VAR. Ah, perfide ! sur moi décharge ton courroux. (1637.)
[2] VAR. Arrête, mon souci ! (1637.)

SCÈNE IV.

LYSANDRE, CÉLIDÉE[1].

LYSANDRE.
Ne suivez pas du moins ce perfide à ma vue :
Avez-vous résolu que sa fuite me tue,
Et qu'ayant su braver son plus vaillant effort[2],
Par sa retraite infame il me donne la mort?
Pour en frapper le coup, vous n'avez qu'à le suivre.
CÉLIDÉE.
Je tiens des gens sans foi si peu dignes de vivre,
Qu'on ne verra jamais que je recule un pas,
De crainte de causer un si juste trépas.
LYSANDRE.
Eh bien, voyez-le donc; ma lame toute prête
N'attendoit que vos yeux pour immoler ma tête.
Vous lirez dans mon sang, à vos pieds répandu,
Ce que valoit l'amant que vous aurez perdu[3];
Et, sans vous reprocher un si cruel outrage,
Ma main de vos rigueurs achèvera l'ouvrage.
Trop heureux mille fois si je plais en mourant
A celle à qui j'ai pu déplaire en l'adorant,

---

[1] Cette intrigue de deux amants qui, pour s'éprouver, feignent une inconstance mutuelle, et qui finissent par se réconcilier, a été souvent répétée au théâtre, et presque toujours avec succès; mais c'est à Corneille que l'invention en est due, et le grand nombre de ses imitateurs prouve assez combien elle est piquante. (V.)

[2] VAR. Et que m'étant moqué de son plus rude effort. (1637-54.)

[3] VAR. La valeur d'un amant que vous aurez perdu. (1637-54.)

ACTE V, SCÈNE IV.

Et si ma prompte mort, secondant son envie,
L'assure du pouvoir qu'elle avoit sur ma vie!

CÉLIDÉE.

Moi, du pouvoir sur vous! vos yeux se sont mépris;
Et quelque illusion qui trouble vos esprits
Vous fait imaginer d'être auprès d'Hippolyte.
Allez, volage, allez où l'amour vous invite;
Dans ses doux entretiens recherchez vos plaisirs [1],
Et ne m'empêchez plus de suivre mes desirs.

LYSANDRE.

Ce n'est pas sans raison que ma feinte passée [2]
A jeté cette erreur dedans votre pensée.
Il est vrai, devant vous forçant mes sentiments,
J'ai présenté des vœux, j'ai fait des compliments;
Mais c'étoient compliments qui partoient d'une souche;
Mon cœur, que vous teniez, désavouoit ma bouche.
Pleirante, qui rompit ces ennuyeux discours,
Sait bien que mon amour n'en changea point de cours;
Contre votre froideur une modeste plainte
Fut tout notre entretien au sortir de la feinte;
Et je le priai lors....

CÉLIDÉE.

D'user de son pouvoir?
Ce n'étoit pas par-là qu'il me falloit avoir.
Les mauvais traitements ne font qu'aigrir les ames.

LYSANDRE.

Confus, désespéré du mépris de mes flammes,
Sans conseil, sans raison, pareil aux matelots
Qu'un naufrage abandonne à la merci des flots,

---

[1] VAR. Dedans son entretien recherchez vos plaisirs. (1637-54.)

[2] VAR. C'est avecque raison que ma feinte passée. (1637-54.)

Je me suis pris à tout, ne sachant où me prendre :
Ma douleur par mes cris d'abord s'est fait entendre ;
J'ai cru que vous seriez d'un naturel plus doux,
Pourvu que votre esprit devînt un peu jaloux ;
J'ai fait agir pour moi l'autorité d'un père,
J'ai fait venir aux mains celui qu'on me préfère ;
Et, puisque ces efforts n'ont réussi qu'en vain,
J'aurai de vous ma grace, ou la mort de ma main :
Choisissez, l'une ou l'autre achèvera mes peines ;
Mon sang brûle déja de sortir de mes veines :
Il faut, pour l'arrêter, me rendre votre amour ;
Je n'ai plus rien sans lui qui me retienne au jour [1].

CÉLIDÉE.

Volage, falloit-il, pour un peu de rudesse,
Vous porter si soudain à changer de maîtresse ?
Que je vous croyois bien un jugement plus meur [2] !
Ne pouviez-vous souffrir de ma mauvaise humeur ?
Ne pouviez-vous juger que c'étoit une feinte
A dessein d'éprouver quelle étoit votre atteinte ?
Les dieux m'en soient témoins, et ce nouveau sujet
Que vos feux inconstants ont choisi pour objet,
Si jamais j'eus pour vous de dédain véritable,
Avant que votre amour parût si peu durable !
Qu'Hippolyte vous die avec quels sentiments
Je lui fus raconter vos premiers mouvements,
Avec quelles douceurs je m'étois préparée
A redonner la joie à votre ame éplorée !

[1] Var. Sans lui, je n'ai plus rien qui me retienne au jour. (1637.)

[2] *Meur*. Ce mot se prononçait alors comme il s'écrivait : on en a fait *mûr*, pour se rapprocher de l'étymologie, *maturus*. La rime nous oblige à laisser subsister ici l'ancienne orthographe. (Lef....)

ACTE V, SCÈNE IV.

Dieux! que je fus surprise, et mes sens éperdus,
Quand je vis vos devoirs à sa beauté rendus!
Votre légèreté fut soudain imitée :
Non pas que Dorimant m'en eût sollicitée ;
Au contraire, il me fuit, et l'ingrat ne veut pas
Que sa franchise cède au peu que j'ai d'appas ;
Mais, hélas! plus il fuit, plus son portrait s'efface.
Je vous sens, malgré moi, reprendre votre place.
L'aveu de votre erreur désarme mon courroux ;
Ne redoutez plus rien, l'amour combat pour vous.
Si nous avons failli de feindre l'un et l'autre,
Pardonnez à ma feinte, et j'oublierai la vôtre.
Moi-même, je l'avoue à ma confusion,
Mon imprudence a fait notre division.
Tu ne méritois pas de si rudes alarmes :
Accepte un repentir accompagné de larmes ;
Et souffre que le tien nous fasse tour-à-tour [1],
Par ce petit divorce, augmenter notre amour.

LYSANDRE.
Que vous me surprenez! O ciel! est-il possible
Que je vous trouve encore à mes desirs sensible ?
Que j'aime ces dédains qui finissent ainsi !

CÉLIDÉE.
Et pour l'amour de toi, que je les aime aussi !

LYSANDRE.
Que ce soit toutefois sans qu'il vous prenne envie
De les plus essayer au péril de ma vie [2].

---

[1] Var. Ce baiser cependant punira ma rigueur,
  Et, me fermant la bouche, il t'ouvrira mon cœur.
  LYSANDRE
  Ma chère ame, mon heur, mon tout, est-il possible. (1637-54.)

[2] Var. De les plus exercer au péril de ma vie. (1637-54.)

CÉLIDÉE.

J'aime trop désormais ton repos et le mien ;
Tous mes soins n'iront plus qu'à notre commun bien.
Voudrois-je, après ma faute, une plus douce amende
Que l'effet d'un hymen qu'un père me commande ?
Je t'accusois en vain d'une infidélité[1] :
Il agissoit pour toi de pleine autorité,
Me traitoit de parjure, et de fille rebelle :
Mais allons lui porter cette heureuse nouvelle ;
Ce que pour mes froideurs il témoigne d'horreur
Mérite bien qu'en hâte on le tire d'erreur.

LYSANDRE.

Vous craignez qu'à vos yeux cette belle Hippolyte
N'ait encor de ma bouche un hommage hypocrite[2].

CÉLIDÉE.

Non : je fuis Dorimant qu'ensemble j'aperçoi ;
Je ne veux plus le voir, puisque je suis à toi.

SCÈNE V.
DORIMANT, HIPPOLYTE.

DORIMANT.

Autant que mon esprit adore vos mérites,
Autant veux-je du mal à vos longues visites.

HIPPOLYTE.

Que vous ont-elles fait, pour vous mettre en courroux ?

---

[1] VAR. Bons dieux ! qu'il fut fâché, voyant ces jours passés
Mon ame refroidie, et tous mes sens glacés,
A son autorité se rendre si rebelles !
Mais allons lui porter ces heureuses nouvelles,
Et le tirer d'ennui, puisque ce bon vieillard
Dans tes contentements prend une telle part. (1637-54.)

[2] VAR. N'ait de moi derechef un hommage hypocrite. (1637-54.)

ACTE V, SCÈNE V.

DORIMANT.
Elles m'ôtent le bien de vous trouver chez vous.
J'y fais à tous moments une course inutile;
J'apprends cent fois le jour que vous êtes en ville :
En voici presque trois que je n'ai pu vous voir,
Pour rendre à vos beautés ce que je sais devoir [1];
Et n'étoit qu'aujourd'hui cette heureuse rencontre,
Sur le point de rentrer, par hasard me les montre,
Je crois que ce jour même auroit encor passé [2]
Sans moyen de m'en plaindre aux yeux qui m'ont blessé.

HIPPOLYTE.
Ma libre et gaie humeur hait le ton de la plainte;
Je n'en puis écouter qu'avec de la contrainte.
Si vous prenez plaisir dedans mon entretien,
Pour le faire durer ne vous plaignez de rien.

DORIMANT.
Vous me pouvez ôter tout sujet de me plaindre.

HIPPOLYTE.
Et vous pouvez aussi vous empêcher d'en feindre.

DORIMANT.
Est-ce en feindre un sujet qu'accuser vos rigueurs?

HIPPOLYTE.
Pour vous en plaindre à faux, vous feignez des langueurs.

DORIMANT.
Verrois-je, sans languir, ma flamme qu'on néglige?

HIPPOLYTE.
Éteignez cette flamme où rien ne vous oblige.

DORIMANT.
Vos charmes trop puissants me forcent à ces vœux.

---

[1] Var. Pour rendre à vos beautés mon très humble devoir. (1637-54.)

[2] Var. Je pense que ce jour auroit encor passé. (1637-54.)

HIPPOLYTE.

Oui ; mais rien ne vous force à vous approcher d'eux.

DORIMANT.

Ma présence vous fâche, et vous est odieuse.

HIPPOLYTE.

Non ; mais tout ce discours la peut rendre ennuyeuse [1].

DORIMANT.

Je vois bien ce que c'est ; je lis dans votre cœur :
Il a reçu les traits d'un plus heureux vainqueur ;
Un autre, regardé d'un œil plus favorable,
A mes soumissions vous fait inexorable ;
C'est pour lui seulement que vous voulez brûler.

HIPPOLYTE.

Il est vrai ; je ne puis vous le dissimuler :
Il faut que je vous traite avec toute franchise.
Alors que je vous pris, un autre m'avoit prise,
Un autre captivoit mes inclinations [2].
Vous devez présumer de vos perfections,
Que, si vous attaquiez un cœur qui fût à prendre,
Il seroit malaisé qu'il s'en pût bien défendre.
Vous auriez eu le mien, s'il n'eût été donné ;
Mais, puisque les destins ainsi l'ont ordonné,
Tant que ma passion aura quelque espérance,
N'attendez rien de moi que de l'indifférence.

DORIMANT.

Vous ne m'apprenez point le nom de cet amant :
Sans doute que Lysandre est cet objet charmant,
Dont les discours flatteurs vous ont préoccupée.

HIPPOLYTE.

Cela ne se dit point à des hommes d'épée ;

---

[1] VAR. Non pas ; mais votre amour me devient ennuyeuse. (1637-54.)
[2] VAR. Et captivoit déja mes inclinations. (1637-54.)

ACTE V, SCÈNE VI.

Vous exposer aux coups d'un duel hasardeux,
Ce seroit le moyen de vous perdre tous deux.
Je vous veux, si je puis, conserver l'un et l'autre;
Je chéris sa personne, et hais si peu la vôtre,
Qu'ayant perdu l'espoir de le voir mon époux,
Si ma mère y consent, Hippolyte est à vous.
Mais aussi jusque-là plaignez votre infortune.

DORIMANT.

Permettez pour ce nom que je vous importune [1];
Ne me refusez plus de me le déclarer :
Que je sache en quel temps j'aurai droit d'espérer.
Un mot me suffira pour me tirer de peine;
Et lors j'étoufferai si bien toute ma haine,
Que vous me trouverez vous-même trop remis.

SCÈNE VI.

PLEIRANTE, LYSANDRE, CÉLIDÉE, DORIMANT, HIPPOLYTE.

PLEIRANTE.

Souffrez, mon cavalier, que je vous rende amis [2].
Vous ne lui voulez pas quereller Célidée ?

DORIMANT.

L'affaire, à cela près, peut être décidée.

(montrant Hippolyte.)

Voici le seul objet de nos affections,
Et l'unique motif de nos dissensions [3].

---

[1] Var. Si faut-il pour ce nom que je vous importune.
   Ne me refusez point de me le déclarer. (1637-54.)

[2] Var. Souffrez, mon cavalier, que je vous fasse amis. (1637-54.)

[3] Var. Et l'unique sujet de nos dissensions. (1637-54.)

LYSANDRE.

Dissipe, cher ami, cette jalouse atteinte ;
C'est l'objet de tes feux, et celui de ma feinte.
Mon cœur fut toujours ferme, et moi je me dédis
Des vœux que de ma bouche elle reçut jadis.
Piqué d'un faux dédain, j'avois pris fantaisie [1]
De mettre Célidée en quelque jalousie ;
Mais, au lieu d'un esprit, j'en ai fait deux jaloux.

PLEIRANTE.

Vous pouvez désormais achever entre vous :
Je vais dans ce logis dire un mot à madame.

SCÈNE VII.

DORIMANT, LYSANDRE, CÉLIDÉE, HIPPOLYTE.

DORIMANT.

Ainsi, loin de m'aider, tu traversois ma flamme !

LYSANDRE.

Les efforts que Pleirante à ma prière a faits
T'auroient acquis déjà le but de tes souhaits ;
Mais tu dois accuser les glaces d'Hippolyte,
Si ton bonheur n'est pas égal à ton mérite.

HIPPOLYTE.

Qu'aurai-je cependant pour satisfaction
D'avoir servi d'objet à votre fiction ?
Dans votre différend, je suis la plus blessée,
Et me trouve, à l'accord, entièrement laissée.

---

[1] VAR. Piqué de ses dédains, j'avois pris fantaisie
De jeter en son ame un peu de jalousie. (1637-54.)

ACTE V, SCÈNE VII.

CÉLIDÉE.

N'y songe plus, de grace; et, pour l'amour de moi [1],
Trouve bon qu'il ait feint de vivre sous ta loi.
Veux-tu le quereller lorsque je lui pardonne?
Le droit de l'amitié tout autrement ordonne.
Tout prêts d'être assemblés d'un lien conjugal,
Tu ne le peux haïr sans me vouloir du mal.
J'ai feint par ton conseil; lui, par celui d'un autre :
Et, bien qu'amour jamais ne fût égal au nôtre,
Je m'étonne comment cette confusion
Laisse finir sitôt notre division.

HIPPOLYTE.

De sorte qu'à présent le ciel y remédie?

CÉLIDÉE.

Tu vois; mais, après tout, s'il faut que je le die [2],
Ton conseil est fort bon, mais un peu dangereux.

HIPPOLYTE.

Excuse, chère amie, un esprit amoureux [3].
Lysandre me plaisoit, et tout mon artifice
N'alloit qu'à détourner son cœur de ton service.
J'ai fait ce que j'ai pu pour brouiller vos esprits;
J'ai, pour me l'attirer, pratiqué tes mépris;
Mais puisque ainsi le ciel rejoint votre hyménée....

DORIMANT.

Votre rigueur vers moi doit être terminée.
Sans chercher de raisons pour vous persuader,
Votre amour hors d'espoir fait qu'il me faut céder;
Vous savez trop à quoi la parole vous lie.

---

[1] Var. N'y songe plus, ma sœur; et, pour l'amour de moi. (1637-54.)

[2] Var. Tu vois; mais, après tout, veux-tu que je te die? (1637-54.)

[3] Var. Excuse, chère sœur, un esprit amoureux. (1637-54.)

HIPPOLYTE.

A vous dire le vrai, j'ai fait une folie :
Je les croyois encor loin de se réunir,
Et moi, par conséquent, loin de vous la tenir [1].

DORIMANT.

Auriez-vous, pour la rompre, une ame assez légère?

HIPPOLYTE.

Puisque je l'ai promis, vous pouvez voir ma mère.

LYSANDRE.

Si tu juges Pleirante à cela suffisant,
Je crois qu'eux deux ensemble en parlent à présent.

DORIMANT.

Après cette faveur qu'on me vient de promettre,
Je crois que mes devoirs ne se peuvent remettre :
J'espère tout de lui ; mais, pour un bien si doux,
Je ne saurois...

LYSANDRE.

Arrête, ils s'avancent vers nous.

SCÈNE VIII.

PLEIRANTE, CHRYSANTE, LYSANDRE,
DORIMANT, CÉLIDÉE, HIPPOLYTE,
FLORICE.

DORIMANT, à Chrysante.

Madame, un pauvre amant, captif de cette belle,
Implore le pouvoir que vous avez sur elle ;

---

[1] VAR. Et moi, par conséquent, bien loin de la tenir.
DORIMANT.
Après m'avoir promis, seriez-vous mensongère? (1637-54.)

ACTE V, SCÈNE VIII.

Tenant ses volontés, vous gouvernez mon sort.
J'attends de votre bouche ou la vie ou la mort.

CHRYSANTE, à Dorimant.

Un homme tel que vous, et de votre naissance,
Ne peut avoir besoin d'implorer ma puissance [1].
Si vous avez gagné ses inclinations,
Soyez sûr du succès de vos affections :
Mais je ne suis pas femme à forcer son courage ;
Je sais ce que la force est en un mariage.
Il me souvient encor de tous mes déplaisirs
Lorsqu'un premier hymen contraignit mes desirs ;
Et, sage à mes dépens, je veux bien qu'Hippolyte
Prenne ou laisse, à son choix, un homme de mérite.
Ainsi présumez tout de mon consentement,
Mais ne prétendez rien de mon commandement.

DORIMANT, à Hippolyte.

Après un tel aveu serez-vous inhumaine [2] ?

HIPPOLYTE, à Chrysante.

Madame, un mot de vous me mettroit hors de peine.
Ce que vous remettez à mon choix d'accorder,
Vous feriez beaucoup mieux de me le commander.

PLEIRANTE, à Chrysante.

Elle vous montre assez où son desir se porte.

CHRYSANTE.

Puisqu'elle s'y résout, le reste ne m'importe [3].

DORIMANT.

Ce favorable mot me rend le plus heureux
De tout ce que jamais on a vu d'amoureux.

---

[1] Var. N'a que faire, en ce cas, d'implorer ma puissance. (1637-54.)

[2] Var. Ma belle, après cela, serez-vous inhumaine ? (1637-54.)

[3] Var. Puisqu'elle s'y résout, du reste ne m'importe. (1637-48.)

LYSANDRE.
J'en sens croître la joie au milieu de mon ame[1],
Comme si de nouveau l'on acceptoit ma flamme.
HIPPOLYTE, à Lysandre.
Ferez-vous donc enfin quelque chose pour moi ?
LYSANDRE.
Tout, hormis ce seul point, de lui manquer de foi.
HIPPOLYTE.
Pardonnez donc à ceux qui, gagnés par Florice,
Lorsque je vous aimois, m'ont fait quelque service[2].
LYSANDRE.
Je vous entends assez ; soit. Aronte impuni
Pour ses mauvais conseils ne sera point banni ;
Tu le souffriras bien, puisqu'elle m'en supplie[3].
CÉLIDÉE.
Il n'est rien que pour elle et pour toi je n'oublie.
PLEIRANTE.
Attendant que demain ces deux couples d'amants
Soient mis au plus haut point de leurs contentements,
Allons chez moi, madame, achever la journée.
CHRYSANTE.
Mon cœur est tout ravi de ce double hyménée.
FLORICE.
Mais, afin que la joie en soit égale à tous,
(montrant Pleirante.)
Faites encor celui de monsieur et de vous.

[1] VAR. Mon aise s'en redouble, et mon cœur qui se pâme
Croit qu'encore une fois on accepte sa flamme. (1637-54.)
HIPPOLYTE, à Lysandre.
Eh bien ! ferez-vous donc quelque chose pour moi ? (1637.)
[2] VAR. Lorsque je vous aimois, me firent du service. (1637-54.)
[3] VAR. Souffre-le, mon souci, puisqu'elle m'en supplie. (1637-54.)

CHRYSANTE.

Outre l'âge¹ en tous deux un peu trop refroidie,
Cela sentiroit trop sa fin de comédie.

¹ Le genre du mot *âge* n'était pas encore fixé du temps de Corneille. Malherbe le faisait indifféremment masculin et féminin :

> Quoi que l'âge passé raconte....
> Que d'hommes fortunés en leur âge première....

Il n'est peut-être pas inutile de faire remarquer que, dans le dernier vers, *sentir sa fin de comédie* signifie *avoir l'air d'être amené exprès pour finir la comédie*. Cette longue périphrase fait regretter la locution employée par Corneille. (Par.)

FIN.

EXAMEN

DE LA GALERIE DU PALAIS

Ce titre seroit tout-à-fait irrégulier, puisqu'il n'est fondé que sur le spectacle du premier acte, où commence l'amour de Dorimant pour Hippolyte, s'il n'étoit autorisé par l'exemple des anciens, qui étoient sans doute encore bien plus licencieux, quand ils ne donnoient à leurs tragédies que le nom des chœurs, qui n'étoient que témoins de l'action, comme *les Trachiniennes* et *les Phéniciennes*. L'Ajax même de Sophocle ne porte pas pour titre *la Mort d'Ajax*, qui est sa principale action, mais *Ajax porte-fouet*, qui n'est que l'action du premier acte. Je ne parle point *des Nuées*, *des Guêpes*, et *des Grenouilles* d'Aristophane; ceci doit suffire pour montrer que les Grecs, nos premiers maîtres, ne s'attachoient point à la principale action pour en faire porter le nom à leurs ouvrages, et qu'ils ne gardoient aucune règle sur cet article. J'ai donc pris ce titre de *la Galerie du palais*, parceque la promesse de ce spectacle extraordinaire et agréable pour sa naïveté, devoit exciter vraisemblablement la curiosité des auditeurs; et ça été pour leur plaire plus d'une fois, que j'ai fait paroître ce même spectacle à la fin du quatrième acte, où il est entièrement inutile, et n'est renoué avec celui du premier que par des valets qui viennent prendre dans les boutiques ce que leurs maîtres y avoient acheté, ou voir si les marchands ont reçu les nippes qu'ils attendoient. Cette espèce de renouement lui étoit nécessaire, afin qu'il eût quelque liaison qui lui fît trouver sa place, et qu'il ne fût pas tout-à-fait hors d'œuvre. La rencontre que j'y fais faire d'Aronte et de Florice est ce qui le fixe particulièrement en ce lieu-là; et, sans cet incident, il eût été aussi propre à la fin du second ou du troisième, qu'en la place qu'il occupe. Sans cet agrément, la pièce auroit été très régulière pour l'unité de lieu et la liaison des scènes, qui n'est interrompue que par là. Célidée et Hippolyte sont deux voisines dont les demeures ne sont séparées que par le travers d'une rue, et ne sont pas d'une condition trop élevée pour souffrir que leurs amants les entretiennent à leur porte. Il est vrai que ce qu'elles y disent seroit mieux dit dans une chambre ou dans une salle. Ce n'est que pour se faire voir aux spectateurs qu'elles quittent cette porte où elles devroient être retranchées, et viennent parler au milieu de la scène; mais c'est un accommodement de théâtre qu'il faut souffrir pour trouver cette rigoureuse unité de lieu qu'exigent les grands réguliers. Il sort un peu de l'exacte vraisemblance et de la bienséance même; mais il est presque impossible d'en user autrement; et les spectateurs y sont si accoutumés, qu'ils n'y trouvent rien qui les blesse. Les anciens, sur les exemples desquels on a formé les règles, se donnoient cette liberté; ils choisissoient pour le lieu de leurs comédies, et même de leurs tragédies, une place publique; mais je m'assure qu'à les bien examiner, il y a plus de la moitié de ce qu'ils font dire qui seroit mieux dit dans la maison qu'en cette place. Je n'en produirai qu'un exemple, sur qui le lecteur en pourra trouver d'autres.

L'Andrienne de Térence commence par le vieillard Simon, qui revient du marché avec des valets chargés de ce qu'il vient d'acheter pour les noces de son fils; il leur commande d'entrer dans sa maison avec leur charge, et retient avec lui Sosie, pour lui apprendre que ces noces ne sont que des noces feintes, à dessein de voir ce qu'en dira son fils, qu'il croit engagé dans une autre affection dont il lui conte l'histoire. Je ne pense pas qu'aucun me dénie qu'il seroit mieux dans sa salle à lui faire confidence de ce secret, que dans une rue. Dans la seconde scène, il menace Davus de le maltraiter, s'il fait aucune fourbe pour troubler ces noces : il le menaceroit plus à propos dans sa maison qu'en public ; et la seule raison qui le fait parler devant son logis, c'est afin que ce Davus, demeuré seul, puisse voir Mysis sortir de chez Glycère, et qu'il se fasse une liaison d'œil entre ces deux scènes; ce qui ne regarde pas l'action présente de cette première, qui se passeroit mieux dans la maison, mais une action future qu'ils ne prévoient point, et qui est plutôt du dessein du poëte, qui force un peu la vraisemblance pour observer les règles de son art, que du choix des acteurs qui ont à parler, et qui ne seroient pas où les met le poëte, s'il n'étoit question que de dire ce qu'il leur fait dire. Je laisse aux curieux à examiner le reste de cette comédie de Térence; et je veux croire qu'à moins que d'avoir l'esprit fort préoccupé d'un sentiment contraire, ils demeureront d'accord de ce que je dis.

Quant à la durée de cette pièce, elle est dans le même ordre que la précédente, c'est-à-dire dans cinq jours consécutifs. Le style en est plus fort et plus dégagé des pointes dont j'ai parlé, qui se trouveront assez rares. Le personnage de nourrice, qui est de la vieille comédie, et que le manque d'actrices sur nos théâtres y avoit conservé jusqu'alors, afin qu'un homme le pût représenter sous le masque, se trouve ici métamorphosé en celui de suivante, qu'une femme représente sur son visage. Le caractère des deux amantes a quelque chose de choquant, en ce qu'elles sont toutes deux amoureuses d'hommes qui ne le sont point d'elles, et Célidée particulièrement s'emporte jusqu'à s'offrir elle-même. On la pourroit excuser sur le violent dépit qu'elle a de s'être vue méprisée par son amant, qui, en sa présence même, a conté des fleurettes à une autre ; et j'aurois de plus à dire que nous ne mettons pas sur la scène des personnages si parfaits, qu'ils ne soient sujets à des défauts et aux foiblesses qu'impriment les passions; mais je veux bien avouer que cela va trop avant, et passe trop la bien-

8.

séance et la modestie du sexe, bien qu'absolument il ne soit pas condamnable. En récompense, le cinquième acte est moins traînant que celui des précédentes, et conclut deux mariages sans laisser aucun mécontent; ce qui n'arrive pas dans celles-là.

LA SUIVANTE,

COMÉDIE.

1634.

ÉPITRE.

Monsieur,

Je vous présente une comédie qui n'a pas été également aimée de toutes sortes d'esprits ; beaucoup et de fort bons n'en ont pas fait grand état, et beaucoup d'autres l'ont mise au-dessus du reste des miennes. Pour moi, je laisse dire tout le monde, et fais mon profit des bons avis, de quelque part que je les reçoive. Je traite toujours mon sujet le moins mal qu'il m'est possible ; et, après y avoir corrigé ce qu'on me fait connoître d'inexcusable, je l'abandonne au public. Si je ne fais bien, qu'un autre fasse mieux ; je ferai des vers à sa louange, au lieu de le censurer. Chacun a sa méthode ; je ne blâme point celle des autres, et me tiens à la mienne : jusques à présent je m'en suis trouvé fort bien ; j'en chercherai une meilleure quand je commencerai à m'en trouver mal. Ceux qui se font presser à la représentation de mes ouvrages m'obligent infiniment ; ceux qui ne les approuvent pas peuvent se dispenser d'y venir gagner la migraine ; ils épargneront de l'argent, et me feront plaisir. Les jugements sont libres en ces matières, et les goûts divers. J'ai vu des personnes de fort bon sens admirer des endroits sur qui j'aurois passé l'éponge, et j'en connois dont les poëmes réussissent au théâtre avec éclat, et qui, pour principaux ornements, y emploient des choses que j'évite dans les miens. Ils pensent avoir raison, et moi aussi : qui d'eux ou de moi se trompe ? c'est ce qui n'est pas aisé à juger. Chez les philosophes, tout ce qui n'est point de la foi ni des principes est disputable; et souvent ils soutiendront, à votre choix, le pour et le contre d'une même proposition : marques certaines de l'excellence de l'esprit humain, qui trouve des raisons à défendre tout; ou plutôt de sa foiblesse, qui n'en peut trouver de convaincantes, ni qui ne puissent être combattues et détruites par de contraires. Ainsi ce n'est pas merveille, si les critiques donnent de mauvaises interprétations à nos vers, et de mauvaises faces à nos personnages. « Qu'on me donne, dit M. de Montaigne, « au chapitre XXXVI du premier livre, l'action la plus « excellente et pure, ie m'en vays y fournir vraysem- « blablement cinquante vicieuses intentions. » C'est au lecteur désintéressé à prendre la médaille par le beau revers. Comme il nous a quelque obligation d'avoir travaillé à le divertir, j'ose dire que, pour reconnoissance, il nous doit un peu de faveur, et qu'il commet une espèce d'ingratitude, s'il ne se montre plus ingénieux à nous défendre qu'à nous condamner; et s'il n'applique la subtilité de son esprit plutôt à colorer et justifier en quelque sorte nos véritables défauts, qu'à en trouver où il n'y en a point. Nous pardonnons beaucoup de choses aux anciens; nous admirons quelquefois dans leurs écrits ce que nous ne souffririons pas dans les nôtres; nous faisons des mystères de leurs imperfections, et couvrons leurs fautes du nom de licences poétiques. Le docte Scaliger a remarqué des taches dans tous les latins, et de moins savants que lui en remarqueroient bien dans les grecs, et dans son Virgile même à qui il dresse des autels sur le mépris des autres. Je vous laisse donc à penser si notre présomption ne seroit pas ridicule, de prétendre qu'une exacte censure ne peut mordre sur nos ouvrages, puisque ceux de ces grands génies de l'antiquité ne se peuvent pas soutenir contre un rigoureux examen. Je ne me suis jamais imaginé avoir rien mis au jour de parfait; je n'espère pas même y pouvoir jamais arriver; je fais néanmoins mon possible pour en approcher, et les plus beaux succès des autres ne produisent en moi qu'une vertueuse émulation, qui me fait redoubler mes efforts, afin d'en avoir de pareils :

> Je vois d'un œil égal croître le nom d'autrui,
> Et tâche à m'élever aussi haut comme lui,
> Sans hasarder ma peine à le faire descendre.
> La gloire a des trésors qu'on ne peut épuiser;
> Et, plus elle en prodigue à nous favoriser,
> Plus elle en garde encore où chacun peut prétendre [1].

Pour venir à cette *Suivante* que je vous dédie, elle

[1] L'ame du grand Corneille est tout entière dans ces vers, que tous les gens de lettres devraient prendre pour devise et pour

est d'un genre qui demande plutôt un style naïf que pompeux. Les fourbes et les intrigues sont principalement du jeu de la comédie; les passions n'y entrent que par accident. Les règles des anciens sont assez religieusement observées en celle-ci. Il n'y a qu'une action principale à qui toutes les autres aboutissent; son lieu n'a point plus d'étendue que celle du théâtre, et le temps n'en est point plus long que celui de la représentation, si vous en exceptez l'heure du dîner, qui se passe entre le premier et le second acte. La liaison même des scènes, qui n'est qu'un embellissement, et non pas un précepte, y est gardée; et si vous prenez la peine de compter les vers, vous n'en trouverez en pas un acte plus qu'en l'autre. Ce n'est pas que je me sois assujetti depuis aux mêmes rigueurs. J'aime à suivre les règles; mais, loin de me rendre leur esclave, je les élargis et resserre selon le besoin qu'en a mon sujet, et je romps même sans scrupule celle qui regarde la durée de l'action, quand sa sévérité me semble absolument incompatible avec les beautés des événements que je décris. Savoir les règles, et entendre le secret de les apprivoiser

règle. On sait quelle noble émulation existait entre lui et Rotrou; et plus tard, lorsque Racine s'empara du théâtre, Corneille ne fut point jaloux de ses succès, comme quelques compilateurs d'anecdotes ont osé l'écrire : mais il fut affligé de voir ses pièces presque abandonnées pour celles de son jeune rival. Lui-même a parfaitement exprimé ce sentiment dans une épître adressée à Louis XIV vers la fin de l'année 1676. — Voyez, tome XII, l'épître au Roi, qui commence par ces vers :

Est-il vrai, grand monarque, et puis-je me vanter
Que tu prennes plaisir à me ressusciter ?...... (Par.)

adroitement avec notre théâtre, ce sont deux sciences bien différentes; et peut-être que pour faire maintenant réussir une pièce, ce n'est pas assez d'avoir étudié dans les livres d'Aristote et d'Horace. J'espère un jour traiter ces matières plus à fond, et montrer de quelle espèce est la vraisemblance qu'ont suivie ces grands maîtres des autres siècles, en faisant parler des bêtes et des choses qui n'ont point de corps. Cependant mon avis est celui de Térence. Puisque nous faisons des poëmes pour être représentés, notre premier but doit être de plaire à la cour et au peuple, et d'attirer un grand monde à leurs représentations. Il faut, s'il se peut, y ajouter les règles, afin de ne déplaire pas aux savants, et recevoir un applaudissement universel; mais sur-tout gagnons la voix publique; autrement notre pièce aura beau être régulière, si elle est sifflée au théâtre, les savants n'oseront se déclarer en notre faveur, et aimeront mieux dire que nous aurons mal entendu les règles, que de nous donner des louanges quand nous serons décriés par le consentement général de ceux qui ne voient la comédie que pour se divertir.

Je suis,

Monsieur,

Votre très humble serviteur,
CORNEILLE.

ACTEURS.

GÉRASTE, père de Daphnis.
POLÉMON, oncle de Clarimond.
CLARIMOND, amoureux de Daphnis.
FLORAME, amant de Daphnis.
THÉANTE, aussi amoureux de Daphnis.
DAMON, ami de Florame et de Théante.
DAPHNIS, maîtresse de Florame, aimée de Clarimond et de Théante.
AMARANTE, suivante de Daphnis.
CÉLIE, voisine de Géraste et sa confidente.
CLÉON, domestique de Damon.

La scène est à Paris.

LA SUIVANTE[1].

ACTE PREMIER.

SCÈNE I.

DAMON, THÉANTE.

DAMON.
Ami, j'ai beau rêver, toute ma rêverie
Ne me fait rien comprendre en ta galanterie.
Auprès de ta maîtresse engager un ami,
C'est, à mon jugement, ne l'aimer qu'à demi.
Ton humeur qui s'en lasse, au changement l'invite ;
Et, n'osant la quitter, tu veux qu'elle te quitte.
THÉANTE.
Ami, n'y rêve plus ; c'est en juger trop bien
Pour t'oser plaindre encor de n'y comprendre rien.

[1] Corneille semble avoir voulu consacrer par ce titre l'heureuse innovation qu'il avoit introduite au théâtre, en substituant le personnage de suivante à celui de nourrice. Une conduite régulière, un style plus soigné, distinguent cette comédie des précédentes. « Les actes y sont si égaux, qu'aucun n'a un vers plus que l'autre ; c'est une affectation, ajoute naïvement Corneille, qui ne fait aucune beauté. » (Voyez l'*Examen* à la suite de la pièce.) (PAR.)

Quelques puissants appas que possède Amarante,
Je trouve qu'après tout ce n'est qu'une suivante ;
Et je ne puis songer à sa condition,
Que mon amour ne cède à mon ambition.
Ainsi, malgré l'ardeur qui pour elle me presse,
A la fin j'ai levé les yeux sur sa maîtresse [1],
Où mon dessein, plus haut et plus laborieux,
Se promet des succès beaucoup plus glorieux.
Mais lors, soit qu'Amarante eût pour moi quelque flamme,
Soit qu'elle pénétrât jusqu'au fond de mon ame,
Et que, malicieuse, elle prît du plaisir
A rompre les effets de mon nouveau desir,
Elle savoit toujours m'arrêter auprès d'elle
A tenir des propos d'une suite éternelle.
L'ardeur qui me brûloit de parler à Daphnis
Me fournissoit en vain des détours infinis ;
Elle usoit de ses droits, et, tout impérieuse,
D'une voix demi-gaie et demi-sérieuse,
« Quand j'ai des serviteurs, c'est pour m'entretenir,
« Disoit-elle ; autrement, je les sais bien punir ;
« Leurs devoirs près de moi n'ont rien qui les excuse. »

DAMON.
Maintenant je devine à-peu-près une ruse [2]
Que tout autre en ta place à peine entreprendroit.

THÉANTE.
Écoute, et tu verras si je suis maladroit.
Tu sais comme Florame à tous les beaux visages
Fait par civilité toujours de feints hommages,
Et, sans avoir d'amour, offrant par-tout des vœux,

---

[1] Var. A la fin j'ai levé mes yeux sur sa maîtresse. (1637-54.)
[2] Var. Maintenant je me doute à-peu-près d'une ruse. (1637-54.)

Traite de peu d'esprit les véritables feux ¹.
Un jour qu'il se vantoit de cette humeur étrange,
A qui chaque objet plaît, et que pas un ne range,
Et reprochoit à tous que leur peu de beauté
Lui laissoit si long-temps garder sa liberté :
« Florame, dis-je alors, ton ame indifférente
« Ne tiendroit que fort peu contre mon Amarante. »
« Théante, me dit-il, il faudroit l'éprouver;
« Mais l'éprouvant, peut-être on te feroit rêver :
« Mon feu, qui ne seroit que pure courtoisie ²,
« La rempliroit d'amour, et toi de jalousie. »
Je réplique, il repart, et nous tombons d'accord
Qu'au hasard du succès il y feroit effort.
Ainsi je l'introduis; et, par ce tour d'adresse,
Qui me fait pour un temps lui céder ma maîtresse,
Engageant Amarante et Florame au discours,
J'entretiens à loisir mes nouvelles amours.

DAMON.
Fut-elle, sur ce point, ou fâcheuse, ou facile ³ ?

THÉANTE.
Plus que je n'espérois je l'y trouvai docile ;
Soit que je lui donnasse une fort douce loi,

---

¹ Var. Tient pour manque d'esprit de véritables feux. (1637-54.)

² Var. Mon feu, qui ne seroit que simple courtoisie,
. . . .
Moi, de jurer que non, et lui, de persister,
Tant que pour cette épreuve il me fit protester
Que je lui céderois quelque temps ma maîtresse ;
Ainsi donc je l'y mène, et par cette souplesse.... (1637-54.)

³ Var. Amarante à ce point fut-elle fort docile ?
THÉANTE.
Plus que je n'espérois je la trouvai facile *. (1637.)

* Var. Je l'y trouvai facile. (1647-54.)

Et qu'il fût à ses yeux plus aimable que moi,
Soit qu'elle fît dessein sur ce fameux rebelle [1],
Qu'une simple gageure attachoit auprès d'elle [2],
Elle perdit pour moi son importunité,
Et ne demanda plus tant d'assiduité.
La douceur d'être seule à gouverner Florame [3]
Ne souffrit plus chez elle aucun soin de ma flamme,
Et ce qu'elle goûtoit avec lui de plaisirs
Lui fit abandonner mon ame à mes desirs.

DAMON.

On t'abuse, Théante; il faut que je te die [4]
Que Florame est atteint de même maladie,
Qu'il roule en son esprit mêmes desseins que toi [5],
Et que c'est à Daphnis qu'il veut donner sa foi.
A servir Amarante il met beaucoup d'étude ;
Mais ce n'est qu'un prétexte à faire une habitude :
Il accoutume ainsi ta Daphnis à le voir,
Et ménage un accès qu'il ne pouvoit avoir.
Sa richesse l'attire, et sa beauté le blesse;
Elle le passe en biens, il l'égale en noblesse,

---

[1] VAR. Soit qu'elle fît dessein d'asservir la franchise
D'un qui la cajoloit ainsi par entreprise*. (1637.)

[2] VAR. Qui par simple gageure osoit se jouer d'elle. (1663.)

[3] VAR. L'aise de se voir seule à gouverner Florame. (1637-54.)

[4] *Die* pour *dise* : expression reçue du temps de Corneille, employée quelquefois par Racine, et que Molière, après s'en être également servi, a peut-être contribué à faire disparaître du style noble en la jetant à la fin du vers le plus ridicule du sonnet de Trissotin. (Voyez *les Femmes savantes*, acte III, sc. II.) (PAR.)

[5] VAR. Qu'il a dedans l'esprit mêmes desseins que toi. (1637-47.)

* VAR. Soit qu'elle fît dessein sur cet esprit rebelle
Qui, par galanterie, osoit feindre auprès d'elle. (1648-54.)

ACTE I, SCÈNE II.

Et cherche, ambitieux, par sa possession,
A relever l'éclat de son extraction.
Il a peu de fortune, et beaucoup de courage;
Et hors cette espérance, il hait le mariage.
C'est ce que l'autre jour en secret il m'apprit :
Tu peux, sur cet avis, lire dans son esprit.

THÉANTE.

Parmi ses hauts projets il manque de prudence,
Puisqu'il traite avec toi de telle confidence.

DAMON.

Crois qu'il m'éprouvera fidèle au dernier point,
Lorsque ton intérêt ne s'y mêlera point.

THÉANTE.

Je dois l'attendre ici. Quitte-moi, je te prie,
De peur qu'il n'ait soupçon de ta supercherie [1].

DAMON.

Adieu. Je suis à toi.

SCÈNE II.

THÉANTE.

          Par quel malheur fatal
Ai-je donné moi-même entrée à mon rival?
De quelque trait rusé que mon esprit se vante,
Je me trompe moi-même en trompant Amarante,
Et choisis un ami qui ne veut que m'ôter
Ce que par lui je tâche à me faciliter.
Qu'importe toutefois qu'il brûle, et qu'il soupire [2]?

---

[1] Var. Qu'il ne se doute point de ta supercherie. (1637-54.)

[2] Var. N'importe toutefois qu'il brûle et qu'il soupire,

Je sais trop comme il faut l'empêcher d'en rien dire.
Amarante l'arrête, et j'arrête Daphnis :
Ainsi tous entretiens d'entre eux deux sont bannis :
Et tant d'heur se rencontre en ma sage conduite,
Qu'au langage des yeux son amour est réduite.
Mais n'est-ce pas assez pour se communiquer ?
Que faut-il aux amants de plus pour s'expliquer ?
Même ceux de Daphnis à tous coups lui répondent :
L'un dans l'autre, à tous coups, leurs regards se confondent;
Et, d'un commun aveu, ces muets truchements
Ne se disent que trop leurs amoureux tourments.

Quelles vaines frayeurs troublent ma fantaisie !
Que l'amour aisément penche à la jalousie !
Qu'on croit tôt ce qu'on craint en ces perplexités,
Où les moindres soupçons passent pour vérités !
Daphnis est tout aimable; et, si Florame l'aime [1],
Dois-je m'imaginer qu'il soit aimé de même ?
Florame avec raison adore tant d'appas,
Et Daphnis sans raison s'abaisseroit trop bas.
Ce feu, si juste en l'un, en l'autre inexcusable,
Rendroit l'un glorieux, et l'autre méprisable.

Simple ! l'amour peut-il écouter la raison ?
Et même ces raisons sont-elles de saison ?
Si Daphnis doit rougir en brûlant pour Florame,
Qui l'en affranchiroit en secondant ma flamme ?
Étant tous deux égaux, il faut bien que nos feux
Lui fassent même honte ou même honneur tous deux [2] :

Je sais trop dextrement [*] l'empêcher d'en rien dire. (1637.)

[1] VAR. Daphnis est fort aimable, et si Florame l'aime,
    Est-ce à dire pourtant qu'il soit aimé de même ? (1637-54.)

[2] VAR. Lui soient à même honte ou même honneur tous deux.

[*] VAR. Si je sais dextrement. (1648-54.)

Ou tous deux nous formons un dessein téméraire,
Ou nous avons tous deux même droit de lui plaire.
Si l'espoir m'est permis, il y peut aspirer;
Et, s'il prétend trop haut, je dois désespérer.
Mais le voici venir.

SCÈNE III.

THÉANTE, FLORAME.

THÉANTE.
Tu me fais bien attendre.
FLORAME.
Encore est-ce à regret qu'ici je viens me rendre [1],
Et comme un criminel qu'on traîne à sa prison.
THÉANTE.
Tu ne fais qu'en raillant cette comparaison.
FLORAME.
Elle n'est que trop vraie.
THÉANTE.
Et ton indifférence?
FLORAME.
La conserver encor! le moyen? l'apparence?
Je m'étois plu toujours d'aimer en mille lieux :
Voyant une beauté, mon cœur suivoit mes yeux :
Mais, de quelques attraits que le ciel l'eût pourvue,
J'en perdois la mémoire aussitôt que la vue;
Et, bien que mes discours lui donnassent ma foi,
De retour au logis, je me trouvois à moi.

Ou tous deux nous faisons un dessein téméraire. (1637-54.)

[1] VAR. Encore est-ce à regret qu'ici je me viens rendre. (1637-54.)

LA SUIVANTE.

Cette façon d'aimer me sembloit fort commode;
Et maintenant encor je vivrois à ma mode :
Mais l'objet d'Amarante est trop embarrassant;
Ce n'est point un visage à ne voir qu'en passant;
Un je ne sais quel charme auprès d'elle m'attache;
Je ne la puis quitter que le jour ne se cache;
Même alors, malgré moi, son image me suit [1],
Et me vient au lieu d'elle entretenir la nuit.
Le sommeil n'oseroit me peindre une autre idée;
J'en ai l'esprit rempli, j'en ai l'ame obsédée.
Théante, ou permets-moi de n'en plus approcher,
Ou songe que mon cœur n'est pas fait d'un rocher;
Tant de charmes enfin me rendroient infidèle [2].

THÉANTE.

Deviens-le, si tu veux, je suis assuré d'elle;
Et, quand il te faudra tout de bon l'adorer,
Je prendrai du plaisir à te voir soupirer,
Tandis que, pour tout fruit, tu porteras la peine [3]
D'avoir tant persisté dans une humeur si vaine.
Quand tu ne pourras plus te priver de la voir,
C'est alors que je veux t'en ôter le pouvoir;
Et j'attends de pied ferme à reprendre ma place [4],

---

[1] Var. Encor n'est-ce pas tout : son image me suit.
. . . .
Elle entre effrontément jusque dedans ma couche,
Me redit ses propos, me présente sa bouche. (1637-54.)

[2] Var. Ses beautés à la fin me rendroient infidèle. (1637-54.)

[3] Var. Et toi, sans aucun fruit, tu porteras la peine
. . . .
Quand tu ne pourras plus te passer de la voir. (1637-54.)

[4] Var. J'attends, pour te punir, à reprendre ma place,
. . . .
A présent, tu n'en tiens encore qu'à demi. (1637-54.)

ACTE I, SCÈNE III.

Qu'il ne soit plus en toi de retrouver ta glace.
Tu te défends encore, et n'en tiens qu'à demi.

FLORAME.

Cruel, est-ce là donc me traiter en ami?
Garde, pour châtiment de cet injuste outrage,
Qu'Amarante pour toi ne change de courage [1] ;
Et, se rendant sensible à l'ardeur de mes vœux....

THÉANTE.

A cela près, poursuis ; gagne-la, si tu peux :
Je ne m'en prendrai lors qu'à ma seule imprudence ;
Et, demeurant ensemble en bonne intelligence,
En dépit du malheur que j'aurai mérité,
J'aimerai le rival qui m'aura supplanté.

FLORAME.

Ami, qu'il vaut bien mieux ne point tomber en peine
De faire à tes dépens cette épreuve incertaine!
Je me confesse pris, je quitte, j'ai perdu :
Que veux-tu plus de moi ? reprends ce qui t'est dû.
Séparer plus long-temps une amour si parfaite [2] !
Continuer encor la faute que j'ai faite!
Elle n'est que trop grande ; et, pour la réparer,
J'empêcherai Daphnis de vous plus séparer [3].
Pour peu qu'à mes discours je la trouve accessible,
Vous jouirez vous deux d'un entretien paisible ;
Je saurai l'amuser, et vos feux redoublés
Par son fâcheux abord ne seront plus troublés.

THÉANTE.

Ce seroit prendre un soin qui n'est pas nécessaire.

---

[1] Var. Qu'en ma faveur le ciel ne tourne son courage,
    Et dispose Amarante à seconder mes vœux. (1637-54.)

[2] Var. Séparer davantage une amour si parfaite! (1637-54.)

[3] Var. J'empêcherai Daphnis de plus vous séparer. (1637.)

Daphnis sait d'elle-même assez bien se distraire ;
Et jamais son abord ne trouble nos plaisirs,
Tant elle est complaisante à nos chastes desirs.

SCÈNE IV.

AMARANTE, FLORAME, THÉANTE.

THÉANTE, à Amarante.

Déploie, il en est temps, tes meilleurs artifices [1]
(Sans mettre toutefois en oubli mes services).
Je t'amène un captif qui te veut échapper.

AMARANTE.

J'en ai vu d'échappés que j'ai su rattraper [2].

THÉANTE.

Vois qu'en sa liberté ta gloire se hasarde.

AMARANTE.

Allez, laissez-le-moi, j'en ferai bonne garde [3].
Daphnis est au jardin.

FLORAME.

      Sans plus vous désunir,
Souffre qu'au lieu de toi je l'aille entretenir.

---

[1] Var. Mon cœur, déploie ici tes meilleurs artifices
   (Mais toutefois sans mettre en oubli mes services). (1637-54.)

[2] Var. Quelque échappé qu'il fût, je saurois l'attraper. (1637-54.)

[3] Var. Allez, laissez-le-moi, j'y ferai bonne garde. (1637.)

SCÈNE V.

AMARANTE, FLORAME.

AMARANTE.

Laissez, mon cavalier, laissez aller Théante :
Il porte assez au cœur le portrait d'Amarante ;
Je n'appréhende point qu'on l'en puisse effacer :
C'est au vôtre à présent que je le veux tracer ;
Et la difficulté d'une telle victoire
M'en augmente l'ardeur, comme elle en croît la gloire[1].

FLORAME.

Aurez-vous quelque gloire à me faire souffrir ?

AMARANTE.

Plus que de tous les vœux qu'on me pourroit offrir[2].

FLORAME.

Vous plaisez-vous à ceux d'une ame si contrainte,
Qu'une vieille amitié retient toujours en crainte ?

AMARANTE.

Vous n'êtes pas encore au point où je vous veux :
Et toute amitié meurt où naissent de vrais feux[3].

FLORAME.

De vrai, contre ses droits mon esprit se rebelle[4] :
Mais feriez-vous état d'un amant infidèle ?

---

[1] Var. Augmente mon envie en augmentant la gloire. (1637-54.)

[2] Var. Bien plus que d'aucuns vœux que l'on me peut offrir*. (1637.)

[3] Var. Toute amitié se meurt où naissent de vrais feux. (1637-54.)

[4] *Rebeller* valoit bien *révolter*. Cependant l'usage, qui ruine insensiblement la langue noble et poétique, a rejeté l'un et conservé l'autre. (Marm.)

* Var. ...... que l'on me pût offrir. (1648-54.)

AMARANTE.

Je ne prendrai jamais pour un manque de foi,
D'oublier un ami pour se donner à moi.

FLORAME.

Encor si je pouvois former quelque espérance [1]
De vous voir favorable à ma persévérance,
Que vous pussiez m'aimer après tant de tourment,
Et d'un mauvais ami faire un heureux amant !
Mais, hélas ! je vous sers, je vis sous votre empire,
Et je ne puis prétendre où mon desir aspire.
Théante ! (ah, nom fatal pour me combler d'ennui !)
Vous demandez mon cœur, et le vôtre est à lui !
Souffrez qu'en autre lieu j'adresse mes services [2],
Que du manque d'espoir j'évite les supplices.
Qui ne peut rien prétendre a droit d'abandonner.

AMARANTE.

S'il ne tient qu'à l'espoir, je vous en veux donner [3].
Apprenez que chez moi c'est un foible avantage
De m'avoir de ses vœux le premier fait hommage ;
Le mérite y fait tout; et tel plaît à mes yeux,
Que je négligerois près de qui vaudroit mieux [4].
Lui seul de mes amants règle la différence,
Sans que le temps leur donne aucune préférence.

FLORAME.

Vous ne flattez mes sens que pour m'embarrasser.

---

[1] Var. Encore si j'avois tant soit peu d'espérance. (1637-54.)

[2] Var. Et mon stérile amour n'aura que des supplices ! (1637-48.)
Trouvez bon que j'adresse autre part mes services, (1637.)
Contraint, manque d'espoir, de vous abandonner. (1637-48-54.)

[3] Var. S'il ne tient qu'à cela, je vous en veux donner. (1637-48-54.)

[4] Var. Que je négligerois près d'un qui valût mieux. (1637-54.)

AMARANTE.

Peut-être ; mais enfin il faut le confesser [1],
Vous vous trouveriez mieux auprès de ma maîtresse.
FLORAME.
Ne pensez pas....
AMARANTE.
Non, non, c'est là ce qui vous presse.
Allons dans le jardin ensemble la chercher.
(à part.)
Que j'ai su dextrement à ses yeux la cacher !

SCÈNE VI.

DAPHNIS, THÉANTE.

DAPHNIS.
Voyez comme tous deux ont fui notre rencontre [2].
Je vous l'ai déja dit, et l'effet vous le montre :
Vous perdez Amarante, et cet ami fardé
Se saisit finement d'un bien si mal gardé :
Vous devez vous lasser de tant de patience,
Et votre sûreté n'est qu'en la défiance.
THÉANTE.
Je connois Amarante, et ma facilité
Établit mon repos sur sa fidélité :
Elle rit de Florame et de ses flatteries,
Qui ne sont après tout que des galanteries [3].
DAPHNIS.
Amarante, de vrai, n'aime pas à changer ;

---

[1] Var. Peut-être ; mais enfin il le faut confesser. (1637-54.)

[2] Var. Voyez comme tous deux fuyent notre rencontre. (1637-54.)

[3] Var. Qui ne sont en effet que des galanteries. (1637-54.)

Mais votre peu de soin l'y pourroit engager.
On néglige aisément un homme qui néglige.
Son naturel est vain; et qui la sert l'oblige :
D'ailleurs les nouveautés ont de puissants appas.
Théante, croyez-moi, ne vous y fiez pas.
J'ai su me faire jour jusqu'au fond de son ame ¹,
Où j'ai peu remarqué de sa première flamme;
Et, s'il tournoit la feinte en véritable amour,
Elle seroit bien fille à vous jouer d'un tour.
Mais, afin que l'issue en soit pour vous meilleure,
Laissez-moi ce causeur à gouverner une heure ;
J'ai tant de passion pour tous vos intérêts,
Que j'en saurai bientôt pénétrer les secrets ².

THÉANTE.

C'est un trop bas emploi pour de si hauts mérites;
Et, quand elle aimeroit à souffrir ses visites,
Quand elle auroit pour lui quelque inclination,
Vous m'en verriez toujours sans appréhension.
Qu'il se mette à loisir, s'il peut, dans son courage;
Un moment de ma vue en efface l'image.
Nous nous ressemblons mal; et, pour ce changement,

¹ Var. J'ai sondé son esprit touchant cette matière *,
    Où j'ai peu remarqué de son ardeur première ;
    Et si Florame avoit pour elle quelque amour,
    Elle pourroit bientôt vous faire un mauvais tour. (1637-54.)

² Var. Qu'en moins de rien ma ruse en tire les secrets.

THÉANTE.

C'est un trop bas emploi pour un si grand mérite ;
Et quand bien Amarante en seroit là réduite
Que de se voir pour lui dans quelque émotion,
J'étouffe en moins de rien cette inclination. (1637-54.)

* Var. J'ai sondé dextrement jusqu'au fond de son ame.
    Où j'ai peu remarqué de sa première flamme. (1648-54.)

ACTE I, SCÈNE VII.

Elle a de trop bons yeux et trop de jugement[1].
DAPHNIS.
Vous le méprisez trop : je trouve en lui des charmes
Qui vous devroient du moins donner quelques alarmes.
Clarimond n'a de moi que haine et que rigueur[2] ;
Mais, s'il lui ressembloit, il gagneroit mon cœur.
THÉANTE.
Vous en parlez ainsi, faute de le connoître.
DAPHNIS.
J'en parle et juge ainsi sur ce qu'on voit paroître[3].
THÉANTE.
Quoi qu'il en soit, l'honneur de vous entretenir....
DAPHNIS.
Brisons là ce discours, je l'aperçois venir[4].
Amarante, ce semble, en est fort satisfaite.

SCÈNE VII.

DAPHNIS, FLORAME, THÉANTE, AMARANTE.

THÉANTE.
Je t'attendois, ami, pour faire la retraite.
L'heure du dîner presse, et nous incommodons[5]
Celle qu'en nos discours ici nous retardons.
DAPHNIS.
Il n'est pas encor tard.

---

[1] Var. Cette belle maîtresse a trop de jugement. (1637-54.)

[2] Var. Clarimond n'a de moi qu'un excès de rigueur ;
Mais, s'il lui ressembloit, il toucheroit mon cœur. (1637-54.)

[3] Var. Mais j'en juge suivant ce que je vois paroître. (1637-54.)

[4] Var. Laissons là ce discours, je l'aperçois venir. (1637-54.)

[5] Var. L'heure de dîner presse, et nous incommodons. (1637.)

THÉANTE.
Nous ferions conscience
D'abuser plus long-temps de votre patience.
FLORAME.
Madame, excusez donc cette incivilité,
Dont l'heure nous impose une nécessité.
DAPHNIS.
Sa force vous excuse, et je lis dans votre ame
Qu'à regret vous quittez l'objet de votre flamme.

SCÈNE VIII.

DAPHNIS, AMARANTE.

DAPHNIS.
Cette assiduité de Florame avec vous
A la fin a rendu Théante un peu jaloux.
Aussi de vous y voir tous les jours attachée,
Quelle puissante amour n'en seroit point touchée[1]?
Je viens d'examiner son esprit en passant;
Mais vous ne croiriez pas l'ennui qu'il en ressent.
Vous y devez pourvoir; et, si vous êtes sage,
Il faut à cet ami faire mauvais visage,
Lui fausser compagnie, éviter ses discours :
Ce sont pour l'apaiser les chemins les plus courts;
Sinon, faites état qu'il va courir au change.
AMARANTE.
Il seroit, en ce cas, d'une humeur bien étrange.
A sa prière seule, et pour le contenter,
J'écoute cet ami quand il m'en vient conter;

---

[1] Var. Quelle puissante amour n'en seroit pas fâchée ? (1637-54.)

ACTE 1, SCÈNE IX.

Et, pour vous dire tout, cet amant infidèle
Ne m'aime pas assez pour en être en cervelle¹ :
Il forme des desseins beaucoup plus relevés,
Et de plus beaux portraits en son cœur sont gravés.
Mes yeux pour l'asservir ont de trop foibles armes ;
Il voudroit pour m'aimer que j'eusse d'autres charmes,
Que l'éclat de mon sang, mieux soutenu de biens,
Ne fût point ravalé par le rang que je tiens ;
Enfin (que serviroit aussi bien de le taire?)
Sa vanité le porte au souci de vous plaire.

DAPHNIS.
En ce cas, il verra que je sais comme il faut
Punir des insolents qui prétendent trop haut.

AMARANTE.
Je lui veux quelque bien, puisque, changeant de flamme,
Vous voyez, par pitié, qu'il me laisse Florame,
Qui, n'étant pas si vain, a plus de fermeté.

DAPHNIS.
Amarante, après tout, disons la vérité :
Théante n'est si vain qu'en votre fantaisie ;
Et sa froideur pour vous naît de sa jalousie² :
Mais, soit qu'il change ou non, il ne m'importe en rien ;
Et ce que je vous dis n'est que pour votre bien.

SCÈNE IX.

AMARANTE.

Pour peu savant qu'on soit aux mouvements de l'ame,

---

¹ *Être en cervelle* est là pour *concevoir de la jalousie*. (PAR.)

² VAR. Et toute sa froideur naît de sa jalousie. (1637.)
   C'est chose, au demeurant, qui ne me touche en rien. (1637-54.)

142   LA SUIVANTE.

On devine aisément qu'elle en veut à Florame.
Sa fermeté pour moi, que je vantois à faux,
Lui portoit dans l'esprit de terribles assauts.
Sa surprise à ce mot a paru manifeste;
Son teint en a changé, sa parole, son geste :
L'entretien que j'en ai lui sembleroit bien doux ;
Et je crois que Théante en est le moins jaloux.
Ce n'est pas d'aujourd'hui que je m'en suis doutée.
Être toujours des yeux sur un homme arrêtée,
Dans son manque de biens déplorer son malheur,
Juger à sa façon qu'il a de la valeur,
Demander si l'esprit en répond à la mine [1],
Tout cela de ses feux eût instruit la moins fine.
Florame en est de même, il meurt de lui parler ;
Et, s'il peut d'avec moi jamais se démêler,
C'en est fait, je le perds. L'impertinente crainte !
Que m'importe de perdre une amitié si feinte ?
Et que me peut servir un ridicule feu [2],
Où jamais de son cœur sa bouche n'a l'aveu ?
Je m'en veux mal en vain ; l'amour a tant de force,
Qu'il attache mes sens à cette fausse amorce,
Et fera son possible à toujours conserver
Ce doux extérieur dont on me veut priver.

---

[1] Var. M'informer si l'esprit en répond à la mine. (1637-47.)
[2] Var. Dois-je pas m'ennuyer de son discours moqueur,
     Où sa langue jamais n'a l'aveu de son cœur ?
     Non, je ne le saurois ; et, quoi qu'il m'en arrive,
     Je ferai mes efforts afin qu'on ne m'en prive,
     Et j'y veux employer de si rusés détours,
     Qu'ils n'auront de long-temps le fruit de leurs amours. (1637-54.)

FIN DU PREMIER ACTE.

ACTE SECOND.

SCÈNE I.

GÉRASTE, CÉLIE.

CÉLIE.
Eh bien, j'en parlerai; mais songez qu'à votre âge
Mille accidents fâcheux suivent le mariage.
On aime rarement de si sages époux;
Et leur moindre malheur c'est d'être un peu jaloux [1].
Convaincus au-dedans de leur propre foiblesse,
Une ombre leur fait peur, une mouche les blesse;
Et cet heureux hymen, qui les charmoit si fort,
Devient souvent pour eux un fourrier [2] de la mort.
GÉRASTE.
Excuse, ou pour le moins pardonne à ma folie;

---

[1] Var. Et c'est un grand bonheur s'ils ne sont que jaloux :
 Tout leur nuit, et l'abord d'une mouche les blesse;
 D'ailleurs dans leur devoir leur santé s'intéresse;
 Et, quelque long chemin que soit celui des cieux,
 L'hymen l'accourcit bien à des hommes si vieux. (1637-54.)

[2] Suivant Nicot, *fourrier* vient de *fourrer*, qui signifie *loger, mettre quelque chose en vn lieu*. Alciat fait dériver ce mot du latin *fores*, portes. Quoi qu'il en soit de ces deux étymologies, qui peuvent l'une et l'autre se justifier, voici la définition que Nicot donne d'un fourrier : « C'est celuy qui marque de craye blanche les logis où chascun de ceux qui suyvent la court, ou un grand seigneur, ou armée, doibuent loger dans ville, bourg,

144   LA SUIVANTE.

Le sort en est jeté : va, ma chère Célie [1],
Va trouver la beauté qui me tient sous sa loi,
Flatte-la de ma part, promets-lui tout de moi :
Dis-lui que, si l'amour d'un vieillard l'importune,
Elle fait une planche [2] à sa bonne fortune;
Que l'excès de mes biens, à force de présents,
Répare la vigueur qui manque à mes vieux ans;
Qu'il ne lui peut échoir de meilleure aventure.

CÉLIE.

Ne m'importunez point de votre tablature [3] :

ou village. Et parce qu'il y en a plusieurs, chascun marque au quartier qui luy est donné par le mareschal des logis, escriuant à la porte du logis le nom et la qualité de celuy qui y doibt loger, auec son paraphe. » (Par.)

[1] Var. Le sort en est jeté : va, ma pauvre Célie. (1637-54.)

[2] *Planche* se prend pour vn ais tout plain et vni porté sur les deux bords d'vn fossé, pont, ruisseau, ou riuerote, ou sur les crouppes de deux murailles seruant à passer d'vn lez à l'autre; pour lequel vsage de ladite planche on dit, par metaphore, *faire la planche aux suyvans*, quand plusieurs ont à passer par vn affaire difficile, et l'vn en fait l'ouuerture, et fraye le chemin le premier. (Nicot, *Thresor de la langue françoyse.*) (Par.)

[3] Var. Je n'ai que faire ici de votre tablature :
Sans vos instructions, je sais trop comme il faut
Couler tout doucement sur ce qui vous défaut.

GÉRASTE.

Ma force, à t'écouter, semble toute passée *.
Je ne suis pas encor d'une âge si cassée,
Et ne crois pas avoir usé tous mes beaux jours.

CÉLIE.

Ne m'étourdissez point avec ces vains discours ;
Il suffit que votre ame est tellement éprise
Que vous allez mourir, si vous n'avez Florice :
Il y faudroit tâcher **. (1637-54.)

* Var. Mes forces, à l'ouïr, semblent toutes passées.
 Bannis en ma faveur ces mauvaises pensées. (1648-54.)

** Var. Il y faudra tâcher. (1648-54.)

ACTE II, SCÈNE II.

Sans vos instructions, je sais bien mon métier;
Et je n'en laisserai pas un trait à quartier.
GÉRASTE.
Je ne suis point ingrat quand on me rend office.
Peins-lui bien mon amour, offre bien mon service,
Dis bien que mes beaux jours ne sont pas si passés
Qu'il ne me reste encor....
CÉLIE.
Que vous m'étourdissez!
N'est-ce point assez dit que votre ame est éprise?
Que vous allez mourir, si vous n'avez Florise?
Reposez-vous sur moi.
GÉRASTE.
Que voilà froidement
Me promettre ton aide à finir mon tourment!
CÉLIE.
S'il faut aller plus vite, allons, je vois son frère [1],
Et vais, tout devant vous, lui proposer l'affaire.
GÉRASTE.
Ce seroit tout gâter; arrête, et, par douceur,
Essaie auparavant d'y résoudre la sœur.

SCÈNE II.

FLORAME.

Jamais ne verrai-je finie
Cette incommode affection,

---

[1] Var. Faut-il aller plus vite? Eh bien, voilà son frère;
   Je m'en vais, devant vous *, lui proposer l'affaire. (1637.)

   * Var. Je vais, tout devant vous... (1648-54.)

Dont l'impitoyable manie [1]
Tyrannise ma passion ?
Je feins, et je fais naître un feu si véritable,
Qu'à force d'être aimé je deviens misérable.

Toi qui m'assiéges tout le jour,
Fâcheuse cause de ma peine,
Amarante, de qui l'amour
Commence à mériter ma haine,
Cesse de te donner tant de soins superflus [2] ;
Je te voudrai du bien de ne m'en vouloir plus.

Dans une ardeur si violente,
Près de l'objet de mes desirs [3],
Penses-tu que je me contente
D'un regard et de deux soupirs?
Et que je souffre encor cet injuste partage
Où tu tiens mes discours, et Daphnis mon courage?

Si j'ai feint pour toi quelques feux,
C'est à quoi plus rien ne m'oblige :
Quand on a l'effet de ses vœux,
Ce qu'on adoroit se néglige.
Je ne voulois de toi qu'un accès chez Daphnis :
Amarante, je l'ai ; mes amours sont finis.

Théante, reprends ta maîtresse ;
N'ôte plus à mes entretiens

[1] Var. Dont l'importune tyrannie
Rompt le cours de ma passion ? (1637-54.)

[2] Var. Relâche un peu tes soins, puisqu'ils sont surperflus. (1637.)

[3] Var. Si près de mes chastes desirs. (1637-54.)

L'unique sujet qui me blesse,
    Et qui peut-être est las des tiens.
Et toi, puissant Amour, fais enfin que j'obtienne
Un peu de liberté pour lui donner la mienne.

SCÈNE III.

AMARANTE, FLORAME.

AMARANTE.
Que vous voilà soudain de retour en ces lieux!
FLORAME.
Vous jugerez par là du pouvoir de vos yeux.
AMARANTE.
Autre objet que mes yeux devers nous vous attire.
FLORAME.
Autre objet que vos yeux ne cause mon martyre.
AMARANTE.
Votre martyre donc est de perdre avec moi
Un temps dont vous voulez faire un meilleur emploi.

SCÈNE IV.

DAPHNIS, AMARANTE, FLORAME.

DAPHNIS.
Amarante, allez voir si dans la galerie
Ils ont bientôt tendu cette tapisserie :
Ces gens-là ne font rien, si l'on n'a l'œil sur eux.
(Amarante rentre, et Daphnis continue.)
Je romps pour quelque temps le discours de vos feux.

FLORAME.

N'appelez point des feux un peu de complaisance
Que détruit votre abord, qu'éteint votre présence ¹.

DAPHNIS.

Votre amour est trop forte, et vos cœurs trop unis,
Pour l'oublier soudain à l'abord de Daphnis ;
Et vos civilités, étant dans l'impossible,
Vous rendent bien flatteur, mais non pas insensible.

FLORAME.

Quoi que vous estimiez de ma civilité,
Je ne me pique point d'insensibilité.
J'aime, il n'est que trop vrai ; je brûle, je soupire :
Mais un plus haut sujet me tient sous son empire.

DAPHNIS.

Le nom ne s'en dit point ?

FLORAME.

Je ris de ces amants,
Dont le trop de respect redouble les tourments ²,
Et qui, pour les cacher se faisant violence,
Se promettent beaucoup d'un timide silence.
Pour moi, j'ai toujours cru qu'un amour vertueux
N'avoit point à rougir d'être présomptueux ³.
Je veux bien vous nommer le bel œil qui me dompte,
Et ma témérité ne me fait point de honte.
Ce rare et haut sujet....

AMARANTE, *revenant brusquement.*

Tout est presque tendu.

---

¹ Var. Qu'étouffe, et que d'abord éteint votre présence. (1637-54.)
² Var. Dont l'importun respect redouble les tourments,
. . . .
Pensent fort avancer par un honteux silence. (1637-54.)
³ Var. Ne peut être blâmé, bien que présomptueux.
J'avouerai donc mon feu, quelque haut qu'il se monte. (1637-54.)

ACTE II, SCÈNE IV.   149

DAPHNIS.
Vous n'avez auprès d'eux guère de temps perdu.
AMARANTE.
J'ai vu qu'ils l'employoient, et je suis revenue ¹.
DAPHNIS.
J'ai peur de m'enrhumer au froid qui continue :
Allez au cabinet me querir un mouchoir :
J'en ai laissé les clefs autour de mon miroir ²,
Vous les trouverez là.
(Amarante rentre, et Daphnis continue.)
J'ai cru que cette belle
Ne pouvoit à propos se nommer devant elle,
Qui, recevant par-là quelque espèce d'affront,
En auroit eu soudain la rougeur sur le front.
FLORAME.
Sans affront je la quitte, et lui préfère une autre,
Dont le mérite égal, le rang pareil au vôtre,
L'esprit et les attraits également puissants,
Ne devroient de ma part avoir que de l'encens ³ :
Oui, sa perfection, comme la vôtre extrême,
N'a que vous de pareille ; en un mot, c'est....
DAPHNIS.
Moi-même ;
Je vois bien que c'est là que vous voulez venir,
Non tant pour m'obliger, comme pour me punir.

---

¹ Var. Ne leur servant de rien, je m'en suis revenue. (1637-54.)
² Var.   AMARANTE.
Donnez-m'en donc la clef.
DAPHNIS.
Je l'aurai laissé choir.
Tâchez de la trouver. (1637-54.)
³ Var. Ne devroient de ma part avoir que des encens. (1637-54.)

150   LA SUIVANTE.

Ma curiosité, devenue indiscrète [1],
A voulu trop savoir d'une flamme secrète :
Mais, bien qu'elle en reçoive un juste châtiment,
Vous pouviez me traiter un peu plus doucement.
Sans me faire rougir, il vous devoit suffire
De me taire l'objet dont vous aimez l'empire :
Mettre en sa place un nom qui ne vous touche pas [2],
C'est un cruel reproche au peu que j'ai d'appas.

FLORAME.

Vu le peu que je suis, vous dédaignez de croire
Une si malheureuse et si basse victoire.
Mon cœur est un captif si peu digne de vous,
Que vos yeux en voudroient désavouer leurs coups,
Ou peut-être mon sort me rend si méprisable [3],
Que ma témérité vous devient incroyable.
Mais, quoi que désormais il m'en puisse arriver,
Je fais serment [4]....

AMARANTE.

Vos clefs ne sauroient se trouver.

DAPHNIS.

Faute d'un plus exquis, et comme par bravade,

---

[1] Var. Ma curiosité s'est rendue indiscrète,
    A vous trop informer d'une flamme secrète. (1637-54.)

[2] Var. En nommer un au lieu*, qui ne vous touche pas,
    N'est que faire un reproche à son manque d'appas. (1637-54.)

[3] Var. Ou peut-être mon sort me rend si misérable. (1637-54.)

[4] Var. Je fais vœu....

AMARANTE.
Votre clef ne se sauroit trouver.
DAPHNIS.
Bien donc, à faute d'autre, et comme par bravade,
Voici qui servira de mouchoir de parade. (1637-54.)

* Var. Puisque m'en nommer un. (1647.)

Ceci servira donc de mouchoir de parade.
Enfin, ce cavalier que nous vîmes au bal,
Vous trouvez comme moi qu'il ne danse pas mal?
FLORAME.
Je ne le vis jamais mieux sur sa bonne mine.
DAPHNIS.
Il s'étoit si bien mis pour l'amour de Clarine.
(à Amarante.)

A propos de Clarine, il m'étoit échappé
Qu'elle en a deux à moi d'un nouveau point-coupé [1].
Allez, et dites-lui qu'elle me les renvoie.
AMARANTE.
Il est hors d'apparence aujourd'hui qu'on la voie;
Dès une heure au plus tard elle devoit sortir.
DAPHNIS.
Son cocher n'est jamais sitôt prêt à partir;
Et d'ailleurs son logis n'est pas au bout du monde;
Vous perdrez peu de pas. Quoi qu'elle vous réponde,
Dites-lui nettement que je les veux avoir [2].
AMARANTE.
A vous les rapporter je ferai mon pouvoir.

SCÈNE V.
FLORAME, DAPHNIS.

FLORAME.
C'est à vous maintenant d'ordonner mon supplice,

---

[1] Var. Qu'elle a depuis long-temps à moi du point-coupé.
Allez, et dites-lui qu'elle me le renvoie. (1637-54.)

[2] Var. Dites-lui nettement que je le veux avoir.
####### AMARANTE.
A vous le rapporter je ferai mon pouvoir. (1637-54.)

Sûre que sa rigueur n'aura point d'injustice.
DAPHNIS.
Vous voyez qu'Amarante a pour vous de l'amour,
Et ne manquera pas d'être tôt de retour.
Bien que je pusse encore user de ma puissance,
Il vaut mieux ménager le temps de son absence.
Donc, pour n'en perdre point en discours superflus[1],
Je crois que vous m'aimez; n'attendez rien de plus :
Florame, je suis fille, et je dépends d'un père.
FLORAME.
Mais de votre côté que faut-il que j'espère ?
DAPHNIS.
Si ma jalouse encor vous rencontroit ici,
Ce qu'elle a de soupçons seroit trop éclairci.
Laissez-moi seule, allez.
FLORAME.
Se peut-il que Florame
Souffre d'être sitôt séparé de son ame?
Oui, l'honneur d'obéir à vos commandements
Lui doit être plus cher que ses contentements.

SCÈNE VI.

DAPHNIS.

Mon amour, par ses yeux plus forte devenue,
L'eût bientôt emporté dessus ma retenue ;
Et je sentois mon feu tellement s'augmenter[2],

---

[1] Var. Doncques, sans plus le perdre en discours superflus. (1637-54.)

[2] Var. Et je sentois mes feux tellement s'embraser[*],
Qu'il n'étoit plus en moi de les plus maîtriser[**]. (1637-47.)

[*] Var. S'augmenter. (1647-54.)

[**] Var. De les pouvoir dompter. (1647-54.)

Qu'il n'étoit plus en moi de le pouvoir dompter.
J'avois peur d'en trop dire ; et, cruelle à moi-même,
Parceque j'aime trop, j'ai banni ce que j'aime.
Je me trouve captive en de si beaux liens [1],
Que je meurs qu'il le sache, et j'en fuis les moyens.
Quelle importune loi que cette modestie,
Par qui notre apparence en glace convertie
Étouffe dans la bouche, et nourrit dans le cœur,
Un feu dont la contrainte augmente la vigueur !
Que ce penser m'est doux ! que je t'aime, Florame [2] !
Et que je songe peu, dans l'excès de ma flamme,
A ce qu'en nos destins contre nous irrités
Le mérite et les biens font d'inégalités !
Aussi par celle-là de bien loin tu me passes [3],
Et l'autre seulement est pour les ames basses ;
Et ce penser flatteur me fait croire aisément
Que mon père sera de même sentiment [4].
Hélas ! c'est en effet bien flatter mon courage,
D'accommoder son sens aux desirs de mon âge ;
Il voit par d'autres yeux, et veut d'autres appas.

[1] Racine a dit :
    Quel étrange captif pour un si beau lieu ?
                            Phèdre, acte II, sc. II.

[2] Var. Que je t'aime, Florame, encor que je le taise !
    Et que je songe peu, dans l'excès de ma braise. (1637.)

[3] Var. Aussi, l'une est par où de bien loin tu me passes. (1637.)

[4] Var. Que mon père sera d'un même sentiment. (1637-54.)

SCÈNE VII.

AMARANTE, DAPHNIS.

AMARANTE.
Je vous l'avois bien dit qu'elle n'y seroit pas.
DAPHNIS.
Que vous avez tardé pour ne trouver personne !
AMARANTE.
Ce reproche vraiment ne peut qu'il ne m'étonne.
Pour revenir plus vite, il eût fallu voler.
DAPHNIS.
Florame cependant, qui vient de s'en aller,
A la fin, malgré moi, s'est ennuyé d'attendre.
AMARANTE.
C'est chose toutefois que je ne puis comprendre.
Des hommes de mérite et d'esprit comme lui
N'ont jamais avec vous aucun sujet d'ennui ;
Votre ame généreuse a trop de courtoisie.
DAPHNIS.
Et la vôtre amoureuse un peu de jalousie.
AMARANTE.
De vrai, je goûtois mal de faire tant de tours,
Et perdois à regret ma part de ses discours.
DAPHNIS.
Aussi je me trouvois si promptement servie,
Que je me doutois bien qu'on me portoit envie.
En un mot, l'aimez-vous ?
AMARANTE.
    Je l'aime aucunement,
Non pas jusqu'à troubler votre contentement ;

ACTE II, SCÈNE VII.

Mais, si son entretien n'a point de quoi vous plaire,
Vous m'obligerez fort de ne m'en plus distraire.

DAPHNIS.

Mais au cas qu'il me plût?

AMARANTE.

Il faudroit vous céder.
C'est ainsi qu'avec vous je ne puis rien garder.
Au moindre feu pour moi qu'un amant fait paroître,
Par curiosité vous le voulez connoître;
Et, quand il a goûté d'un si doux entretien,
Je puis dire dès-lors que je ne tiens plus rien.
C'est ainsi que Théante a négligé ma flamme.
Encor tout de nouveau vous m'enlevez Florame.
Si vous continuez à rompre ainsi mes coups,
Je ne sais tantôt plus comment vivre avec vous [1].

DAPHNIS.

Sans colère, Amarante; il semble, à vous entendre,
Qu'en même lieu que vous je voulusse prétendre.
Allez, assurez-vous que mes contentements
Ne vous déroberont aucun de vos amants;
Et, pour vous en donner la preuve plus expresse,
Voilà votre [2] Théante avec qui je vous laisse.

---

[1] Var. Je ne sais tantôt plus comme vivre avec vous. (1637-54.)

[2] Le pronom *votre* exprime ici un sentiment de jalousie; et dans ce vers de Racine :

Voici votre Mathan, je vous laisse avec lui.
Athalie, acte II, sc. iv.

il marque le mépris. Ainsi, le même mot, employé de la même manière, occupant pour ainsi dire la même place, produit deux sens différents. Ces nuances, habilement ménagées, enrichissent la langue, en même temps qu'elles font le désespoir des étrangers qui l'étudient. (Par.)

SCÈNE VIII.

THÉANTE, AMARANTE.

THÉANTE.

Tu me vois sans Florame : un amoureux ennui[1]
Assez adroitement m'a dérobé de lui.
Las de céder ma place à son discours frivole,
Et n'osant toutefois lui manquer de parole,
Je pratique un quart d'heure à mes affections.

AMARANTE.

Ma maîtresse lisoit dans tes intentions.
Tu vois à ton abord comme elle a fait retraite,
De peur d'incommoder une amour si parfaite.

THÉANTE.

Je ne la saurois croire obligeante à ce point.
Ce qui la fait partir ne se dira-t-il point?

AMARANTE.

Veux-tu que je t'en parle avec toute franchise?
C'est la mauvaise humeur où Florame l'a mise.

THÉANTE.

Florame?

AMARANTE.

Oui. Ce causeur vouloit l'entretenir;
Mais il aura perdu le goût d'y revenir :
Elle n'a que fort peu souffert sa compagnie,
Et l'en a chassé presque avec ignominie[2].
De dépit cependant ses mouvements aigris

---

[1] Var. Mon cœur, si tu me vois sans Florame aujourd'hui,
    Sache que tout exprès je m'échappe de lui. (1637-54.)

[2] Var. Et vous l'a chassé presque avec ignominie. (1637.)

ACTE II, SCÈNE VIII.

Ne veulent aujourd'hui traiter que de mépris;
Et l'unique raison qui fait qu'elle me quitte,
C'est l'estime où te met près d'elle ton mérite :
Elle ne voudroit pas te voir mal satisfait,
Ni rompre sur-le-champ le dessein qu'elle a fait.

THÉANTE.

J'ai regret que Florame ait reçu cette honte :
Mais enfin auprès d'elle il trouve mal son compte?

AMARANTE.

Aussi c'est un discours ennuyeux que le sien ;
Il parle incessamment sans dire jamais rien [1];
Et n'étoit que pour toi je me fais ces contraintes,
Je l'envoirois bientôt porter ailleurs ses feintes.

THÉANTE.

Et je m'assure aussi tellement en ta foi,
Que, bien que tout le jour il cajole avec toi,
Mon esprit te conserve une amitié si pure,
Que, sans être jaloux, je le vois et l'endure.

AMARANTE.

Comment le serois-tu pour un si triste objet?
Ses imperfections t'en ôtent tout sujet.
C'est à toi d'admirer qu'encor qu'un beau visage
Dedans ses entretiens à toute heure t'engage [2],
J'ai pour toi tant d'amour et si peu de soupçon,
Que je n'en suis jalouse en aucune façon.
C'est aimer puissamment que d'aimer de la sorte ;
Mais mon affection est bien encor plus forte.
Tu sais (et je le dis sans te mésestimer)

---

[1] Var. Et véritablement, si je ne t'aimois bien,
Je l'envoyerois bientôt porter ailleurs ses feintes ;
Mais, puisque tu le veux, j'accepte ces contraintes. (1637-54.)

[2] Var. Dedans ses entretiens incessamment t'engage. (1637-54.)

Que quand notre Daphnis auroit su te charmer[1],
Ce qu'elle est plus que toi mettroit hors d'espérance
Les fruits qui seroient dus à ta persévérance.
Plût à Dieu que le ciel te donnât assez d'heur
Pour faire naître en elle autant que j'ai d'ardeur!
Voyant ainsi la porte à ta fortune ouverte [2],
Je pourrois librement consentir à ma perte.

THÉANTE.

Je te souhaite un change autant avantageux.
Plût à Dieu que le sort te fût moins outrageux,
Ou que jusqu'à ce point il t'eût favorisée,
Que Florame fût prince, et qu'il t'eût épousée!
Je prise, auprès des tiens, si peu mes intérêts,
Que, bien que j'en sentisse au cœur mille regrets,
Et que de déplaisir il m'en coûtât la vie,
Je me la tiendrois lors heureusement ravie.

AMARANTE.

Je ne voudrois point d'heur qui vînt avec ta mort,
Et Damon que voilà n'en seroit pas d'accord.

THÉANTE.

Il a mine d'avoir quelque chose à me dire.

AMARANTE.

Ma présence y nuiroit : adieu, je me retire.

THÉANTE.

Arrête; nous pourrons nous voir tout à loisir.
Rien ne le presse.

---

[1] Var. Que quand bien ma maîtresse auroit su te charmer,
Votre inégalité mettroit hors d'espérance. (1637-54.)

[2] Var. L'aise de voir la porte à ta fortune ouverte
Me feroit librement consentir à ma perte. (1637-54.)

SCÈNE IX.
DAMON, THÉANTE.

THÉANTE.
Ami, que tu m'as fait plaisir !
J'étois fort à la gêne avec cette suivante.
DAMON.
Celle qui te charmoit te devient bien pesante.
THÉANTE.
Je l'aime encor pourtant; mais mon ambition
Ne laisse point agir mon inclination.
Ma flamme sur mon cœur en vain est la plus forte[1],
Tous mes desirs ne vont qu'où mon dessein les porte.
Au reste, j'ai sondé l'esprit de mon rival.
DAMON.
Et connu....?
THÉANTE.
Qu'il n'est pas pour me faire grand mal.
Amarante m'en vient d'apprendre une nouvelle
Qui ne me permet plus que j'en sois en cervelle.
Il a vu....
DAMON.
Qui?
THÉANTE.
Daphnis, et n'en a remporté
Que ce qu'elle devoit à sa témérité.
DAMON.
Comme quoi?

---

[1] Var. Et bien que sur mon cœur elle soit la plus forte. (1637-54.)

160 LA SUIVANTE.
THÉANTE.
Des mépris, des rigueurs sans pareilles¹.
DAMON.
As-tu beaucoup de foi pour de telles merveilles?
THÉANTE.
Celle dont je les tiens en parle assurément.
DAMON.
Pour un homme si fin, on te dupe aisément.
Amarante elle-même en est mal satisfaite,
Et ne t'a rien conté que ce qu'elle souhaite :
Pour seconder Florame en ses intentions,
On l'avoit écartée à des commissions.
Je viens de le trouver, tout ravi dans son ame²
D'avoir eu les moyens de déclarer sa flamme,
Et qui présume tant de ses prospérités,
Qu'il croit ses vœux reçus, puisqu'ils sont écoutés :
Et certes son espoir n'est pas hors d'apparence ;
Après ce bon accueil et cette conférence,
Dont Daphnis elle-même a fait l'occasion,
J'en crains fort un succès à ta confusion.
Tâchons d'y donner ordre; et, sans plus de langage,
Avise en quoi tu veux employer mon courage.
THÉANTE.
Lui disputer un bien où j'ai si peu de part,
Ce seroit m'exposer pour quelque autre au hasard.

---

¹ VAR. . . . Des mépris, des rigueurs nonpareilles.
DAMON.
As-tu bien de la foi pour de telles merveilles? (1637-54.)

² VAR. Je le viens de trouver ravi, transporté d'aise *,
D'avoir eu les moyens de déclarer sa braise **. (1637.)

* VAR. Ravi, d'aise dans l'ame. (1647-54.)
** VAR. De faire voir sa flamme. (1647-54.)

ACTE II, SCÈNE IX.

Le duel est fâcheux, et, quoi qu'il en arrive,
De sa possession l'un et l'autre il nous prive,
Puisque de deux rivaux, l'un mort, l'autre s'enfuit,
Tandis que de sa peine un troisième a le fruit [1].
A croire son courage, en amour on s'abuse;
La valeur d'ordinaire y sert moins que la ruse.

DAMON.

Avant que passer outre, un peu d'attention.

THÉANTE.

Te viens-tu d'aviser de quelque invention ?

DAMON.

Oui, ta seule maxime en fonde l'entreprise.
Clarimond voit Daphnis, il l'aime, il la courtise;
Et, quoiqu'il n'en reçoive encor que des mépris,
Un moment de bonheur lui peut gagner ce prix.

THÉANTE.

Ce rival est bien moins à redouter qu'à plaindre.

DAMON.

Je veux que de sa part tu ne doives rien craindre;
N'est-ce pas le plus sûr qu'un duel hasardeux
Entre Florame et lui les en prive tous deux?

THÉANTE.

Crois-tu qu'avec Florame aisément on l'engage?

DAMON.

Je l'y résoudrai trop avec un peu d'ombrage.
Un amant dédaigné ne voit pas de bon œil
Ceux qui du même objet ont un plus doux accueil.
Des faveurs qu'on leur fait il forme ses offenses,

---

[1] Ce raisonnement, aussi simple que juste, devait faire impression sur ceux à qui un faux point d'honneur mettait les armes à la main. Corneille ne perdit pas une seule occasion de s'élever contre ce ridicule et odieux préjugé. (PAR.)

Et, pour peu qu'on le pousse, il court aux violences[1]
Nous les verrions par-là, l'un et l'autre écartés,
Laisser la place libre à tes félicités.
THÉANTE.
Oui ; mais s'il t'obligeoit d'en porter la parole ?
DAMON.
Tu te mets en l'esprit une crainte frivole.
Mon péril de ces lieux ne te bannira pas ;
Et moi, pour te servir, je courrois au trépas.
THÉANTE.
En même occasion dispose de ma vie,
Et sois sûr que pour toi j'aurai la même envie.
DAMON.
Allons ; ces compliments en retardent l'effet.
THÉANTE.
Le ciel ne vit jamais un ami si parfait.

[1] Var. Et, pour peu qu'on le pousse, il a des violences
    Qui portent son courroux jusqu'aux extrémités.
    Nous les verrions par-là, l'un et l'autre écartés. (1637-54.)

FIN DU SECOND ACTE.

ACTE TROISIÈME.

SCÈNE I.

FLORAME, CÉLIE.

FLORAME.
Enfin, quelque froideur qui paroisse en Florise[1],
Aux volontés d'un frère elle s'en est remise.
CÉLIE.
Quoiqu'elle s'en rapporte à vous entièrement,
Vous lui feriez plaisir d'en user autrement.
Les amours d'un vieillard sont d'une foible amorce.
FLORAME.
Que veux-tu ? son esprit se fait un peu de force ;
Elle se sacrifie à mes contentements,
Et pour mes intérêts contraint ses sentiments.
Assure donc Géraste, en me donnant sa fille,
Qu'il gagne en un moment toute notre famille,
Et que, tout vieil qu'il est, cette condition
Ne laisse aucun obstacle à son affection.
Mais aussi de Florise il ne doit rien prétendre,
A moins que se résoudre à m'accepter pour gendre[2].
CÉLIE.
Plaisez-vous à Daphnis ? c'est là le principal.

[1] Var. Enfin, quelque froideur que t'ait montré Florice. (1637.)
[2] Var. A moins que d'accepter Florame pour son gendre. (1637.)

FLORAME.

Elle a trop de bonté pour me vouloir du mal :
D'ailleurs sa résistance obscurciroit sa gloire;
Je la mériterois si je la pouvois croire.
La voilà qu'un rival m'empêche d'aborder :
Le rang qu'il tient sur moi m'oblige à lui céder[1];
Et la pitié que j'ai d'un amant si fidèle
Lui veut donner loisir d'être dédaigné d'elle.

SCÈNE II.

DAPHNIS, CLARIMOND.

CLARIMOND.
Ces dédains rigoureux dureront-ils toujours?
DAPHNIS.
Non, ils ne dureront qu'autant que vos amours.
CLARIMOND.
C'est prescrire à mes feux des lois bien inhumaines!
DAPHNIS.
Faites finir vos feux, je finirai leurs peines.
CLARIMOND.
Le moyen de forcer mon inclination?
DAPHNIS.
Le moyen de souffrir votre obstination?
CLARIMOND.
Qui ne s'obstineroit en vous voyant si belle?
DAPHNIS.
Qui vous pourroit aimer, vous voyant si rebelle?
CLARIMOND.
Est-ce rébellion que d'avoir trop de feu?

[1] Var. Ce qu'il est plus que moi m'oblige à lui céder. (1637-54.)

ACTE III, SCÈNE II.

DAPHNIS.
C'est avoir trop d'amour, et m'obéir trop peu [1].
CLARIMOND.
La puissance sur moi que je vous ai donnée...
DAPHNIS.
D'aucune exception ne doit être bornée.
CLARIMOND.
Essayez autrement ce pouvoir souverain.
DAPHNIS.
Cet essai me fait voir que je commande en vain.
CLARIMOND.
C'est un injuste essai qui feroit ma ruine.
DAPHNIS.
Ce n'est plus obéir depuis qu'on examine.
CLARIMOND.
Mais l'amour vous défend un tel commandement.
DAPHNIS.
Et moi je me défends un plus doux traitement.
CLARIMOND.
Avec ce beau visage avoir le cœur de roche!
DAPHNIS.
Si le mien s'endurcit, ce n'est qu'à votre approche.
CLARIMOND.
Que je sache du moins d'où naissent vos froideurs [2].
DAPHNIS.
Peut-être du sujet qui produit vos ardeurs.
CLARIMOND.
Si je brûle, Daphnis, c'est de nous voir ensemble.

---

[1] VAR. Pour avoir trop d'amour, c'est m'obéir trop peu.
CLARIMOND.
La puissance qu'amour sur moi vous a donnée. (1637 54.)

[2] VAR. D'où naissent tant, bons dieux! et de telles froideurs? (1637-54.)

DAPHNIS.
Et c'est de nous y voir, Clarimond, que je tremble.
CLARIMOND.
Votre contentement n'est qu'à me maltraiter.
DAPHNIS.
Comme le vôtre n'est qu'à me persécuter.
CLARIMOND.
Quoi! l'on vous persécute à force de services?
DAPHNIS.
Non; mais de votre part ce me sont des supplices.
CLARIMOND.
Hélas! et quand pourra venir ma guérison?
DAPHNIS.
Lorsque le temps chez vous remettra la raison.
CLARIMOND.
Ce n'est pas sans raison que mon ame est éprise.
DAPHNIS.
Ce n'est pas sans raison aussi qu'on vous méprise.
CLARIMOND.
Juste ciel! et que dois-je espérer désormais?
DAPHNIS.
Que je ne suis pas fille à vous aimer jamais.
CLARIMOND.
C'est donc perdre mon temps que de plus y prétendre?
DAPHNIS.
Comme je perds ici le mien à vous entendre.
CLARIMOND.
Me quittez-vous sitôt sans me vouloir guérir?
DAPHNIS.
Clarimond, sans Daphnis, peut et vivre et mourir.
CLARIMOND.
Je mourrai toutefois, si je ne vous possède.

DAPHNIS.

Tenez-vous donc pour mort, s'il vous faut ce remède[1].

SCÈNE III.

CLARIMOND.

Tout dédaigné, je l'aime; et, malgré sa rigueur,
Ses charmes plus puissants lui conservent mon cœur.
Par un contraire effet dont mes maux s'entretiennent,
Sa bouche le refuse, et ses yeux le retiennent.
Je ne puis, tant elle a de mépris et d'appas,
Ni le faire accepter, ni ne le donner pas;
Et comme si l'amour faisoit naître sa haine,
Ou qu'elle mesurât ses plaisirs à ma peine,
On voit paroître ensemble, et croître également,
Ma flamme et ses froideurs, sa joie et mon tourment[2].
Je tâche à m'affranchir de ce malheur extrême;
Et je ne saurois plus disposer de moi-même.

[1] « L'entretien de Daphnis avec Clarimond a une affectation assez dangereuse, de ne dire que chacun un vers à-la-fois; cela sort tout-à-fait du vraisemblable, puisque naturellement on ne peut être si mesuré en ce qu'on s'entre-dit. Les exemples d'Euripide et de Sénèque pourroient autoriser cette affectation, qu'ils pratiquent si souvent, et même par discours si généraux, qu'il semble que leurs acteurs ne viennent quelquefois sur la scène que pour s'y battre à coups de sentences : mais c'est une beauté qu'il ne leur faut pas envier; elle est trop fardée pour donner un amour raisonnable à ceux qui ont de bons yeux, et ne prend pas assez de soin de cacher l'artifice de ses parures, comme l'ordonne Aristote. » C'est Corneille qui se juge lui-même avec tant de sévérité dans l'*Examen* de sa pièce. (Par.)

[2] Var. Ma flamme et ses froideurs, son aise et mon tourment.
Je tâche à me résoudre, en ce malheur extrême. (1637-54.)

Mon désespoir trop lâche obéit à mon sort ;
Et mes ressentiments n'ont qu'un débile effort.
Mais, pour foibles qu'ils soient, aidons leur impuissance ;
Donnons-leur le secours d'une éternelle absence.
Adieu, cruelle ingrate ; adieu : je fuis ces lieux,
Pour dérober mon ame au pouvoir de tes yeux.

SCÈNE IV.

AMARANTE, CLARIMOND.

AMARANTE.
Monsieur, monsieur, un mot. L'air de votre visage
Témoigne un déplaisir caché dans le courage.
Vous quittez ma maîtresse un peu mal satisfait.

CLARIMOND.
Ce que voit Amarante en est le moindre effet ;
Je porte, malheureux, après de tels outrages,
Des douleurs sur le front, et, dans le cœur, des rages.

AMARANTE.
Pour un peu de froideur, c'est trop désespérer.

CLARIMOND.
Que ne dis-tu plutôt que c'est trop endurer ?
Je devrois être las d'un si cruel martyre,
Briser les fers honteux où me tient son empire,
Sans irriter mes maux avec un vain regret.

AMARANTE.
Si je vous croyois homme à garder un secret [1],
Vous pourriez sur ce point apprendre quelque chose
Que je meurs de vous dire, et toutefois je n'ose.

---

[1] Var. Clarimond, écoutez ; si vous étiez discret. (1637-54.)

ACTE III, SCÈNE IV.

L'erreur où je vous vois me fait compassion ;
Mais pourriez-vous avoir de la discrétion [1] ?
CLARIMOND.
Prends-en ma foi pour gage, avec.... Laisse-moi faire.
(Il veut tirer un diamant de son doigt pour le lui donner, et elle l'en empêche.)
AMARANTE.
Vous voulez justement m'obliger à me taire ;
Aux filles de ma sorte il suffit de la foi :
Réservez vos présents pour quelque autre que moi.
CLARIMOND.
Souffre....
AMARANTE.
Gardez-les, dis-je, ou je vous abandonne.
Daphnis a des rigueurs dont l'excès vous étonne ;
Mais vous aurez bien plus de quoi vous étonner
Quand vous saurez comment il faut la gouverner.
A force de douceurs vous la rendez cruelle [2],
Et vos soumissions vous perdent auprès d'elle :
Épargnez désormais tous ces pas superflus ;
Parlez-en au bon-homme, et ne la voyez plus [3].
Toutes ses cruautés ne sont qu'en apparence.
Du côté du vieillard tournez votre espérance ;
Quand il aura pour elle accepté quelque amant [4],
Un prompt amour naîtra de son commandement.

---

[1] VAR. Mais auriez-vous aussi de la discrétion ?
CLARIMOND.
Prends-en ma foi de gage, avec.... Laisse-moi faire. (1637-54)

[2] VAR. En la voulant servir, vous la rendez cruelle. (1637-54.)

[3] VAR. Accostez le bon-homme, et ne lui parlez plus. (1637.)

[4] VAR. Quand il aura choisi quelqu'un de ses amants,
Sa passion naîtra de ses commandements. (1637-54.)

Elle vous fait tandis cette galanterie,
Pour s'acquérir le bruit de fille bien nourrie ¹,
Et gagner d'autant plus de réputation
Qu'on la croira forcer son inclination.
Nommez cette maxime ou prudence ou sottise,
C'est la seule raison qui fait qu'on vous méprise.

CLARIMOND.

Hélas! Eh! le moyen de croire tes discours?

AMARANTE.

De grace, n'usez point si mal de mon secours ² :
Croyez les bons avis d'une bouche fidèle,
Et, songeant seulement que je viens d'avec elle,
Derechef épargnez tous ces pas superflus;
Parlez-en au bon-homme, et ne la voyez plus ³.

CLARIMOND.

Tu ne flattes mon cœur que d'un espoir frivole.

AMARANTE.

Hasardez seulement deux mots sur ma parole,
Et n'appréhendez point la honte d'un refus.

¹ *Nourri.* Ce mot, qui, autrefois pris dans un sens absolu, pouvait désigner l'éducation morale, ne servirait plus aujourd'hui qu'à désigner l'éducation physique. On dit cependant *être nourri des bons auteurs*, pour *avoir la mémoire meublée de leurs écrits;* mais, dans ce cas, le sens de *nourri* est déterminé par son régime. (PAR.)

² VAR. Clarimond, n'usez point si mal de mon secours. (1637-54.)

³ VAR. Accostez le bon-homme, et ne lui parlez plus. (1637.)

CLARIMOND.

Je suivrai ton conseil, et vais chercher le père,
Puisque c'est de sa part que tu veux que j'espère.

AMARANTE.

Parlez-lui hardiment, sans crainte de refus.

CLARIMOND.

. . . .

CLARIMOND.
Mais, si j'en recevois, je serois bien confus.
Un oncle pourra mieux concerter cette affaire.
AMARANTE.
Ou par vous, ou par lui, ménagez bien le père.

SCÈNE V.

AMARANTE.

Qu'aisément un esprit qui se laisse flatter
S'imagine un bonheur qu'il pense mériter !
Clarimond est bien vain ensemble et bien crédule
De se persuader que Daphnis dissimule,
Et que ce grand dédain déguise un grand amour,
Que le seul choix d'un père a droit de mettre au jour.
Il s'en pâme de joie, et dessus ma parole
De tant d'affronts reçus son ame se console ;
Il les chérit peut-être, et les tient à faveurs :
Tant ce trompeur espoir redouble ses ferveurs !
S'il rencontroit le père, et que mon entreprise...

SCÈNE VI.

GÉRASTE, AMARANTE.

GÉRASTE.
Amarante.

AMARANTE.
Monsieur.

Un oncle pourra mieux m'en épargner la honte.
AMARANTE.
Votre amour, en tout sens, y trouvera son compte. (1637-54.)

LA SUIVANTE.

GÉRASTE.
          Vous faites la surprise,
Encor que de si loin vous m'ayez vu venir,
Que Clarimond n'est plus à vous entretenir!
Je donne ainsi la chasse à ceux qui vous en content!

AMARANTE.
A moi? mes vanités jusque-là ne se montent.

GÉRASTE.
Il sembloit toutefois parler d'affection.

AMARANTE.
Oui ; mais qu'estimez-vous de son intention?

GÉRASTE.
Je crois que ses desseins tendent au mariage.

AMARANTE.
Il est vrai.

GÉRASTE.
          Quelque foi qu'il vous donne pour gage,
Il cherche à vous surprendre, et, sous ce faux appas[1],
Il cache des projets que vous n'entendez pas.

AMARANTE.
Votre âge soupçonneux a toujours des chimères
Qui le font mal juger des cœurs les plus sincères.

GÉRASTE.
Où les conditions n'ont point d'égalité,
L'amour ne se fait guère avec sincérité.

AMARANTE.
Posé que cela soit : Clarimond me caresse;
Mais si je vous disois que c'est pour ma maîtresse,
Et que le seul besoin qu'il a de mon secours,
Sortant d'avec Daphnis, l'arrête en mes discours?

---

[1] Var. Ce n'est qu'un faux appas, et, sous cette couleur,
    Il ne veut cependant que surprendre une fleur. (1637.)

ACTE III, SCÈNE VI.

GÉRASTE.

S'il a besoin de toi pour avoir bonne issue,
C'est signe que sa flamme est assez mal reçue.

AMARANTE.

Pas tant qu'elle paroît, et que vous présumez.
D'un mutuel amour leurs cœurs sont enflammés ;
Mais Daphnis se contraint, de peur de vous déplaire,
Et sa bouche est toujours à ses desirs contraire,
Hormis lorsque avec moi s'ouvrant confidemment [1],
Elle trouve à ses maux quelque soulagement.
Clarimond cependant, pour fondre tant de glaces,
Tâche par tous moyens d'avoir mes bonnes graces ;
Et moi je l'entretiens toujours d'un peu d'espoir.

GÉRASTE.

A ce compte, Daphnis est fort dans le devoir :
Je n'en puis souhaiter un meilleur témoignage ;
Et ce respect m'oblige à l'aimer davantage.
Je lui serai bon père ; et, puisque ce parti
A sa condition se rencontre assorti,
Bien qu'elle pût encore un peu plus haut atteindre,
Je la veux enhardir à ne se plus contraindre.

AMARANTE.

Vous n'en pourrez jamais tirer la vérité.
Honteuse de l'aimer sans votre autorité,
Elle s'en défendra de toute sa puissance ;
N'en cherchez point d'aveu que dans l'obéissance.
Quand vous aurez fait choix de cet heureux amant [2],
Vos ordres produiront un prompt consentement.
Mais on ouvre la porte. Hélas ! je suis perdue,

[1] Var. Sinon lorsque avec moi s'ouvrant confidemment. (1637-54.)
[2] Var. Quand vous serez d'accord avecque son amant,
    Un prompt amour suivra votre commandement. (1637-54.)

Si j'ai tant de malheur qu'elle m'ait entendue.
(Elle rentre dans le jardin.)
GÉRASTE.
Lui procurant du bien, elle croit la fâcher,
Et cette vaine peur la fait ainsi cacher.
Que ces jeunes cerveaux ont de traits de folie!
Mais il faut aller voir ce qu'aura fait Célie.
Toutefois disons-lui quelque mot en passant,
Qui la puisse guérir du mal qu'elle ressent.

SCÈNE VII.

DAPHNIS, GÉRASTE.

GÉRASTE.
Ma fille, c'est en vain que tu fais la discrète;
J'ai découvert enfin ta passion secrète.
Je ne t'en parle point sur des avis douteux :
N'en rougis point, Daphnis, ton choix n'est pas honteux;
Moi-même je l'agrée, et veux bien que ton ame
A cet amant si cher ne cache plus sa flamme [1].
Tu pouvois en effet prétendre un peu plus haut;
Mais on ne peut assez estimer ce qu'il vaut :
Ses belles qualités, son crédit, et sa race,
Auprès des gens d'honneur sont trop dignes de grace.
Adieu. Si tu le vois, tu peux lui témoigner [2]
Que sans beaucoup de peine on me pourra gagner.

---

[1] Var. A ce beau cavalier ne cache plus sa flamme. (1637-54.)

[2] Var. Adieu. Si tu le vois, tu lui peux témoigner. (1637-54.)

SCÈNE VIII.

DAPHNIS.

D'aise et d'étonnement je demeure immobile.
D'où lui vient cette humeur de m'être si facile?
D'où me vient ce bonheur où je n'osois penser?
Florame, il m'est permis de te récompenser;
Et, sans plus déguiser ce qu'un père autorise,
Je puis me revancher du don de ta franchise[1];
Ton mérite le rend, malgré ton peu de biens,
Indulgent à mes feux, et favorable aux tiens :
Il trouve en tes vertus des richesses plus belles.
Mais est-il vrai, mes sens? m'êtes-vous si fidèles[2]?
Mon heur me rend confuse, et ma confusion
Me fait tout soupçonner de quelque illusion.
Je ne me trompe point, ton mérite et ta race
Auprès des gens d'honneur sont trop dignes de grace.
Florame, il est tout vrai, dès-lors que je te vis,
Un battement de cœur me fit de cet avis;
Et mon père aujourd'hui souffre que dans son ame
Les mêmes sentiments....

SCÈNE IX.

FLORAME, DAPHNIS.

DAPHNIS.
Quoi! vous voilà, Florame?
Je vous avois prié tantôt de me quitter.

---

[1] Var. Je me puis revancher du don de ta franchise. (1637-47.)
[2] Var. Mais est-il vrai, mes sens? m'êtes-vous bien fidèles? (1637-54.)

FLORAME.
Et je vous ai quittée aussi sans contester.
DAPHNIS.
Mais revenir sitôt, c'est me faire une offense.
FLORAME.
Quand j'aurois sur ce point reçu quelque défense,
Si vous saviez quels feux ont pressé mon retour,
Vous en pardonneriez le crime à mon amour.
DAPHNIS.
Ne vous préparez point à dire des merveilles,
Pour me persuader des flammes sans pareilles [1].
Je crois que vous m'aimez, et c'est en croire plus
Que n'en exprimeroient vos discours superflus.
FLORAME.
Mes feux, qu'ont redoublés ces propos adorables,
A force d'être crûs deviennent incroyables;
Et vous n'en croyez rien qui ne soit au-dessous :
Que ne m'est-il permis d'en croire autant de vous!
DAPHNIS.
Votre croyance est libre.
FLORAME.
Il me la faudroit vraie.
DAPHNIS.
Mon cœur par mes regards vous fait trop voir sa plaie.
Un homme si savant au langage des yeux
Ne doit pas demander que je m'explique mieux.
Mais, puisqu'il vous en faut un aveu de ma bouche,
Allez, assurez-vous que votre amour me touche.
Depuis tantôt je parle un peu plus librement [2],
Ou, si vous le voulez, un peu plus hardiment :

---

[1] Var. Pour me persuader vos flammes sans pareilles. (1637-54.)
[2] Var. Depuis tantôt je parle un peu plus franchement. (1637-54.)

Aussi j'ai vu mon père ; et, s'il vous faut tout dire,
Avec tous nos desirs sa volonté conspire.
FLORAME.
Surpris, ravi, confus, je n'ai que repartir.
Être aimé de Daphnis! un père y consentir!
Dans mon affection ne trouver plus d'obstacles!
Mon espoir n'eût osé concevoir ces miracles.
DAPHNIS.
Miracles toutefois qu'Amarante a produits ;
De sa jalouse humeur nous tirons ces doux fruits.
Au récit de nos feux, malgré son artifice,
La bonté de mon père a trompé sa malice :
Du moins je le présume, et ne puis soupçonner
Que mon père sans elle ait pu rien deviner.
FLORAME.
Les avis d'Amarante, en trahissant ma flamme,
N'ont point gagné Géraste en faveur de Florame.
Les ressorts d'un miracle ont un plus haut moteur,
Et tout autre qu'un dieu n'en peut être l'auteur.
DAPHNIS.
C'en est un que l'Amour.
FLORAME.
Et vous verrez peut-être
Que son pouvoir divin se fait ici paroître,
Dont quelques grands effets, avant qu'il soit long-temps,
Vous rendront étonnée, et nos desirs contents.
DAPHNIS.
Florame, après vos feux et l'aveu de mon père,
L'amour n'a point d'effets capables de me plaire.
FLORAME.
Aimez-en le premier, et recevez la foi [1]

---

[1] Var. Parlons de ce premier, et recevez la foi. (1637-54.)

D'un bienheureux amant qu'il met sous votre loi.
DAPHNIS.
Vous, prisez le dernier qui vous donne la mienne.
FLORAME.
Quoique dorénavant Amarante survienne,
Je crois que nos discours iront d'un pas égal [1],
Sans donner sur le rhume, ou gauchir sur le bal [2].
DAPHNIS.
Si je puis tant soit peu dissimuler ma joie,
Et que dessus mon front son excès ne se voie,
Je me jouerai bien d'elle et des empêchements
Que son adresse apporte à nos contentements.
FLORAME.
J'en apprendrai de vous l'agréable nouvelle [3].
Un ordre nécessaire au logis me rappelle,

[1] VAR. Je crois que nos discours, à son abord fatal,
Ne se jetteront plus sur le rhume et le bal. (1637-54.)

[2] *Donner sur le rhume. — Gauchir sur le bal.* Ces locutions proverbiales, qui ne sont plus en usage aujourd'hui, peuvent s'expliquer par ces vers de Molière :

En vain, pour attaquer son stupide silence,
De tous les lieux communs vous prenez l'assistance ;
Le beau temps et la pluie, et le froid et le chaud,
Sont des fonds qu'avec elle on épuise bientôt.
Misanthrope, acte II, sc. v.

Gauchir est un vieux mot qui signifie *se détourner du droit chemin*. (PAR.)

[3] VAR. Si ma présence y nuit, souffrez que je vous quitte ;
Une affaire, aussi bien, jusqu'au logis m'invite.
DAPHNIS.
Importante ?
FLORAME.
Oui, je meure, au succès de nos feux.
DAPHNIS.
Nous n'avons plus qu'une ame et qu'un vouloir nous deux. (1637-54.)

ACTE III, SCÈNE X.   179
Et doit fort avancer le succès de nos vœux.
DAPHNIS.
Nous n'avons plus qu'une ame et qu'un vouloir tous deux.
Bien que vous éloigner ce me soit un martyre,
Puisque vous le voulez, je n'y puis contredire.
Mais quand dois-je espérer de vous revoir ici ?
FLORAME.
Dans une heure au plus tard.
DAPHNIS.
Allez donc : la voici.

SCÈNE X.

AMARANTE, DAPHNIS.

DAPHNIS.
Amarante, vraiment vous êtes fort jolie ;
Vous n'égayez pas mal votre mélancolie.
Votre jaloux chagrin a de beaux agréments [1],
Et choisit assez bien ses divertissements :
Votre esprit pour vous-même a force complaisance
De me faire l'objet de votre médisance ;
Et, pour donner couleur à vos détractions,
Vous lisez fort avant dans mes intentions.
AMARANTE.
Moi ! que de vous j'osasse aucunement médire !
DAPHNIS.
Voyez-vous, Amarante, il n'est plus temps de rire.
Vous avez vu mon père, avec qui vos discours

---

[1] VAR. Dans ce jaloux chagrin qui tient vos sens saisis,
Vos divertissements sont assez bien choisis. (1637-54.)

12.

M'ont fait à votre gré de frivoles amours.
Quoi! souffrir un moment l'entretien de Florame,
Vous le nommez bientôt une secrète flamme?
Cette jalouse humeur dont vous suivez la loi
Vous fait en mes secrets plus savante que moi.
Mais passe pour le croire, il falloit que mon père
De votre confidence apprît cette chimère?

AMARANTE.

S'il croit que vous l'aimez, c'est sur quelque soupçon,
Où je ne contribue en aucune façon.
Je sais trop que le ciel, avec de telles graces [1],
Vous donne trop de cœur pour des flammes si basses;
Et, quand je vous croirois dans cet indigne choix,
Je sais ce que je suis, et ce que je vous dois.

DAPHNIS.

Ne tranchez point ainsi de la respectueuse :
Votre peine, après tout, vous est bien fructueuse;
Vous la devez chérir, et son heureux succès
Qui chez nous à Florame interdit tout accès.
Mon père le bannit et de l'une et de l'autre.
Pensant nuire à mon feu, vous ruinez le vôtre.
Je lui viens de parler, mais c'étoit seulement
Pour lui dire l'arrêt de son bannissement.
Vous devez cependant être fort satisfaite
Qu'à votre occasion un père me maltraite;
Pour fruit de vos labeurs si cela vous suffit,
C'est acquérir ma haine avec peu de profit.

AMARANTE.

Si touchant vos amours on sait rien de ma bouche,
Que je puisse à vos yeux devenir une souche!

---

[1] Var. Je sais trop que le ciel, avecque tant de graces. (1637-54).

Que le ciel....
DAPHNIS.
Finissez vos imprécations.
J'aime votre malice et vos délations.
Ma mignonne, apprenez que vous êtes déçue :
C'est par votre rapport que mon ardeur est sue;
Mais mon père y consent, et vos avis jaloux
N'ont fait que me donner Florame pour époux.

SCÈNE XI.
AMARANTE.

Ai-je bien entendu? Sa belle humeur se joue [1],
Et par plaisir soi-même elle se désavoue.
Son père la maltraite, et consent à ses vœux!
Ai-je nommé Florame en parlant de ses feux?
Florame, Clarimond, ces deux noms, ce me semble,
Pour être confondus, n'ont rien qui se ressemble.
Le moyen que jamais on entendît si mal
Que l'un de ces amants fût pris pour son rival?
Je ne sais où j'en suis, et toutefois j'espère [2];
Sous ces obscurités je soupçonne un mystère;
Et mon esprit confus, à force de douter,
Bien qu'il n'ose rien croire, ose encor se flatter.

---

[1] Var. Quel mystère est-ce-ci? Sa belle humeur se joue. (1637-54.)
[2] Var. Parmi de tels détours mon esprit ne voit goutte,
Et leurs prospérités le mettent en déroute,
Bien que mon cœur, brouillé de mouvements divers,
Ose encor se flatter de l'espoir d'un revers. (1637-54.)

FIN DU TROISIÈME ACTE.

ACTE QUATRIÈME.

SCÈNE I.

DAPHNIS.

Qu'en l'attente de ce qu'on aime
Une heure est fâcheuse à passer !
Qu'elle ennuie une amour extrême
Dont la joie est réduite aux douceurs d'y penser [1] !

Le mien, qui fuit la défiance,
La trouve trop longue à venir,
Et s'accuse d'impatience,
Plutôt que mon amant de peu de souvenir.

Ainsi moi-même je m'abuse,
De crainte d'un plus grand ennui,
Et je ne cherche plus de ruse
Qu'à m'ôter tout sujet de me plaindre de lui.

Aussi bien, malgré ma colère,
Je brûlerois de m'apaiser,
Et sa peine la plus sévère
Ne seroit tout au plus qu'un mot pour l'excuser [2].

---

[1] Var. Qui ne voit son objet que des yeux du penser ! (1637-54.)
[2] Var. Pour criminel qu'il fût, ne seroit qu'un baiser.

Dieux ! je rougis d'une parole

Je dois rougir de ma foiblesse:
C'est être trop bonne en effet.
Daphnis, fais un peu la maîtresse,
Et souviens-toi du moins....

SCÈNE II.

GÉRASTE, CÉLIE, DAPHNIS.

GÉRASTE, à Célie.
                    Adieu, cela vaut fait,
Tu l'en peux assurer.
(Célie rentre, et Géraste continue de parler à Daphnis.)
                    Ma fille, je présume,
Quelques feux dans ton cœur que ton amant allume,
Que tu ne voudrois pas sortir de ton devoir.

DAPHNIS.
C'est ce que le passé vous a pu faire voir.

GÉRASTE.
Mais si, pour en tirer une preuve plus claire [1],
Je disois qu'il faut prendre un sentiment contraire,
Qu'une autre occasion te donne un autre amant?

DAPHNIS.
Il seroit un peu tard pour un tel changement.
Sous votre autorité j'ai dévoilé mon ame;
J'ai découvert mon cœur à l'objet de ma flamme,
Et c'est sous votre aveu qu'il a reçu ma foi.

  Dont je meurs de goûter l'effet,
   Et dans cette honte frivole
  Je prépare un refus.... (1637-54.)

[1] VAR. Oui; mais, pour en tirer une preuve plus claire,
Qui diroit qu'il faut prendre un mouvement contraire? (1637-54.)

GÉRASTE.
Oui; mais je viens de faire un autre choix pour toi[1].
DAPHNIS.
Ma foi ne permet plus une telle inconstance.
GÉRASTE.
Et moi, je ne saurois souffrir de résistance.
Si ce gage est donné par mon consentement,
Il faut le retirer par mon commandement[2].
Vous soupirez en vain; vos soupirs et vos larmes
Contre ma volonté sont d'impuissantes armes.
Rentrez; je ne puis voir qu'avec mille douleurs
Votre rébellion s'exprimer par vos pleurs.
(Daphnis rentre, et Géraste continue.)
La pitié me gagnoit. Il m'étoit impossible
De voir encor ses pleurs, et n'être pas sensible :
Mon injuste rigueur ne pouvoit plus tenir;
Et, de peur de me rendre, il la falloit bannir.
N'importe toutefois, la parole me lie;
Et mon amour ainsi l'a promis à Célie;
Florise ne se peut acquérir qu'à ce prix,
Si Florame....

SCÈNE III.

AMARANTE, GÉRASTE.

AMARANTE.
Monsieur, vous vous êtes mépris;
C'est Clarimond qu'elle aime.

---

[1] VAR. Oui; mais j'ai fait depuis un autre choix pour toi. (1637-54.)
[2] VAR. Il le faut retirer par mon commandement. (1637-54.)

ACTE IV, SCÈNE III.

GÉRASTE.

Et ma plus grande peine
N'est que d'en avoir eu la preuve trop certaine ;
Dans sa rébellion à mon autorité,
L'amour qu'elle a pour lui n'a que trop éclaté.
Si pour ce cavalier elle avoit moins de flamme,
Elle agréeroit le choix que je fais de Florame,
Et, prenant désormais un mouvement plus sain,
Ne s'obstineroit pas à rompre mon dessein.

AMARANTE.

C'est ce choix inégal qui vous la fait rebelle ;
Mais pour tout autre amant n'appréhendez rien d'elle.

GÉRASTE.

Florame a peu de biens, mais pour quelque raison
C'est lui seul dont je fais l'appui de ma maison[1].
Examiner mon choix, c'est un trait d'imprudence.
Toi, qu'à présent Daphnis traite de confidence[2],
Et dont le seul avis gouverne ses secrets,
Je te prie, Amarante, adoucis ses regrets,
Résous-là, si tu peux, à contenter un père ;
Fais qu'elle aime Florame, ou craigne ma colère.

AMARANTE.

Puisque vous le voulez, j'y ferai mon pouvoir ;
C'est chose toutefois dont j'ai si peu d'espoir,
Que je craindrois plutôt de l'aigrir davantage[3].

---

[1] VAR. C'est lui seul que je veux d'appui pour ma maison. (1637-54.)

[2] *Traite de confidence* est là pour *traite en confidente*. Il faut toujours se rappeler que Corneille a créé un grand nombre de locutions que l'usage a modifiées. (PAR.)

[3] VAR. Qu'au contraire je crains de l'aigrir davantage.
GÉRASTE.
Il est tant de moyens à fléchir un courage ! (1637-54.)

GÉRASTE.

Il est tant de moyens de fléchir un courage!
Trouve pour la gagner quelque subtil appas;
La récompense après ne te manquera pas.

SCÈNE IV.

AMARANTE.

Accorde qui pourra le père avec la fille;
L'égarement d'esprit règne sur la famille ¹.
Daphnis aime Florame, et son père y consent;
D'elle-même j'ai su l'aise qu'elle en ressent;
Et, si j'en crois ce père, elle ne porte en l'ame ²
Que révolte, qu'orgueil, que mépris pour Florame.
Peut-elle s'opposer à ses propres desirs,
Démentir tout son cœur, détruire ses plaisirs?
S'ils sont sages tous deux, il faut que je sois folle.
Leur mécompte pourtant, quel qu'il soit, me console;
Et, bien qu'il me réduise au bout de mon latin ³,
Un peu plus en repos j'en attendrai la fin.

---

¹ Var. Ils ont l'esprit troublé dedans cette famille. (1637-54.)

² Var. Et qui croira Géraste, il ne l'y peut réduire.
　　　Peut-elle s'opposer à ce qu'elle desire?
　　　J'aime sa résistance en cette occasion;
　　　Mais j'en ai moins d'espoir que de confusion. (1637-54.)

³ Var. Et, combien qu'il me mette au bout de mon latin. (1637-54.)

SCÈNE V.

FLORAME, DAMON, CLÉON.

FLORAME.
Sans me voir elle rentre, et quelque bon génie
Me sauve de ses yeux et de sa tyrannie.
Je ne me croyois pas quitte de ses discours,
A moins que sa maîtresse en vînt rompre le cours.
DAMON.
Je voudrois t'avoir vu dedans cette contrainte.
FLORAME.
Peut-être voudrois-tu qu'elle empêchât ma plainte[1] ?
DAMON.
Si Théante sait tout, sans raison tu t'en plains.
Je t'ai dit ses secrets, comme à lui tes desseins.
Il voit dedans ton cœur, tu lis dans son courage;
Et je vous fais combattre ainsi sans avantage.
FLORAME.
Toutefois au combat tu n'as pu l'engager.
DAMON.
Sa générosité n'en craint pas le danger;
Mais cela choque un peu sa prudence amoureuse,
Vu que la fuite en est la fin la plus heureuse,
Et qu'il faut que, l'un mort, l'autre tire pays[2].
FLORAME.
Malgré le déplaisir de mes secrets trahis,

---

[1] Var. Mais dis que tu voudrois qu'elle empêchât ma plainte. (1637-54.)
[2] *Tirer pays* signifie *aller deuers quelque pays*; et, selon cette signification, les veneurs disent *vne beste tirer pays*, quand elle ne

Je ne puis, cher ami, qu'avec toi je ne rie
Des subtiles raisons de sa poltronnerie.
Nous faire ce duel sans s'exposer aux coups,
C'est véritablement en savoir plus que nous,
Et te mettre en sa place avec assez d'adresse.

DAMON.
Qu'importe à quels périls il gagne une maîtresse ?
Que ses rivaux entre eux fassent mille combats,
Que j'en porte parole, ou ne la porte pas,
Tout lui semblera bon, pourvu que, sans en être,
Il puisse de ces lieux les faire disparoître.

FLORAME.
Mais ton service offert hasardoit bien ta foi,
Et, s'il eût eu du cœur, t'engageoit contre moi.

DAMON.
Je savois trop que l'offre en seroit rejetée.
Depuis plus de dix ans je connois sa portée ;
Il ne devient mutin que fort malaisément,
Et préfère la ruse à l'éclaircissement.

FLORAME.
Les maximes qu'il tient pour conserver sa vie
T'ont donné des plaisirs où je te porte envie.

DAMON.
Tu peux incontinent les goûter, si tu veux.
Lui, qui doute fort peu du succès de ses vœux,
Et qui croit que déja Clarimond et Florame
Disputent loin d'ici le sujet de leur flamme,
Seroit-il homme à perdre un temps si précieux,
Sans aller chez Daphnis faire le gracieux,

---

s'amuse à ruser et tournoyer, mais fuyt les droictes voyes ou routes. (Nicot.)

ACTE IV, SCÈNE V.

Et, seul, à la faveur de quelque mot pour rire,
Prendre l'occasion de conter son martyre?

FLORAME.

Mais, s'il nous trouve ensemble, il pourra soupçonner [1]
Que nous prenons plaisir tous deux à le berner.

DAMON.

De peur que nous voyant il conçût quelque ombrage,
J'avois mis tout exprès Cléon sur le passage.

(à Cléon.)

Théante approche-t-il?

CLÉON.

Il est en ce carfour [2].

DAMON.

Adieu donc : nous pourrons le jouer tour-à-tour.

FLORAME, seul.

Je m'étonne comment tant de belles parties
En cet illustre amant sont si mal assorties [3],
Qu'il a si mauvais cœur avec de si bons yeux,
Et fait un si beau choix sans le défendre mieux.
Pour tant d'ambition, c'est bien peu de courage.

---

[1] VAR. Mais, s'il nous trouve ensemble, il pourra se douter
Que nous prenons plaisir tous deux à le tâter.
DAMON.
De peur que nous voyant il entrât en cervelle,
J'avois mis tout exprès Cléante en sentinelle. (1637-54.)

[2] *Carfour*, qu'on écrivoit dans l'origine *quarrefour*, vient de *quarré* et *fourc*. « *Fourc*, c'est toute chose qui fait vn angle aigu : ainsi dit-on *le fourc d'vn arbre, des doigts, d'vn chemin, des ruës.* » (NICOT.)

[3] VAR. En ce pauvre amoureux sont si mal assorties. (1637-54.)

SCÈNE VI.

THÉANTE, FLORAME.

FLORAME.

Quelle surprise, ami, paroît sur ton visage ?
THÉANTE.
T'ayant cherché long-temps, je demeure confus
De t'avoir rencontré quand je n'y pensois plus.
FLORAME.
Parle plus franchement. Fâché de ta promesse [1],
Tu veux, et n'oserois reprendre ta maîtresse :
Ta passion, qui souffre une trop dure loi,
Pour la gouverner seul te déroboit de moi ?
THÉANTE.
De peur que ton esprit formât cette croyance,
De l'aborder sans toi je faisois conscience.
FLORAME.
C'est ce qui t'obligeoit sans doute à me chercher ?
Mais ne te prive plus d'un entretien si cher.
Je te cède Amarante, et te rends ta parole [2] :
J'aime ailleurs ; et, lassé d'un compliment frivole,
Et de feindre une ardeur qui blesse mes amis,
Ma flamme est véritable, et son effet permis.
J'adore une beauté qui peut disposer d'elle,
Et seconder mes feux sans se rendre infidèle.
THÉANTE.
Tu veux dire Daphnis ?

---

[1] Var. Parle plus franchement : lassé de ta promesse. (1637-54.)

[2] Var. Je te cède Amarante avecque la parole. (1637-54.)

FLORAME.
Je ne puis te celer
Qu'elle est l'unique objet pour qui je veux brûler.
THÉANTE.
Le bruit vole déja qu'elle est pour toi sans glace ;
Et déja d'un cartel Clarimond te menace.
FLORAME.
Qu'il vienne, ce rival, apprendre, à son malheur,
Que, s'il me passe en biens, il me cède en valeur :
Que sa vaine arrogance, en cè duel trompée,
Me fasse mériter Daphnis à coups d'épée.
Par là je gagne tout ; ma générosité
Suppléera ce qui fait notre inégalité ;
Et son père, amoureux du bruit de ma vaillance,
La fera sur ses biens emporter la balance.
THÉANTE.
Tu n'en peux espérer un moindre événement :
L'heur suit dans les duels le plus heureux amant.
Le glorieux succès d'une action si belle [1],
Ton sang mis au hasard, ou répandu pour elle,
Ne peut laisser au père aucun lieu de refus.
Tiens ta maîtresse acquise, et ton rival confus ;
Et, sans t'épouvanter d'une vaine fortune
Qu'il soutient lâchement d'une valeur commune,
Ne fais de son orgueil qu'un sujet de mépris,
Et pense que Daphnis ne s'acquiert qu'à ce prix.
Adieu : puisse le ciel à ton amour parfaite
Accorder un succès tel que je le souhaite !
FLORAME.
Ce cartel, ce me semble, est trop long à venir :

---

[1] Var. Le glorieux éclat d'une action si belle,
    Ton sang ou répandu, ou hasardé pour elle. (1637-54.)

Mon courage bouillant ne se peut contenir;
Enflé par tes discours, il ne sauroit attendre
Qu'un insolent défi l'oblige à se défendre.
Va donc, et, de ma part, appelle Clarimond;
Dis-lui que, pour demain, il choisisse un second,
Et que nous l'attendrons au château de Bissestre.

THÉANTE.

J'adore ce grand cœur qu'ici tu fais paroître,
Et demeure ravi du trop d'affection
Que tu m'as témoigné par cette élection.
Prends-y garde pourtant; pense à quoi tu t'engages.
Si Clarimond, lassé de souffrir tant d'outrages,
Éteignant son amour, te cédoit ce bonheur,
Quel besoin seroit-il de le piquer d'honneur?
Peut-être qu'un faux bruit nous apprend sa menace :
C'est à toi seulement de défendre ta place.
Ces coups du désespoir des amants méprisés
N'ont rien d'avantageux pour les favorisés.
Qu'il recoure, s'il veut, à ces fâcheux remèdes;
Ne lui querelle point un bien que tu possèdes :
Ton amour, que Daphnis ne sauroit dédaigner,
Court risque d'y tout perdre, et n'y peut rien gagner.
Avise encore un coup; ta valeur inquiète[1]
En d'extrêmes périls un peu trop tôt te jette.

FLORAME.

Quels périls? L'heur y suit le plus heureux amant.

THÉANTE.

Quelquefois le hasard en dispose autrement.

FLORAME.

Clarimond n'eut jamais qu'une valeur commune.

---

[1] Var. Avise derechef : ta valeur signalée
En d'extrêmes périls se jette à la volée. (1637-48.)

ACTE IV, SCÈNE VI.

THÉANTE.
La valeur aux duels fait moins que la fortune.
FLORAME.
C'est par là seulement qu'on mérite Daphnis.
THÉANTE.
Mais plutôt de ses yeux par là tu te bannis.
FLORAME.
Cette belle action pourra gagner son père.
THÉANTE.
Je le souhaite ainsi plus que je ne l'espère.
FLORAME.
Acceptant ce cartel [1], suis-je plus assuré?
THÉANTE.
Où l'honneur souffriroit, rien n'est considéré.
FLORAME.
Je ne puis résister à des raisons si fortes :
Sur ma bouillante ardeur malgré moi tu l'emportes.
J'attendrai qu'on m'attaque.
THÉANTE.
Adieu donc.
FLORAME.
En ce cas,
Souviens-t'en, cher ami, tu me promets ton bras [2]?
THÉANTE.
Dispose de ma vie.
FLORAME, seul.
Elle est fort assurée,
Si rien que ce duel n'empêche sa durée.
Il en parle des mieux; c'est un jeu qui lui plaît :

---

[1] VAR. Acceptant un cartel.... (1637-54.)
[2] VAR. Souviens-toi, cher ami, que je retiens ton bras. (1637-54.)

Mais il devient fort sage aussitôt qu'il en est,
Et montre cependant des graces peu vulgaires
A battre ses raisons par des raisons contraires.

SCÈNE VII.

DAPHNIS, FLORAME.

DAPHNIS.

Je n'osois t'aborder les yeux baignés de pleurs,
Et devant ce rival t'apprendre nos malheurs.

FLORAME.

Vous me jetez, madame, en d'étranges alarmes [1].
Dieux! et d'où peut venir ce déluge de larmes?
Le bon-homme est-il mort?

DAPHNIS.

Non, mais il se dédit :
Tout amour désormais pour toi m'est interdit :
Si bien qu'il me faut être ou rebelle ou parjure,
Forcer les droits d'amour, ou ceux de la nature,
Mettre un autre en ta place, ou lui désobéir,
L'irriter, ou moi-même avec toi me trahir.
A moins que de changer, sa haine inévitable [2]
Me rend de tous côtés ma perte indubitable;
Je ne puis conserver mon devoir et ma foi,
Ni, sans crime, brûler pour d'autres ni pour toi.

FLORAME.

Le nom de cet amant, dont l'indiscrète envie
A mes ressentiments vient apporter sa vie?

---

[1] VAR. Vous me jetez, mon ame, en d'étranges alarmes. (1637-54.)

[2] VAR. A faute de changer, sa haine inévitable (1637-54.

ACTE IV, SCÈNE VII.

Le nom de cet amant, qui, par sa prompte mort,
Doit, au lieu du vieillard, me réparer ce tort,
Et qui, sur quelque orgueil que son amour se fonde[1],
N'a que jusqu'à ma vue à demeurer au monde?

DAPHNIS.

Je n'aime pas si mal que de m'en informer;
Je t'aurois fait trop voir que j'eusse pu l'aimer.
Si j'en savois le nom, ta juste défiance[2]
Pourroit à ses défauts imputer ma constance,
A son peu de mérite attacher mon dédain,
Et croire qu'un plus digne auroit reçu ma main.
J'atteste ici le bras qui lance le tonnerre,
Que tout ce que le ciel a fait paroître en terre
De mérites, de biens, de grandeurs, et d'appas,
En même objet uni, ne m'ébranleroit pas :
Florame a droit lui seul de captiver mon ame[3];
Florame vaut lui seul à ma pudique flamme
Tout ce que peut le monde offrir à mes ardeurs
De mérites, d'appas, de biens, et de grandeurs.

FLORAME.

Qu'avec des mots si doux vous m'êtes inhumaine[4]!
Vous me comblez de joie, et redoublez ma peine.

---

[1] VAR. Et, sur quelque valeur que son amour se fonde. (1637-54.)

[2] VAR. Son nom su, tu pourrois donner ma résistance
A son peu de mérite, et non à ma constance,
Croire que ses défauts le feroient rejeter,
Et qu'un plus accompli se pouvoit accepter.
J'atteste ici la main qui lance le tonnerre. (1637-54.)

[3] VAR. Un seul Florame a droit de captiver mon ame;
Un seul Florame vaut à ma pudique flamme
Tout ce que l'on pourroit offrir à mes ardeurs. (1637-54.)

[4] VAR. Parmi tant de malheurs, vous me comblez d'une aise
Qui redouble mes maux aussi bien que ma braise. (1637.)

13.

L'effet d'un tel amour, hors de votre pouvoir,
Irrite d'autant plus mon sanglant désespoir;
L'excès de votre ardeur ne sert qu'à mon supplice.
Devenez-moi cruelle, afin que je guérisse.
Guérir! ah! qu'ai-je dit? ce mot me fait horreur.
Pardonnez aux transports d'une aveugle fureur;
Aimez toujours Florame; et, quoi qu'il ait pu dire,
Croissez de jour en jour vos feux et son martyre.
Peut-il rendre sa vie à de plus heureux coups,
Ou mourir plus content que pour vous et par vous?

DAPHNIS.

Puisque de nos destins la rigueur trop sévère
Oppose à nos desirs l'autorité d'un père,
Que veux-tu que je fasse en l'état où je suis?
Être à toi malgré lui? c'est ce que je ne puis;
Mais je puis empêcher qu'un autre me possède,
Et qu'un indigne amant à Florame succède.
Le cœur me manque. Adieu. Je sens faillir ma voix[1],
Florame, souviens-toi de ce que tu me dois.
Si nos feux sont égaux, mon exemple t'ordonne
Ou d'être à ta Daphnis, ou de n'être à personne.

SCÈNE VIII.

FLORAME.

Dépourvu de conseil comme de sentiment,
L'excès de ma douleur m'ôte le jugement.
De tant de biens promis je n'ai plus que sa vue,
Et mes bras impuissants ne l'ont pas retenue;

---

[1] Var. Le cœur me serre. Adieu; je sens faillir ma voix. (1637.)

ACTE IV, SCÈNE VIII.

Et même je lui laisse abandonner ce lieu [1],
Sans trouver de parole à lui dire un adieu.
Ma fureur pour Daphnis a de la complaisance ;
Mon désespoir n'osoit agir en sa présence,
De peur que mon tourment aigrît ses déplaisirs ;
Une pitié secrète étouffoit mes soupirs :
Sa douleur, par respect, faisoit taire la mienne ;
Mais ma rage à présent n'a rien qui la retienne.
 Sors, infame vieillard, dont le consentement
Nous a vendu si cher le bonheur d'un moment ;
Sors, que tu sois puni de cette humeur brutale
Qui rend ta volonté pour nos feux inégale.
A nos chastes amours qui t'a fait consentir,
Barbare ? mais plutôt qui t'en fait repentir ?
Crois-tu qu'aimant Daphnis, le titre de son père
Débilite ma force, ou rompe ma colère ?
Un nom si glorieux, lâche, ne t'est plus dû [2] ;
En lui manquant de foi, ton crime l'a perdu.
Plus j'ai d'amour pour elle, et plus pour toi de haine
Enhardit ma vengeance et redouble ta peine :
Tu mourras ; et je veux, pour finir mes ennuis,
Mériter par ta mort celle où tu me réduis.
 Daphnis, à ma fureur ma bouche abandonnée
Parle d'ôter la vie à qui te l'a donnée !
Je t'aime, et je t'oblige à m'avoir en horreur,
Et ne connois encor qu'à peine mon erreur !
Si je suis sans respect pour ce que tu respectes,
Que mes affections ne t'en soient pas suspectes ;
De plus réglés transports me feroient trahison ;

---

[1] Var. Et même je la souffre abandonner ce lieu. (1637-54.)
[2] Var. Un nom si glorieux, traître, ne t'est plus dû. (1637-54.)

Si j'avois moins d'amour, j'aurois de la raison :
C'est peu que de la perdre, après t'avoir perdue;
Rien ne sert plus de guide à mon ame éperdue;
Je condamne à l'instant ce que j'ai résolu ;
Je veux, et ne veux plus sitôt que j'ai voulu :
Je menace Géraste, et pardonne à ton père;
Ainsi rien ne me venge, et tout me désespère.

SCÈNE IX.

FLORAME, CÉLIE.

FLORAME, en soupirant.

Célie....

CÉLIE.

Eh bien, Célie? Enfin elle a tant fait
Qu'à vos desirs Géraste accorde leur effet.
Quel visage avez-vous? votre aise vous transporte.

FLORAME.

Cesse d'aigrir ma flamme en raillant de la sorte,
Organe d'un vieillard qui croit faire un bon tour
De se jouer de moi par une feinte amour.
Si tu te veux du bien, fais-lui tenir promesse :
Vous me rendrez tous deux la vie, ou ma maîtresse;
Et, ce jour expiré, je vous ferai sentir
Que rien de ma fureur ne vous peut garantir.

CÉLIE.

Florame.

FLORAME.

Je ne puis parler à des perfides.

SCÈNE X.

CÉLIE.

Il veut donner l'alarme à mes esprits timides,
Et prend plaisir lui-même à se jouer de moi.
Géraste a trop d'amour pour n'avoir point de foi;
Et, s'il pouvoit donner trois Daphnis pour Florise,
Il la tiendroit encore heureusement acquise.
D'ailleurs ce grand courroux pourroit-il être feint?
Auroit-il pu sitôt falsifier son teint,
Et si bien ajuster ses yeux et son langage [1]
A ce que sa fureur marquoit sur son visage?
Quelqu'un des deux me joue; épions tous les deux,
Et nous éclaircissons sur un point si douteux.

[1] Var. Ajuster ses regards, son geste, son laugage?
    Aussi que ce vieillard me farde son courage,
    Je ne le saurois croire, et veux dès aujourd'hui,
    Sur ce point, si je puis, m'éclaircir avec lui. (1637-54.)

FIN DU QUATRIÈME ACTE.

ACTE CINQUIÈME.

SCÈNE I.

THÉANTE, DAMON.

THÉANTE.
Croirois-tu qu'un moment m'ait pu changer de sorte
Que je passe à regret par-devant cette porte?
DAMON.
Que ton humeur n'a-t-elle un peu plus tôt changé [1]!
Nous aurions vu l'effet où tu m'as engagé.
Tantôt quelque démon, ennemi de ta flamme,
Te faisoit en ces lieux accompagner Florame :
Sans la crainte qu'alors il te prît pour second,
Je l'allois appeler au nom de Clarimond;
Et, comme si depuis il étoit invisible,
Sa rencontre pour moi s'est rendue impossible [2].
THÉANTE.
Ne le cherche donc plus. A bien considérer,
Qu'ils se battent, ou non, je n'en puis qu'espérer.
Daphnis, que son adresse a malgré moi séduite [3],
Ne pourroit l'oublier, quand il seroit en fuite.

---

[1] Var. Si ce change d'humeur un peu plus tôt t'eût pris,
Nous aurions vu l'effet du dessein entrepris. (1637-54.)

[2] Var. Le rencontrer encor n'est plus en mon possible. (1637-54.)

[3] Var. Vu que Daphnis, au point où je la vois réduite,
N'est pas pour l'oublier, quand il seroit en fuite. (1637-54.)

ACTE V, SCÈNE I.

Leur amour est trop forte; et d'ailleurs son trépas,
Le privant d'un tel bien, ne me le donne pas ¹.
Inégal en fortune à ce qu'est cette belle,
Et déjà par malheur assez mal voulu d'elle,
Que pourrois-je, après tout, prétendre de ses pleurs ² ?
Et quel espoir pour moi naîtroit de ses douleurs ?
Deviendrois-je par-là plus riche ou plus aimable?
Que si de l'obtenir je me trouve incapable ³,
Mon amitié pour lui, qui ne peut expirer,
A tout autre qu'à moi me le fait préférer;
Et j'aurois peine à voir un troisième en sa place.

DAMON.

Tu t'avises trop tard; que veux-tu que je fasse?
J'ai poussé Clarimond à lui faire un appel;
J'ai charge de sa part de lui rendre un cartel,
Le puis-je supprimer?

THÉANTE.
Non; mais tu pourrois faire ⁴....

DAMON.
Quoi?

---

¹ Var. Le privant de ce bien, ne me le donne pas.
 Inégal en fortune aux biens de cette belle. (1637-54.)
² Var. Que pourrois-je, en ce cas, prétendre de ses pleurs ?
 Mon espoir se peut-il fonder sur ses douleurs ? (1637-54.)
³ Var. Et si de l'obtenir je me sens incapable,
 Florame est mon ami; d'où tu peux inférer
 Qu'à tout autre qu'à moi je le dois préférer,
 Et verrois à regret qu'un autre eût pris sa place. (1637-54.)
⁴ Var. . . . . Non pas; mais tu peux faire....
 DAMON.
Quoi?
 THÉANTE.
 Que Clarimond prenne un mouvement contraire. (1637-54.)

THÉANTE.

Que Clarimond prît un sentiment contraire.

DAMON.

Le détourner d'un coup où seul je l'ai porté !
Mon courage est mal propre à cette lâcheté.

THÉANTE.

A de telles raisons je n'ai de repartie
Sinon que c'est à moi de rompre la partie.
J'en vais semer le bruit.

DAMON.

Et sur ce bruit tu veux....?

THÉANTE.

Qu'on leur donne dans peu des gardes à tous deux,
Et qu'une main puissante arrête leur querelle.
Qu'en dis-tu, cher ami ?

DAMON.

L'invention est belle,
Et le chemin bien court à les mettre d'accord ;
Mais souffre auparavant que j'y fasse un effort :
Peut-être mon esprit trouvera quelque ruse
Par où, sans en rougir, du cartel je m'excuse [1].
Ne donnons point sujet de tant parler de nous,
Et sachons seulement à quoi tu te résous.

THÉANTE.

A les laisser en paix, et courir l'Italie
Pour divertir le cours de ma mélancolie,
Et ne voir point Florame emporter à mes yeux
Le prix où prétendoit mon cœur ambitieux.

DAMON.

Amarante, à ce compte, est hors de ta pensée ?

---

[1] VAR. Par où, mon honneur sauf, du cartel je m'excuse. (1637-54.)

THÉANTE.
Son image du tout n'en est pas effacée :
Mais...
DAMON.
Tu crains que pour elle on te fasse un duel.
THÉANTE.
Railler un malheureux, c'est être trop cruel.
Bien que ses yeux encor règnent sur mon courage [1],
Le bonheur de Florame à la quitter m'engage ;
Le ciel ne nous fit point et pareils et rivaux,
Pour avoir des succès tellement inégaux.
C'est me perdre d'honneur, et, par cette poursuite,
D'égal que je lui suis, me ranger à sa suite.
Je donne désormais des règles à mes feux ;
De moindres que Daphnis sont incapables d'eux ;
Et rien dorénavant n'asservira mon ame
Qui ne me puisse mettre au-dessus de Florame.
Allons ; je ne puis voir sans mille déplaisirs
Ce possesseur du bien où tendoient mes desirs.
DAMON.
Arrête. Cette fuite est hors de bienséance,
Et je n'ai point d'appel à faire en ta présence.
(Théante le retire du théâtre comme par force.)

SCÈNE II.

FLORAME.

Jetterai-je toujours des menaces en l'air,
Sans que je sache enfin à qui je dois parler ?

---

[1] Var. Bien que j'adore encor l'excès de son mérite,
Florame ayant Daphnis, de honte je la quitte. (1637-54.)

Auroit-on jamais cru qu'elle me fût ravie,
Et qu'on me pût ôter Daphnis avant la vie?
Le possesseur du prix de ma fidélité,
Bien que je sois vivant, demeure en sûreté;
Tout inconnu qu'il m'est, il produit ma misère;
Tout mon rival qu'il est, il rit de ma colère [1].
Rival! ah quel malheur! j'en ai pour me bannir,
Et cesse d'en avoir quand je le veux punir.
   Grands dieux, qui m'enviez cette juste allégeance
Qu'un amant supplanté tire de la vengeance,
Et me cachez le bras dont je reçois les coups,
Est-ce votre dessein que je m'en prenne à vous?
Est-ce votre dessein d'attirer mes blasphèmes,
Et qu'ainsi que mes maux mes crimes soient extrêmes [2];
Qu'à mille impiétés osant me dispenser,
A votre foudre oisif je donne où se lancer?
Ah! souffrez qu'en l'état de mon sort déplorable
Je demeure innocent, encor que misérable :
Destinez à vos feux d'autres objets que moi ;
Vous n'en sauriez manquer, quand on manque de foi.
Employez le tonnerre à punir les parjures,
Et prenez intérêt vous-même à mes injures :
Montrez, en me vengeant, que vous êtes des dieux [3],
Ou conduisez mon bras, puisque je n'ai point d'yeux,
Et qu'on sait dérober d'un rival qui me tue
Le nom à mon oreille, et l'objet à ma vue.
Rival, qui que tu sois, dont l'insolent amour
Idolâtre un soleil, et n'ose voir le jour,

---

[1] Var. Et tout rival qu'il m'est, il rit de ma colère. (1637-54.)

[2] Var. Et qu'ainsi que mes maux mes forfaits soient extrêmes. (1637-54.)

[3] Var. Montrez, en m'assistant, que vous êtes des dieux,
Et conduisez mon bras, puisque je n'ai point d'yeux. (1637-48.)

N'oppose plus ta crainte à l'ardeur qui te presse;
Fais-toi, fais-toi connoître allant voir ta maîtresse.

SCÈNE III.

FLORAME, AMARANTE.

FLORAME.

Amarante (aussi bien te faut-il confesser
Que la seule Daphnis avoit sù me blesser) [1],
Dis-moi qui me l'enlève; apprends-moi quel mystère
Me cache le rival qui possède son père;
A quel heureux amant Géraste a destiné
Ce beau prix que l'amour m'avoit si bien donné [2].

AMARANTE.

Ce dut vous être assez de m'avoir abusée,
Sans faire encor de moi vos sujets de risée.
Je sais que le vieillard favorise vos feux,
Et que rien que Daphnis n'est contraire à vos vœux.

FLORAME.

Que me dis-tu? lui seul et sa rigueur nouvelle [3]
Empêchent les effets d'une ardeur mutuelle.

AMARANTE.

Pensez-vous me duper avec ce feint courroux?
Lui-même il m'a prié de lui parler pour vous.

---

[1] Var. Qu'au lieu de toi Daphnis occupoit mon penser. (1637-48.)

[2] Var. Un bien si précieux qu'amour m'avoit donné '.

AMARANTE.

Ce vous dut être assez de m'avoir abusée. (1637.)

[3] Var. Tu t'abuses : lui seul et sa rigueur cruelle. (1637-54.)

' Var. Ce trésor que l'amour m'avoit si bien donné. (1648-54.)

FLORAME.

Vois-tu, ne t'en ris plus; ta seule jalousie
A mis à ce vieillard ce change en fantaisie.
Ce n'est pas avec moi que tu te dois jouer,
Et ton crime redouble à le désavouer¹;
Mais sache qu'aujourd'hui, si tu ne fais en sorte²
Que mon fidèle amour sur ce rival l'emporte,
J'aurai trop de moyens à te faire sentir
Qu'on ne m'offense point sans un prompt repentir.

SCÈNE IV.

AMARANTE.

Voilà de quoi tomber dans un nouveau dédale³.
O ciel! qui vit jamais confusion égale?
Si j'écoute Daphnis, j'apprends qu'un feu puissant
La brûle pour Florame, et qu'un père y consent.
Si j'écoute Géraste, il lui donne Florame,
Et se plaint que Daphnis en rejette la flamme;
Et si Florame est cru, ce vieillard aujourd'hui
Dispose de Daphnis pour un autre que lui.
Sous un tel embarras je me trouve accablée,

---

¹ Var. Tu redoubles ton crime, à le désavouer;
   Et sache qu'aujourd'hui, si tu ne fais en sorte. (1637-54.)

² Cet *imbroglio*, qu'Amarante ne peut pénétrer, quelque ruse qu'elle ait employée dans le cours de la pièce, et qui ne s'éclaircit qu'au dénouement, est ménagé avec beaucoup d'art. Ce n'est point l'intrigue trop chargée des comédies espagnoles; c'est celle qui a fourni à notre théâtre tant de pièces amusantes que l'on voit encore représenter avec plaisir, quoiqu'elles soient très inférieures à la comédie de caractère. (V.)

³ Var. Voilà de quoi tomber en un nouveau dédale. (1637-54.)

Eux ou moi nous avons la cervelle troublée,
Si ce n'est qu'à dessein ils se soient concertés [1]
Pour me faire enrager par ces diversités.
Mon foible esprit s'y perd, et n'y peut rien comprendre;
Pour en venir à bout il me les faut surprendre,
Et, quand ils se verront, écouter leurs discours,
Pour apprendre par là le fond de ces détours.
Voici mon vieux rêveur; fuyons de sa présence,
Qu'il ne m'embrouille encor de quelque confidence [2] :
De crainte que j'en ai, d'ici je me bannis,
Tant qu'avec lui je voie ou Florame, ou Daphnis.

SCÈNE V.

GÉRASTE, POLÉMON.

POLÉMON.

J'ai grand regret, monsieur, que la foi qui vous lie
Empêche que chez vous mon neveu ne s'allie,
Et que son feu m'emploie aux offres qu'il vous fait,
Lorsqu'il n'est plus en vous d'en accepter l'effet.

GÉRASTE.

C'est un rare trésor que mon malheur me vole [3];
Et, si l'honneur souffroit un manque de parole,
L'avantageux parti que vous me présentez
Me verroit aussitôt prêt à ses volontés [4].

---

[1] VAR. Si ce n'est qu'à dessein ils veulent tout mêler,
Et soient d'intelligence à me faire affoler. (1637-48.)

[2] VAR. Qu'il ne nous brouille encor de quelque confidence. (1637-54.)

[3] VAR. C'est moi qui suis marri que pour cet hyménée
Je ne puis révoquer la parole donnée. (1637-54.)

[4] VAR. Me verroit, sans cela, prêt à ses volontés.

POLÉMON.
Mais si quelque hasard rompoit cette alliance?
GÉRASTE.
N'ayez lors, je vous prie, aucune défiance;
Je m'en tiendrois heureux, et ma foi vous répond
Que Daphnis, sans tarder, épouse Clarimond.
POLÉMON.
Adieu. Faites état de mon humble service.
GÉRASTE.
Et vous pareillement, d'un cœur sans artifice.

SCÈNE VI.
CÉLIE, GÉRASTE.

CÉLIE.
De sorte qu'à mes yeux votre foi lui répond
Que Daphnis, sans tarder, épouse Clarimond!
GÉRASTE.
Cette vaine promesse en un cas impossible
Adoucit un refus, et le rend moins sensible;
C'est ainsi qu'on oblige un homme à peu de frais.
CÉLIE.
Ajouter l'impudence à vos perfides traits!
Il vous faudroit du charme au lieu de cette ruse,
Pour me persuader que qui promet refuse.
GÉRASTE.
J'ai promis, et tiendrois ce que j'ai protesté[1],

POLÉMON.
Mais si quelque malheur rompoit cette alliance?
GÉRASTE.
Qu'il n'ait lors, de ma part, aucune défiance. (1637-54.)

[1] VAR. J'ai promis, il est vrai, mais au cas seulement

Si Florame rompoit le concert arrêté.
Pour Daphnis, c'est en vain qu'elle fait la rebelle ;
J'en viendrai trop à bout.

CÉLIE.

Impudence nouvelle !
Florame, que Daphnis fait maître de son cœur,
De votre seul caprice accuse la rigueur [1] ;
Et je sais que sans vous leur mutuelle flamme
Uniroit deux amants qui n'ont déja qu'une ame.
Vous m'osez cependant effrontément conter
Que Daphnis sur ce point aime à vous résister !
Vous m'en aviez promis une toute autre issue :
J'en ai porté parole après l'avoir reçue :
Qu'avois-je, contre vous, ou fait, ou projeté,
Pour me faire tremper en votre lâcheté ?
Ne pouviez-vous trahir que par mon entremise ?
Avisez : il y va de plus que de Florise.
Ne vous estimez pas quitte pour la quitter,
Ni que de cette sorte on se laisse affronter [2].

GÉRASTE.

Me prends-tu donc pour homme à manquer de parole
En faveur d'un caprice où s'obstine une folle ?
Va, fais venir Florame ; à ses yeux, tu verras

    Que Florame ou sa sœur courût au changement. (1637-54.)

[1] VAR. Ne se plaint que de vous et de votre rigueur ;
    Et sans vous on verroit leur mutuelle flamme
    Unir bientôt deux corps qui n'ont déja qu'une ame.
    Vous m'allez cependant effrontément conter
    Que Daphnis sur ce point ose vous résister. (1637-54.)

[2] VAR. Florame a trop de cœur.
GÉRASTE.
    Et moi trop de courage
Pour manquer où l'amour, l'honneur, la foi m'engage.
    Va donc, va le chercher ; à ses yeux, tu verras. (1637-54.)

Que pour lui mon pouvoir ne s'épargnera pas,
Que je maltraiterai Daphnis en sa présence
D'avoir pour son amour si peu de complaisance.
Qu'il vienne seulement voir un père irrité,
Et joindre sa prière à mon autorité;
Et lors, soit que Daphnis y résiste ou consente,
Crois que ma volonté sera la plus puissante[1].

CÉLIE.

Croyez que nous tromper ce n'est pas votre mieux.

GÉRASTE.

Me foudroie en ce cas la colère des cieux!

(seul.)

Géraste, sur-le-champ il te falloit contraindre
Celle que ta pitié ne pouvoit ouïr plaindre.
Tu n'as pu refuser du temps à ses douleurs;
Ton cœur s'attendrissoit de voir couler ses pleurs;
Et, pour avoir usé trop peu de ta puissance,
On t'impute à forfait sa désobéissance.
Un traitement trop doux te fait croire sans foi.

SCÈNE VII.

GÉRASTE, DAPHNIS.

GÉRASTE.

Faudra-t-il que de vous je reçoive la loi,
Et que l'aveuglement d'une amour obstinée
Contre ma volonté règle votre hyménée?
Mon extrême indulgence a donné, par malheur,
A vos rébellions quelque foible couleur;

---

[1] VAR. Enfin ma volonté sera la plus puissante. (1637-54.)

ACTE V, SCÈNE VII.

Et, pour quelque moment que vos feux m'ont su plaire,
Vous pensez avoir droit de braver ma colère¹.
Mais sachez qu'il falloit, ingrate, en vos amours,
Ou ne m'obéir point, ou m'obéir toujours.

DAPHNIS.

Si dans mes premiers feux je vous semble obstinée,
C'est l'effet de ma foi sous votre aveu donnée.
Quoi que mette en avant votre injuste courroux,
Je ne veux opposer à vous-même que vous.
Votre permission doit être irrévocable :
Devenez seulement à vous-même semblable.
Il vous falloit, monsieur, vous-même à mes amours²,
Ou ne consentir point, ou consentir toujours.
Je choisirai la mort plutôt que le parjure ;
M'y voulant obliger, vous vous faites injure.
Ne veuillez point combattre ainsi hors de saison
Votre vouloir, ma foi, mes pleurs, et la raison.
Que vous a fait Daphnis ? que vous a fait Florame,
Que pour lui vous vouliez que j'éteigne ma flamme ?

GÉRASTE.

Mais que vous a-t-il fait, que pour lui seulement
Vous vous rendiez rebelle à mon commandement ?
Ma foi n'est-elle rien au-dessus de la vôtre³ ?
Vous vous donnez à l'un ; ma foi vous donne à l'autre.
Qui le doit emporter ou de vous ou de moi ?
Et qui doit de nous deux plutôt manquer de foi ?
Quand vous en manquerez, mon vouloir vous excuse.
Mais à trop raisonner moi-même je m'abuse :

---

¹ Var. Vous vous autorisez à m'être réfractaire. (1637.)
² Var. Il vous falloit, monsieur, vous-même, en mes amours. (1637.)
³ Var. Ma foi doit-elle pas prévaloir sur la vôtre ? (1637-54.)

14.

Il n'est point de raison valable entre nous deux,
Et pour toute raison il suffit que je veux.
    DAPHNIS.
Un parjure jamais ne devient légitime,
Une excuse ne peut justifier un crime.
Malgré vos changements, mon esprit résolu
Croit suffire à mes feux que vous ayez voulu.

SCÈNE VIII.

GÉRASTE, DAPHNIS, FLORAME, CÉLIE, AMARANTE.

    DAPHNIS.
Voici ce cher amant qui me tient engagée,
A qui sous votre aveu ma foi s'est obligée.
Changez de volonté pour un objet nouveau ;
Daphnis épousera Florame, ou le tombeau.
    GÉRASTE.
Que vois-je ici, bons dieux ?
    DAPHNIS.
            Mon amour, ma constance.
    GÉRASTE.
Et sur quoi donc fonder ta désobéissance ?
Quel envieux démon, et quel charme assez fort,
Faisoit entre-choquer deux volontés d'accord ?
C'est lui que tu chéris, et que je te destine [1] ;
Et ta rébellion dans un refus s'obstine !
    FLORAME.
Appelez-vous refus, de me donner sa foi,

---

[1] VAR. C'est lui que je chéris, et que je te destine. (1637.)

ACTE V, SCÈNE VIII. 213

Quand votre volonté se déclara pour moi?
Et cette volonté, pour un autre tournée,
Vous peut-elle obéir après la foi donnée?
           GÉRASTE.
C'est pour vous que je change, et pour vous seulement
Je veux qu'elle renonce à son premier amant.
Lorsque je consentis à sa secrète flamme,
C'étoit pour Clarimond qui possédoit son ame;
Amarante du moins me l'avoit dit ainsi.
           DAPHNIS.
Amarante, approchez, que tout soit éclairci.
Une telle imposture est-elle pardonnable?
           AMARANTE.
Mon amour pour Florame en est le seul coupable :
Mon esprit l'adoroit; et vous étonnez-vous
S'il devint inventif, puisqu'il étoit jaloux?
           GÉRASTE.
Et par là tu voulois....
           AMARANTE.
              ... Que votre ame déçue
Donnât à Clarimond une si bonne issue,
Que Florame, frustré de l'objet de ses vœux,
Fût réduit désormais à seconder mes feux.
           FLORAME.
Pardonnez-lui, monsieur; et vous, daignez, madame[1],
Justifier son feu par votre propre flamme.
Si vous m'aimez encor, vous devez estimer
Qu'on ne peut faire un crime à force de m'aimer.
           DAPHNIS.
Si je t'aime, Florame? Ah! ce doute m'offense[2].

[1] VAR. Pardonnez-lui, monsieur; et vous, ma chère vie,
        Voyez que votre exemple au pardon vous convie. (1637-54.)
[2] VAR. Si je t'aime, mon heur? Ah! ce doute m'offense. (1637-54.)

D'Amarante avec toi je prendrai la défense.
GÉRASTE.
Et moi dans ce pardon je vous veux prévenir ;
Votre hymen aussi bien saura trop la punir.
DAPHNIS.
Qu'un nom tu par hasard nous a donné de peine !
CÉLIE.
Mais que, su maintenant, il rend sa ruse vaine,
Et donne un prompt succès à vos contentements !
FLORAME, à Géraste.
Vous de qui je les tiens....
GÉRASTE.
Trêve de compliments ;
Ils nous empêcheroient de parler de Florise.
FLORAME.
Il n'en faut point parler ; elle vous est acquise.
GÉRASTE.
Allons donc la trouver ; que cet échange heureux
Comble d'aise à son tour un vieillard amoureux.
DAPHNIS.
Quoi ! je ne savois rien d'une telle partie !
FLORAME.
Je pense toutefois vous avoir avertie [1]
Qu'un grand effet d'amour, avant qu'il fût long-temps,
Vous rendroit étonnée, et nos desirs contents.
Mais différez, monsieur, une telle visite ;
Mon feu ne souffre point que sitôt je la quitte ;
Et d'ailleurs je sais trop que la loi du devoir
Veut que je sois chez nous pour vous y recevoir.

[1] VAR. Mon cœur, s'il t'en souvient, je t'avois avertie
. . . .
Te rendroit étonnée, et nos desirs contents. (1637-54.)

ACTE V, SCÈNE IX.

GÉRASTE, à Célie.
Va donc lui témoigner le desir qui me presse.
FLORAME.
Plutôt fais-la venir saluer ma maîtresse :
Ainsi tout à-la-fois nous verrons satisfaits [1]
Vos feux et mon devoir, ma flamme et vos souhaits.
GÉRASTE.
Je dois être honteux d'attendre qu'elle vienne.
CÉLIE.
Attendez-la, monsieur, et qu'à cela ne tienne;
Je cours exécuter cette commission.
GÉRASTE.
Le temps en sera long à mon affection.
FLORAME.
Toujours l'impatience à l'amour est mêlée.
GÉRASTE.
Allons dans le jardin faire deux tours d'allée,
Afin que cet ennui que j'en pourrai sentir [2]
Parmi votre entretien trouve à se divertir.

SCÈNE IX.

AMARANTE.

Je le perds donc, l'ingrat, sans que mon artifice [3]

---

[1] Var. Par cette invention, vous et moi satisfaits,
Sans faillir au devoir, nous aurons nos souhaits.
GÉRASTE.
Mais le mien toutefois veut que je la prévienne. (1637-54.)

[2] Var. Afin qu'ainsi l'ennui que j'en pourrai sentir,
Dedans votre entretien se puisse divertir. (1637-54.)

[3] Var. Je le perds sans avoir, de tout mon artifice,
Qu'autant de mal que lui, bien que diversement,
Vu que pas un effet n'a suivi ma malice. (1637-54.)

Ait tiré de ses maux aucun soulagement,
Sans que pas un effet ait suivi ma malice,
Où ma confusion n'égalât son tourment.

Pour agréer ailleurs il tâchoit à me plaire ;
Un amour dans la bouche, un autre dans le sein :
J'ai servi de prétexte à son feu téméraire,
Et je n'ai pu servir d'obstacle à son dessein.

Daphnis me le ravit, non par son beau visage,
Non par son bel esprit ou ses doux entretiens,
Non que sur moi sa race ait aucun avantage,
Mais par le seul éclat qui sort d'un peu de biens.

Filles, que la nature a si bien partagées,
Vous devez présumer fort peu de vos attraits ;
Quelque charmants qu'ils soient, vous êtes négligées,
A moins que la fortune en rehausse les traits [1].

Mais encor que Daphnis eût captivé Florame,
Le moyen qu'inégal il en fût possesseur?
Destin, pour rendre aisé le succès de sa flamme [2],
Falloit-il qu'un vieux fou fût épris de sa sœur?

Pour tromper mon attente, et me faire un supplice,
Deux fois l'ordre commun se renverse en un jour;

---

[1] Var. Sinon quand la fortune en fait les plus beaux traits. (1637 54.)
[2] Var. Ciel, pour faciliter le succès de sa flamme,
Falloit-il qu'un vieillard fût épris de sa sœur?

Oui, ciel, il le falloit ; ce n'est pas sans justice
Que cet esprit usé se renverse à son tour :
Puisqu'un jeune amant suit les lois de l'avarice,

ACTE V, SCÈNE IX.

Un jeune amant s'attache aux lois de l'avarice,
Et ce vieillard pour lui suit celles de l'amour.

Un discours amoureux n'est qu'une fausse amorce :
Et Théante et Florame ont feint pour moi des feux ;
L'un m'échappe de gré, comme l'autre de force ;
J'ai quitté l'un pour l'autre, et je les perds tous deux.

Mon cœur n'a point d'espoir dont je ne sois séduite[1].
Si je prends quelque peine, une autre en a les fruits ;
Et, dans le triste état où le ciel m'a réduite,
Je ne sens que douleurs, et ne prévois qu'ennuis.

Vieillard, qui de ta fille achètes une femme
Dont peut-être aussitôt tu seras mécontent,
Puisse le ciel aux soins qui te vont ronger l'ame
Dénier le repos du tombeau qui t'attend !

Puisse le noir chagrin de ton humeur jalouse [2]
Me contraindre moi-même à déplorer ton sort ;
Te faire un long trépas, et cette jeune épouse
User toute sa vie à souhaiter ta mort !

    Il faut bien qu'un vieillard suive celles d'amour. (1637-54.)

[1] Var. Mon cœur n'a point d'espoir d'où je ne sois séduite.
. . . .
    Qu'au misérable état où je me vois réduite,
    J'aurai bien à passer encor de tristes nuits. (1637-54.)

[2] Var. Puisse enfin ta foiblesse et ton humeur jalouse
    Te frustrer désormais de tout contentement,
    Te remplir de soupçons, et cette jeune épouse
    Joindre à mille mépris le secours d'un amant ! (1637-54.)

FIN.

EXAMEN
DE LA SUIVANTE.

Je ne dirai pas grand mal de celle-ci, que je tiens assez régulière, bien qu'elle ne soit pas sans taches. Le style en est plus foible que celui des autres. L'amour de Géraste pour Florise n'est point marqué dans le premier acte; ainsi la protase comprend la première scène du second, où il se présente avec sa confidente Célie, sans qu'on les connoisse ni l'un ni l'autre. Cela ne seroit pas vicieux s'il ne s'y présentoit que comme père de Daphnis, et qu'il ne s'expliquât que sur les intérêts de sa fille; mais il en a de si notables pour lui, qu'ils font le nœud et le dénouement. Ainsi, c'est un défaut, selon moi, qu'on ne le connoisse pas dès ce premier acte. Il pourroit être encore souffert, comme Célidan dans *la Veuve*, si Florame l'alloit voir pour le faire consentir à son mariage avec sa fille, et que, par cette occasion, il lui proposât celui de sa sœur pour lui-même; car alors ce seroit Florame qui l'introduiroit dans la pièce, et il y seroit appelé par un acteur agissant dès le commencement. Clarimond, qui ne paroît qu'au troisième, est insinué dès le premier, où Daphnis parle de l'amour qu'il a pour elle, et avoue qu'elle ne le dédaigneroit pas, s'il ressembloit à Florame. Ce même Clarimond fait venir son oncle Polémon au cinquième; et ces deux acteurs sont ainsi exempts du défaut que je remarque en Géraste. L'entretien de Daphnis, au troisième, avec cet amant dédaigné, a une affectation assez dangereuse, de ne dire que chacun un vers à-la-fois; cela sort tout-à-fait du vraisemblable, puisque naturellement on ne peut être si mesuré en ce qu'on s'entredit. Les exemples d'Euripide et de Sénèque pourroient autoriser cette affectation, qu'ils pratiquent si souvent, et même par discours généraux, qu'il semble que leurs auteurs ne viennent quelquefois sur la scène que pour s'y battre à coup de sentences : mais c'est une beauté qu'il ne leur faut pas envier; elle est trop fardée pour donner un amour raisonnable à ceux qui ont de bons yeux, et ne prend pas assez de soin de cacher l'artifice de ses parures, comme l'ordonne Aristote.

Géraste n'agit pas mal en vieillard amoureux, puisqu'il ne traite l'amour que par tierce personne, qu'il ne prétend être considérable que par son bien, et qu'il ne se produit point aux yeux de sa maîtresse, de peur de lui donner du dégoût par sa présence. On peut douter s'il ne sort point du caractère des vieillards, en ce qu'étant naturellement avares, ils considèrent le bien plus que toute autre chose dans les mariages de leurs enfants, et que celui-ci donne assez libéralement sa fille à Florame, malgré son peu de fortune, pourvu qu'il en obtienne sa sœur. En cela, j'ai suivi la peinture que fait Quintilian d'un vieux mari qui a épousé une jeune femme, et n'ai point fait de scrupule de l'appliquer à un vieillard qui se veut marier. Les termes en sont si beaux, que je n'ose les gâter par ma traduction : *Genus infirmissimæ servitutis est senex maritus, et flagrantius uxoriæ charitatis ardorem frigidis concipimus affectibus.* C'est sur ces deux lignes que je me suis cru bien fondé à faire dire de ce bon-homme :

> Que s'il pouvoit donner trois Daphnis pour Florise,
> Il la tiendroit encore heureusement acquise.

Il peut naître encore une autre difficulté sur ce que Théante et Amarante forment chacun un dessein pour traverser les amours de Florame et Daphnis, et qu'ainsi ce sont deux *intriques* [1] qui rompent l'unité d'action. A quoi je

---

[1] *Intrique* vient du latin *intricare*, embrouiller. Du temps de Corneille, on n'étoit d'accord ni sur le genre ni sur l'orthographe de ce mot. (Par.)

réponds, premièrement, que ces deux desseins formés en même temps, et continués tous deux jusqu'au bout, font une concurrence qui n'empêche pas cette unité; ce qui ne seroit pas, si, après celui de Théante avorté, Amarante en formoit un nouveau de sa part; en second lieu, que ces deux desseins ont une espèce d'unité entre eux, en ce que tous deux sont fondés sur l'amour que Clarimond a pour Daphnis, qui sert de prétexte à l'un et à l'autre; et enfin, que de ces deux desseins il n'y en a qu'un qui fasse effet, l'autre se détruisant de soi-même; et qu'ainsi la fourbe d'Amarante est le seul véritable nœud de cette comédie, où le dessein de Théante ne sert qu'à un agréable épisode de deux honnêtes gens qui jouent tour-à-tour un poltron, et le tournent en ridicule.

Il y avoit ici un aussi beau jeu pour les *a parte* qu'en *la Veuve*; mais j'y en fais voir la même aversion, avec cet avantage, qu'une seule scène qui ouvre le théâtre donne ici l'intelligence du sens caché de ce que disent mes acteurs, et qu'en l'autre j'en emploie quatre ou cinq pour l'éclaircir.

L'unité de lieu est assez exactement gardée en cette comédie, avec ce passe-droit toutefois dont j'ai déja parlé, que tout ce que dit Daphnis à sa porte ou en la rue seroit mieux dit dans sa chambre, où les scènes qui se font sans elle et sans Amarante ne peuvent se placer. C'est ce qui m'oblige à la faire sortir au dehors, afin qu'il puisse y avoir et unité de lieu entière, et liaison de scène perpétuelle dans la pièce; ce qui ne pourroit être, si elle parloit dans sa chambre, et les autres dans la rue.

J'ai déja dit que je tiens impossible de choisir une place publique pour le lieu de la scène que cet inconvénient n'arrive; j'en parlerai encore plus au long, quand je m'expliquerai sur l'unité de lieu. J'ai dit que la liaison de scène est ici perpétuelle, et j'y en ai mis de deux sortes, de présence et de vue. Quelques uns ne veulent pas que quand un acteur sort du théâtre pour n'être point vu de celui qui y vient, cela fasse une liaison; mais je ne puis être de leur avis sur ce point, et tiens que c'en est une suffisante quand l'acteur qui entre sur le théâtre voit celui qui en sort, ou que celui qui sort voit celui qui entre : soit qu'il le cherche, soit qu'il le fuie, soit qu'il le voie simplement, sans avoir intérêt à le chercher ni à le fuir. Aussi j'appelle en général une liaison de vue ce qu'ils nomment une liaison de recherche. J'avoue que cette liaison est beaucoup plus imparfaite que celle de présence et de discours, qui se fait lorsqu'un acteur ne sort point du théâtre sans y laisser un autre à qui il ait parlé; et, dans mes derniers ouvrages, je me suis arrêté à celle-ci sans me servir de l'autre; mais enfin je crois qu'on s'en peut contenter, et je la préférerois de beaucoup à celle qu'on appelle liaison de bruit, qui ne me semble pas supportable, s'il n'y a de très justes et de très importantes occasions qui obligent un acteur à sortir du théâtre quand il en entend : car d'y venir simplement par curiosité pour savoir ce que veut dire ce bruit, c'est une si foible liaison, que je ne conseillerois jamais personne de s'en servir.

La durée de l'action ne passeroit point en cette comédie celle de la représentation, si l'heure du dîner n'y séparoit point les deux premiers actes. Le reste n'emporte que ce temps-là; et je n'aurois pu lui en donner davantage que mes acteurs n'eussent le loisir de s'éclaircir; ce qui les brouille n'étant qu'un malentendu qui ne peut subsister qu'autant que Géraste, Florame, et Daphnis, ne se trouvent point tous trois ensemble. Je n'ose dire que je m'y suis asservi à faire les actes si égaux, qu'aucun n'a pas un vers plus que l'autre; c'est une affectation qui ne fait aucune beauté. Il faut, à la vérité, les rendre les plus égaux qu'il se peut; mais il n'est pas besoin de cette exactitude; il suffit qu'il n'y ait point d'inégalité notable qui fatigue l'attention de l'auditeur en quelques uns, et ne la remplisse pas dans les autres.

LA
PLACE ROYALE,
COMÉDIE.
1635.

A MONSIEUR ***.

Monsieur,

J'observe religieusement la loi que vous m'avez prescrite, et vous rends mes devoirs avec le même secret que je traiterois un amour, si j'étois homme à bonne fortune. Il me suffit que vous sachiez que je m'acquitte, sans le faire connoître à tout le monde, et sans que, par cette publication, je vous mette en mauvaise odeur auprès d'un sexe dont vous conservez les bonnes graces avec tant de soin. Le héros de cette pièce ne traite pas bien les dames, et tâche d'établir des maximes qui leur sont trop désavantageuses pour nommer son protecteur : elles s'imagineroient que vous ne pourriez l'approuver sans avoir grande part à ses sentiments, et que toute sa morale seroit plutôt un portrait de votre conduite qu'un effort de mon imagination ; et véritablement, monsieur, cette possession de vous-même, que vous conservez si parfaite parmi tant d'intrigues où vous semblez embarrassé, en approche beaucoup. C'est de vous que j'ai appris que l'amour d'un honnête homme doit être toujours volontaire ; qu'on ne doit jamais aimer en un point qu'on ne puisse n'aimer pas ;

que, si on en vient jusque-là, c'est une tyrannie dont il faut secouer le joug; et qu'enfin la personne aimée nous a beaucoup plus d'obligation de notre amour, alors qu'elle est toujours l'effet de notre choix et de son mérite, que quand elle vient d'une inclination aveugle, et forcée par quelque ascendant de naissance à qui nous ne pouvons résister. Nous ne sommes point redevables à celui de qui nous recevons un bienfait par contrainte, et on ne nous donne point ce qu'on ne sauroit nous refuser. Mais je vais trop avant pour une épître : il sembleroit que j'entreprendrois la justification de mon *Alidor;* et ce n'est pas mon dessein de mériter, par cette défense, la haine de la plus belle moitié du monde, et qui domine si puissamment sur les volontés de l'autre. Un poëte n'est jamais garant des fantaisies qu'il donne à ses acteurs; et si les dames trouvent ici quelques discours qui les blessent, je les supplie de se souvenir que j'appelle extravagant celui dont ils partent, et que, par d'autres poëmes, j'ai assez relevé leur gloire, et soutenu leur pouvoir, pour effacer les mauvaises idées que celui-ci leur pourra faire concevoir de mon esprit. Trouvez bon que j'achève par-là, et que je n'ajoute à cette prière que je leur fais, que la protestation d'être éternellement,

Monsieur,

Votre très humble et très
obéissant serviteur,
CORNEILLE.

15.

ACTEURS.

ALIDOR, amant d'Angélique.
CLÉANDRE, ami d'Alidor.
DORASTE, amoureux d'Angélique.
LYSIS, amoureux de Phylis.
ANGÉLIQUE, maîtresse d'Alidor et de Doraste.
PHYLIS, sœur de Doraste.
POLYMAS, domestique d'Alidor.
LYCANTE, domestique de Doraste.

La scène est à Paris, dans la place Royale.

LA PLACE ROYALE[1].

ACTE PREMIER.

SCÈNE I.

ANGÉLIQUE, PHYLIS.

ANGÉLIQUE.
Ton frère, je l'avoue, a beaucoup de mérite[2] ;
Mais souffre qu'envers lui cet éloge m'acquitte,

---

[1] Cette pièce, qui fut imprimée en même temps que *la Galerie du Palais*, parut d'abord sous le double titre de *la Place Royale, ou l'Amoureux extravagant*. La place dont elle porte le nom était alors la promenade à la mode, et l'un des endroits de la capitale les plus fréquentés. Les promeneurs y trouvaient, en cas de pluie, un abri commode sous les arcades qui l'environnent : Henri IV aurait voulu que tout Paris fût construit sur le même plan. (PAR.)

[2] VAR. Ton frère eût-il encor cent fois plus de mérite,
Tu reçois aujourd'hui ma dernière visite,
Si tu m'entretiens plus des feux qu'il a pour moi.
PHYLIS.
Vraiment, tu me prescris une fâcheuse loi.
Je ne puis, sans forcer celles de la nature,
. . . .
Tu m'aimes, il se meurt, et tu le peux guérir.

Et ne m'entretiens plus des feux qu'il a pour moi.
PHYLIS.
C'est me vouloir prescrire une trop dure loi.
Puis-je, sans étouffer la voix de la nature,
Dénier mon secours aux tourments qu'il endure?
Quoi! tu m'aimes, il meurt, et tu peux le guérir!
Et, sans t'importuner, je le verrois périr!
Ne me diras-tu point que j'ai tort de le plaindre?
ANGÉLIQUE.
C'est un mal bien léger qu'un feu qu'on peut éteindre.
PHYLIS.
Je sais qu'il le devroit; mais, avec tant d'appas,
Le moyen qu'il te voie, et ne t'adore pas?
Ses yeux ne souffrent point que son cœur soit de glace;
On ne pourroit aussi m'y résoudre, en sa place[1];
Et tes regards, sur moi plus forts que tes mépris,
Te sauroient conserver ce que tu m'aurois pris.
ANGÉLIQUE.
S'il veut garder encor cette humeur obstinée[2],
Je puis bien m'empêcher d'en être importunée,
Feindre un peu de migraine, ou me faire celer;
C'est un moyen bien court de ne lui plus parler :
Mais ce qui m'en déplaît, et qui me désespère[3],

> Et sans t'importuner, je le lairrois périr?
> Me défendras-tu point, à la fin, de le plaindre?
> ### ANGÉLIQUE.
> Le mal est bien léger d'un feu qu'on peut éteindre[v].
> ### PHYLIS.
> Il le devroit, du moins; mais, avec tant d'appas.... (1637-54.)

[1] Var. Aussi ne pourroit-on m'y résoudre, en sa place. (1637-54.)
[2] Var. S'il vit dans une humeur tellement obstinée. (1637-54.)
[3] Var. Mais ce qui me déplaît, et qui me désespère. (1637-54.)

[v] Var. C'est un mal bien léger qu'un feu qu'on peut éteindre. (1848-54.)

ACTE I, SCÈNE I.

C'est de perdre la sœur pour éviter le frère,
Et me violenter à fuir ton entretien [1],
Puisque te voir encor, c'est m'exposer au sien.
Du moins, s'il faut quitter cette douce pratique [2],
Ne mets point en oubli l'amitié d'Angélique,
Et crois que ses effets auront leur premier cours [3]
Aussitôt que ton frère aura d'autres amours.

PHYLIS.

Tu vis d'un air étrange, et presque insupportable.

ANGÉLIQUE.

Que toi-même pourtant dois trouver équitable [4].
Mais la raison sur toi ne sauroit l'emporter;
Dans l'intérêt d'un frère on ne peut l'écouter.

PHYLIS.

Et par quelle raison négliger son martyre?

ANGÉLIQUE.

Vois-tu, j'aime Alidor, et c'est assez te dire [5].
Le reste des mortels pourroit m'offrir des vœux,
Je suis aveugle, sourde, insensible pour eux;
La pitié de leurs maux ne peut toucher mon ame
Que par des sentiments dérobés à ma flamme.
On ne doit point avoir des amants par quartier;
Alidor a mon cœur, et l'aura tout entier;
En aimer deux, c'est être à tous deux infidèle.

PHYLIS.

Qu'Alidor seul te rende à tout autre cruelle!

---

[1] Var. Rompre notre commerce, et fuir ton entretien. (1637-54.)

[2] Var. Que s'il me faut quitter cette douce pratique. (1637-54.)

[3] Var. Sûre que ses effets auront leur premier cours
Aussitôt que ton frère éteindra ses amours. (1637-54.)

[4] Var. Que toi-même pourtant trouverois équitable. (1637-54.)

[5] Var. Vois-tu, j'aime Alidor; et cela, c'est tout dire. (1637-54.)

C'est avoir pour le reste un cœur trop endurci.
ANGÉLIQUE.
Pour aimer comme il faut, il faut aimer ainsi.
PHYLIS.
Dans l'obstination où je te vois réduite,
J'admire ton amour, et ris de ta conduite.
  Fasse état qui voudra de ta fidélité,
Je ne me pique point de cette vanité ;
Et l'exemple d'autrui m'a trop fait reconnoître [1]
Qu'au lieu d'un serviteur c'est accepter un maître.
Quand on n'en souffre qu'un, qu'on ne pense qu'à lui,
Tous autres entretiens nous donnent de l'ennui ;
Il nous faut de tout point vivre à sa fantaisie,
Souffrir de son humeur, craindre sa jalousie,
Et, de peur que le temps n'emporte ses ferveurs [2],
Le combler chaque jour de nouvelles faveurs ;
Notre ame, s'il s'éloigne, est chagrine, abattue [3] ;
Sa mort nous désespère, et son change nous tue.
Et, de quelque douceur que nos feux soient suivis,
On dispose de nous sans prendre notre avis ;
C'est rarement qu'un père à nos goûts s'accommode ;
Et lors, juge quels fruits on a de ta méthode.
  Pour moi, j'aime un chacun, et, sans rien négliger,
Le premier qui m'en conte a de quoi m'engager ;
Ainsi tout contribue à ma bonne fortune ;
Tout le monde me plaît, et rien ne m'importune.

---

[1] Var. On a peu de plaisirs quand un seul les fait naître ;
    Au lieu d'un serviteur, c'est accepter un maître.
    Dans les soins éternels de ne plaire qu'à lui,
    Cent plus honnêtes gens nous donnent de l'ennui. (1637.)

[2] Var. Et, de peur que le temps ne lâche ses ferveurs. (1637.)

[3] Var. Notre ame, s'il s'éloigne, est de deuil abattue. (1637-54.)

ACTE I, SCÈNE I.

De mille que je rends l'un de l'autre jaloux,
Mon cœur n'est à pas un, et se promet à tous[1] ;
Ainsi tous à l'envi s'efforcent à me plaire ;
Tous vivent d'espérance, et briguent leur salaire ;
L'éloignement d'aucun ne sauroit m'affliger,
Mille encore présents m'empêchent d'y songer.
Je n'en crains point la mort, je n'en crains point le change ;
Un monde m'en console aussitôt, ou m'en venge.
Le moyen que de tant et de si différents
Quelqu'un n'ait assez d'heur pour plaire à mes parents ?
Et, si quelque inconnu m'obtient d'eux pour maîtresse[2],
Ne crois pas que j'en tombe en profonde tristesse ;
Il aura quelques traits de tant que je chéris,
Et je puis avec joie accepter tous maris.

ANGÉLIQUE.

Voilà fort plaisamment tailler cette matière,
Et donner à ta langue une libre carrière[3] ;
Ce grand flux de raisons dont tu viens m'attaquer
Est bon à faire rire, et non à pratiquer.
Simple ! tu ne sais pas ce que c'est que tu blâmes,
Et ce qu'a de douceur l'union de deux ames ;
Tu n'éprouvas jamais de quels contentements
Se nourrissent les feux des fidèles amants.
Qui peut en avoir mille en est plus estimée ;

---

[1] VAR. Mon cœur n'est à pas un, en se donnant à tous. (1637-54.)
Corneille a supprimé les vers suivants :
> Pas un d'eux ne me traite avecque tyrannie,
> Et mon humeur égale à mon gré les manie :
> Je ne fais à pas un tenir lieu de mignon,
> Et c'est à qui l'aura dessus son compagnon. (1637-47.)

[2] VAR. Et si leur choix fantasque un inconnu m'allie,
Ne crois pas que pourtant j'entre en mélancolie. (1637.)

[3] VAR. Et donner à ta langue une longue carrière. (1637-54.)

Mais qui les aime tous de pas un n'est aimée;
Elle voit leur amour soudain se dissiper.
Qui veut tout retenir laisse tout échapper.

PHYLIS.

Défais-toi, défais-toi de tes fausses maximes[1];
Ou, si ces vieux abus te semblent légitimes,
Si le seul Alidor te plaît dessous les cieux,
Conserve-lui ton cœur, mais partage tes yeux :
De mon frère par-là soulage un peu les plaies;
Accorde un faux remède à des douleurs si vraies;
Feins, déguise avec lui, trompe-le par pitié[2],
Ou du moins par vengeance et par inimitié.

ANGÉLIQUE.

Le beau prix qu'il auroit de m'avoir tant chérie,
Si je ne le payois que d'une tromperie!
Pour salaire des maux qu'il endure en m'aimant,
Il aura qu'avec lui je vivrai franchement.

PHYLIS.

Franchement, c'est-à-dire avec mille rudesses,
Le mépriser, le fuir, et, par quelques adresses
Qu'il tâche d'adoucir.... Quoi, me quitter ainsi!
Et sans me dire adieu! le sujet?

---

[1] Var. Défais-toi, défais-toi de ces fausses maximes;
Ou, si pour leur défense, aveugle, tu t'animes. (1337-54.)

[2] Var. Trompe-le, je t'en prie, et sinon par pitié,
Pour le moins par vengeance, ou par inimitié. (1637-54.)

SCÈNE II.

DORASTE, PHYLIS.

DORASTE.
               Le voici.
Ma sœur, ne cherche plus une chose trouvée :
Sa fuite n'est l'effet que de mon arrivée ;
Ma présence la chasse ; et son muet départ
A presque devancé son dédaigneux regard.

PHYLIS.
Juge par-là quels fruits produit mon entremise.
Je m'acquitte des mieux de la charge commise;
Je te fais plus parfait mille fois que tu n'es :
Ton feu ne peut aller au point où je le mets ;
J'invente des raisons à combattre sa haine;
Je blâme, flatte, prie, et perds toujours ma peine [1],
En grand péril d'y perdre encor son amitié,
Et d'être en tes malheurs avec toi de moitié.

DORASTE.
Ah ! tu ris de mes maux.

PHYLIS.
               Que veux-tu que je fasse ?
Ris des miens, si jamais tu me vois en ta place.
Que serviroient mes pleurs ? veux-tu qu'à tes tourments
J'ajoute la pitié de mes ressentiments?
Après mille mépris qu'a reçus ta folie [2],
Tu n'es que trop chargé de ta mélancolie;

[1] Var. Je blâme, flatte, prie, et n'y perds que ma peine. (1637.)
[2] Var. Après mille mépris reçus de ta maîtresse,
      Tu n'es que trop chargé de ta seule tristesse. (1637.)

Si j'y joignois la mienne, elle t'accableroit,
Et de mon déplaisir le tien redoubleroit;
Contraindre mon humeur me seroit un supplice
Qui me rendroit moins propre à te faire service.
Vois-tu? par tous moyens je te veux soulager;
Mais j'ai bien plus d'esprit que de m'en affliger.
Il n'est point de douleur si forte en un courage
Qui ne perde sa force auprès de mon visage;
C'est toujours de tes maux autant de rabattu :
Confesse, ont-ils encor le pouvoir qu'ils ont eu?
Ne sens-tu point déja ton ame un peu plus gaie?

DORASTE.

Tu me forces à rire, en dépit que j'en aie [1].
Je souffre tout de toi, mais à condition
D'employer tous tes soins à mon affection [2].
Dis-moi par quelle ruse il faut....

PHYLIS.

Rentrons, mon frère :
Un de mes amants vient, qui pourroit nous distraire.

---

[1] *En dépit que j'en aie.* On diroit aujourd'hui *malgré moi;* et cette locution doit faire regretter l'énergie de celle qu'on a laissée tomber en désuétude. (A.-M.)

[2] Vers supprimés :

PHYLIS.
Non pas tous; j'en retiens pour moi quelque partie.
DORASTE.
Il étoit grand besoin de cette repartie.
Ne ris plus, et regarde, après tant de discours,
Par où tu me pourras donner quelque secours. (1637.)

SCÈNE III.

CLÉANDRE.

Que je dois bien faire pitié
De souffrir les rigueurs d'un sort si tyrannique !
    J'aime Alidor, j'aime Angélique ;
    Mais l'amour cède à l'amitié,
Et jamais on n'a vu sous les lois d'une belle [1]
D'amant si malheureux, ni d'ami si fidèle.

    Ma bouche ignore mes desirs ;
Et, de peur de se voir trahi par imprudence,
    Mon cœur n'a point de confidence
    Avec mes yeux ni mes soupirs :
Tous mes vœux sont muets, et l'ardeur de ma flamme [2]
S'enferme tout entière au-dedans de mon ame.

    Je feins d'aimer en d'autres lieux ;
Et, pour en quelque sorte alléger mon supplice,
    Je porte du moins mon service
    A celle qu'elle aime le mieux.
Phylis, à qui j'en conte, a beau faire la fine ;
Son plus charmant appât, c'est d'être sa voisine.

    Esclave d'un œil si puissant,
Jusque-là seulement me laisse aller ma chaîne,
    Trop récompensé, dans ma peine,

---

[1] Var. Et l'on n'a jamais vu sous les lois d'une belle. (1637-54.)

[2] Var. Mes vœux pour sa beauté sont muets ; et ma flamme,
Non plus que son objet, ne sort point de mon ame. (1637-54.)

D'un de ses regards en passant.
Je n'en veux à Phylis que pour voir Angélique;
Et mon feu, qui vient d'elle, auprès d'elle s'explique.

Ami, mieux aimé mille fois,
Faut-il, pour m'accabler de douleurs infinies,
Que nos volontés soient unies
Jusqu'à faire le même choix [1] ?
Viens quereller mon cœur d'avoir tant de foiblesse
Que de se laisser prendre au même œil qui te blesse.

Mais plutôt vois te préférer
A celle que le tien préfère à tout le monde,
Et ton amitié sans seconde
N'aura plus de quoi murmurer.
Ainsi je veux punir ma flamme déloyale;
Ainsi....

SCÈNE IV.

ALIDOR, CLÉANDRE.

ALIDOR.
Te rencontrer dans la place Royale,
Solitaire, et si près de ta douce prison,
Montre bien que Phylis n'est pas à la maison.

CLÉANDRE.
Mais voir de ce côté ta démarche avancée
Montre bien qu'Angélique est fort dans ta pensée.

[1] VAR. Jusques à faire un même choix ?
Viens quereller mon cœur, puisque en son peu d'espace,
Ta maîtresse, après toi, peut trouver quelque place. (1637-54.)

ALIDOR.

Hélas! c'est mon malheur! son objet trop charmant,
Quoi que je puisse faire, y règne absolument.

CLÉANDRE.

De ce pouvoir peut-être elle use en inhumaine?

ALIDOR.

Rien moins, et c'est par-là que redouble ma peine :
Ce n'est qu'en m'aimant trop qu'elle me fait mourir ;
Un moment de froideur, et je pourrois guérir ;
Une mauvaise œillade, un peu de jalousie,
Et j'en aurois soudain passé ma fantaisie :
Mais las! elle est parfaite, et sa perfection
N'approche point encor de son affection[1] ;
Point de refus pour moi, point d'heures inégales ;
Accablé de faveurs à mon repos fatales[2],
Sitôt qu'elle voit jour à d'innocents plaisirs,
Je vois qu'elle devine et prévient mes desirs ;
Et, si j'ai des rivaux, sa dédaigneuse vue
Les désespère autant que son ardeur me tue.

CLÉANDRE.

Vit-on jamais amant de la sorte enflammé,
Qui se tînt malheureux pour être trop aimé?

ALIDOR.

Comptes-tu mon esprit entre les ordinaires?
Penses-tu qu'il s'arrête aux sentiments vulgaires?
Les règles que je suis ont un air tout divers ;
Je veux la liberté dans le milieu des fers[3].
Il ne faut point servir d'objet qui nous possède ;

---

[1] Var. N'est pourtant rien auprès de son affection. (1637-54.)

[2] Var. Accablé de faveurs à mon aise fatales,
Par-tout où son honneur peut souffrir mes plaisirs. (1637-54.)

[3] Var. Je veux que l'on soit libre au milieu de ses fers. (1637-54.)

Il ne faut point nourrir d'amour qui ne nous cède :
Je le hais, s'il me force : et, quand j'aime, je veux
Que de ma volonté dépendent tous mes vœux ;
Que mon feu m'obéisse, au lieu de me contraindre ;
Que je puisse à mon gré l'enflammer et l'éteindre¹,
Et, toujours en état de disposer de moi,
Donner, quand il me plaît, et retirer ma foi.
Pour vivre de la sorte Angélique est trop belle :
Mes pensers ne sauroient m'entretenir que d'elle² ;
Je sens de ses regards mes plaisirs se borner ;
Mes pas d'autre côté n'oseroient se tourner³ ;
Et de tous mes soucis la liberté bannie
Me soumet en esclave à trop de tyrannie⁴.
J'ai honte de souffrir les maux dont je me plains,
Et d'éprouver ses yeux plus forts que mes desseins.
Je n'ai que trop langui sous de si rudes gênes⁵ ;
A tel prix que ce soit, il faut rompre mes chaînes,
De crainte qu'un hymen, m'en ôtant le pouvoir,
Fît d'un amour par force un amour par devoir.

CLÉANDRE.
Crains-tu de posséder un objet qui te charme⁶ ?

ALIDOR.
Ne parle point d'un nœud dont le seul nom m'alarme.
J'idolâtre Angélique : elle est belle aujourd'hui ;

¹ Var. Que je puisse à mon gré l'augmenter et l'éteindre. (1637-54.)
² Var. Mes pensers n'oseroient m'entretenir que d'elle. (1637-54.)
³ Var. Mes pas d'autre côté ne s'oseroient tourner. (1637-54.)
⁴ Var. Fait trop voir ma foiblesse avec sa tyrannie. (1637-54.)
⁵ Var. Mais sans plus consentir à de si rudes gênes. (1637-54.)
⁶ Var. Crains-tu de posséder ce que ton cœur adore ?
ALIDOR.
Ah ! ne me parle point d'un lien que j'abhorre.
Angélique me charme ; elle est belle aujourd'hui. (1637-54.)

ACTE 1, SCÈNE IV.

Mais sa beauté peut-elle autant durer que lui?
Et, pour peu qu'elle dure, aucun me peut-il dire
Si je pourrai l'aimer jusqu'à ce qu'elle expire?
Du temps, qui change tout, les révolutions
Ne changent-elles pas nos résolutions?
Est-ce une humeur égale et ferme que la nôtre?
N'a-t-on point d'autre goût en un âge qu'en l'autre [1]?
Juge alors le tourment que c'est d'être attaché,
Et de ne pouvoir rompre un si fâcheux marché.
Cependant Angélique, à force de me plaire,
Me flatte doucement de l'espoir du contraire;
Et, si d'autre façon je ne me sais garder,
Je sens que ses attraits m'en vont persuader [2].
Mais, puisque son amour me donne tant de peine,
Je la veux offenser pour acquérir sa haine,
Et mériter enfin un doux commandement [3]
Qui prononce l'arrêt de mon bannissement.
Ce remède est cruel, mais pourtant nécessaire :
Puisqu'elle me plaît trop, il me faut lui déplaire [4].
Tant que j'aurai chez elle encor le moindre accès,
Mes desseins de guérir n'auront point de succès.

CLÉANDRE.

Étrange humeur d'amant!

ALIDOR.

Étrange, mais utile.
Je me procure un mal pour en éviter mille.

---

[1] Var. Un âge hait-il pas souvent ce qu'aimoit l'autre? (1637-54.)

[2] Var. Ses appas sont bientôt pour me persuader. (1637-54.)

[3] Var. Et pratiquer enfin* un doux commandement. (1637.)

[4] Var. Puisqu'elle me plaît trop, il me lui faut déplaire,
Tant que j'aurai chez elle encore quelque accès. (1637-54.)

* Var. Pour en tirer par force. (1647-54.)

CLÉANDRE.

Tu ne prévois donc pas ce qui t'attend de maux,
Quand un rival aura le fruit de tes travaux?
Pour se venger de toi, cette belle offensée
Sous les lois d'un mari sera bientôt passée¹;
Et lors, que de soupirs et de pleurs répandus
Ne te rendront aucun de tant de biens perdus!

ALIDOR.

Dis mieux, que, pour rentrer dans mon indifférence²,
Je perdrai mon amour avec mon espérance,
Et qu'y trouvant alors sujet d'aversion,
Ma liberté naîtra de ma punition.

CLÉANDRE.

Après cette assurance, ami, je me déclare.
Amoureux dès long-temps d'une beauté si rare,
Toi seul de la servir me pouvois empêcher;
Et je n'aimois Phylis que pour m'en approcher.
Souffre donc maintenant que, pour mon allégeance,
Je prenne, si je puis, le temps de sa vengeance;
Que des ressentiments qu'elle aura contre toi
Je tire un avantage en lui portant ma foi;
Et que cette colère, en son ame conçue³,
Puisse de mes desirs faciliter l'issue.

ALIDOR.

Si ce joug inhumain, ce passage trompeur,
Ce supplice éternel, ne te fait point de peur,
A moi ne tiendra pas que la beauté que j'aime

---

¹ Var. Sous le joug d'un mari sera bientôt passée;
   Et lors, que de soupirs et de pleurs épandus! (1637-54.)

² Var. Mais dis que, pour rentrer dans mon indifférence. (1637-54.)

³ Var. Et que dans la colère en son ame conçue
   Je puisse à ses amours faciliter l'issue. (1637-54.)

ACTE 1, SCÈNE IV.   243
Ne me quitte bientôt pour un autre moi-même.
Tu portes en bon lieu tes desirs amoureux;
Mais songe que l'hymen fait bien des malheureux.
            CLÉANDRE.
J'en veux bien faire essai; mais d'ailleurs, quand j'y pense[1],
Peut-être seulement le nom d'époux t'offense;
Et tu voudrois qu'un autre....
            ALIDOR.
                    Ami, que me dis-tu?
Connois mieux Angélique et sa haute vertu[2];
Et sache qu'une fille a beau toucher mon ame,
Je ne la connois plus dès l'heure qu'elle est femme.
  De mille qu'autrefois tu m'as vu caresser,
En pas une un mari pouvoit-il s'offenser?
J'évite l'apparence autant comme le crime;
Je fuis un compliment qui semble illégitime;
Et le jeu m'en déplaît, quand on fait à tous coups
Causer un médisant, et rêver un jaloux.
Encor que dans mon feu mon cœur ne s'intéresse,
Je veux pouvoir prétendre où ma bouche l'adresse,
Et garder, si je puis, parmi ces fictions,

[1] Var. Poussons*, à cela près; mais aussi, quand j'y pense,
. . . .
       Et tu voudrois qu'un autre eût cette qualité,
       Pour après....
                ALIDOR.
       Je t'entends; sois sûr de ce côté.
    Les beautés d'une fille ont beau toucher mon ame. (1637-54.)

[2] Vers supprimés:
       Outre que ma maîtresse, aussi chaste que belle,
       De la vertu parfaite est l'unique modèle,
       Et que le plus aimable et le plus effronté
       Entreprendroit en vain sur sa pudicité. (1637-54.)

* Var. Faisons. (1648-54.)

16.

Un renom aussi pur que mes intentions.
Ami, soupçon à part, et sans plus de réplique ¹,
Si tu veux en ma place être aimé d'Angélique,
Allons tout de ce pas ensemble imaginer
Les moyens de la perdre, et de te la donner,
Et quelle invention sera la plus aisée.
CLÉANDRE.
Allons. Ce que j'ai dit n'étoit que par risée.

¹ Var. Ami, soupçon à part, avant que le jour passe,
   D'Angélique pour toi gagnons la bonne grace,
   Et de ce pas allons ensemble consulter
   Des moyens qui pourront t'y mettre et m'en ôter. (1637-54.)

FIN DU PREMIER ACTE.

ACTE SECOND.

SCÈNE I.

ANGÉLIQUE, POLYMAS.

ANGÉLIQUE, tenant une lettre ouverte.
De cette trahison ton maître est donc l'auteur?
POLYMAS.
Assez imprudemment il m'en fait le porteur[1].
Comme il se rend par-là digne qu'on le prévienne,
Je veux bien en faire une en haine de la sienne;
Et mon devoir, mal propre à de si lâches coups,
Manque aussitôt vers lui, que son amour vers vous[2].
ANGÉLIQUE.
Contre ce que je vois le mien encor s'obstine.
Qu'Alidor ait écrit cette lettre à Clarine,
Et qu'ainsi d'Angélique il se voulût jouer!
POLYMAS.
Il n'aura pas le front de le désavouer.
Opposez-lui ses traits, battez-le de ses armes;
Pour s'en pouvoir défendre il lui faudroit des charmes:

---

[1] Var. Son choix, mal à propos, m'en a fait le porteur;
   Mon humeur y répugne, et, quoi qu'il en avienne,
   J'en fais une, de peur de servir à la sienne. (1637-54.)

[2] Var. Manque aussitôt vers lui, comme le sien vers vous.
   ANGÉLIQUE.
   Contre ce que je vois mon fol amour s'obstine. (1637-54.)

246 LA PLACE ROYALE.

Mais sur-tout cachez-lui ce que je fais pour vous [1],
Et ne m'exposez point aux traits de son courroux;
Que je vous puisse encor trahir son artifice,
Et, pour mieux vous servir, rester à son service.

ANGÉLIQUE.

Rien ne m'échappera qui te puisse toucher [2];
Je sais ce qu'il faut dire, et ce qu'il faut cacher.

POLYMAS.

Feignez d'avoir reçu ce billet de Clarine,
Et que....

ANGÉLIQUE.

Ne m'instruis point; et va, qu'il ne devine [3].

POLYMAS.

Mais....

ANGÉLIQUE.

Ne réplique plus, et va-t'en [4].

POLYMAS.

J'obéis.

ANGÉLIQUE, seule.

Mes feux, il est donc vrai que l'on vous a trahis?
Et ceux dont Alidor montroit son ame atteinte [5]

[1] Var. Sur-tout cachez mon nom, et ne m'exposez pas
  Aux infaillibles coups d'un violent trépas. (1637-54.)
[2] Var. Ne crains rien de ma part; je sais l'invention
  De répondre aisément à ton intention. (1637-54.)
[3] Vers supprimés :
  S'il t'avoit ici vu, toute la vérité
  Paroîtroit en dépit de ma dextérité.
    POLYMAS.
  C'est d'elle désormais que je tiendrai la vie.
    ANGÉLIQUE.
  As-tu de la garder encore quelque envie? (1637.)
[4] Var. Ne me réplique plus, et va-t'en. (1637-54.)
[5] Var. Et ceux dont Alidor paroissoit l'ame atteinte. (1637-54.)

Ne sont plus que fumée, ou n'étoient qu'une feinte?
Que la foi des amants est un gage pipeur!
Que leurs serments sont vains, et notre espoir trompeur!
Qu'on est peu dans leur cœur pour être dans leur bouche,
Et que malaisément on sait ce qui les touche!
Mais voici l'infidèle. Ah! qu'il se contraint bien!

SCÈNE II.
ALIDOR, ANGÉLIQUE.

ALIDOR.

Puis-je avoir un moment de ton cher entretien?
Mais j'appelle un moment, de même qu'une année
Passe entre deux amants pour moins qu'une journée.

ANGÉLIQUE.

Avec de tels discours oses-tu m'aborder [1],
Perfide, et sans rougir peux-tu me regarder?
As-tu cru que le ciel consentît à ma perte
Jusqu'à souffrir encor ta lâcheté couverte?
Apprends, perfide, apprends que je suis hors d'erreur;
Tes yeux ne me sont plus que des objets d'horreur.
Je ne suis plus charmée; et mon ame, plus saine,
N'eut jamais tant d'amour qu'elle a pour toi de haine.

ALIDOR.

Voilà me recevoir avec des compliments
Qui seroient pour tout autre un peu moins que charmants [2].

---

[1] Var. Traître, ingrat, est-ce à toi de m'aborder ainsi?
Et peux-tu bien me voir sans me crier merci? (1637.)

[2] Var. ANGÉLIQUE.
Bien au-dessous encor de mes ressentiments.
ALIDOR.
La cause?

Quel en est le sujet?
ANGÉLIQUE.
Le sujet? Lis, parjure;
Et puis accuse-moi de te faire une injure!

ALIDOR lit la lettre entre les mains d'Angélique.

(Lettre supposée d'Alidor à Clarine.)

« Clarine, je suis tout à vous;
« Ma liberté vous rend les armes :
« Angélique n'a point de charmes
« Pour me défendre de vos coups;
« Ce n'est qu'une idole mouvante;
« Ses yeux sont sans vigueur, sa bouche sans appas :
« Alors que je l'aimai, je ne la connus pas [1];
« Et, de quelques attraits que le monde vous vante,
« Vous devez mes affections
« Autant à ses défauts qu'à vos perfections. »

ANGÉLIQUE.
Eh bien, ta perfidie est-elle en évidence [2] ?
ALIDOR.
Est-ce là tant de quoi [3] ?
ANGÉLIQUE.
Tant de quoi! l'impudence!
Après mille serments il me manque de foi,

ANGÉLIQUE.
En demander la cause! Lis, parjure. (1637-54.)

[1] VAR. Quand je la crus d'esprit, je ne la connus pas. (1637-54.)

[2] VAR. Eh bien, ta trahison est-elle en évidence? (1637-54.)

[3] *Est-ce là tant de quoi?* est ici pour *y a-t-il là de quoi se fâcher?* C'est encore là une de ces formes gauloises que notre langue a perdue, et qui ne manquait cependant ni de naïveté, ni de concision. (A.-M.)

Et me demande encor si c'est là tant de quoi?
Change, si tu le veux; je n'y perds qu'un volage :
Mais, en m'abandonnant, laisse en paix mon visage;
Oublie avec ta foi ce que j'ai de défauts;
N'établis point tes feux sur le peu que je vaux;
Fais que, sans m'y mêler, ton compliment s'explique,
Et ne le grossis point du mépris d'Angélique.

ALIDOR.

Deux mots de vérité vous mettent bien aux champs.

ANGÉLIQUE.

Ciel, tu ne punis point des hommes si méchants!
Ce traître vit encore, il me voit, il respire,
Il m'affronte, il l'avoue, il rit quand je soupire.

ALIDOR.

Vraiment le ciel a tort de ne vous pas donner,
Lorsque vous tempêtez, sa foudre à gouverner;
Il devroit avec vous être d'intelligence.

(Angélique déchire la lettre, et en jette les morceaux.)

Le digne et grand objet d'une haute vengeance!
Vous traitez du papier avec trop de rigueur.

ANGÉLIQUE.

Que n'en puis-je autant faire à ton perfide cœur[1]!

ALIDOR.

Qui ne vous flatte point, puissamment vous irrite.
Pour dire franchement votre peu de mérite,
Commet-on des forfaits si grands et si nouveaux[2]
Qu'on doive tout-à-l'heure être mis en morceaux?
Si ce crime autrement ne sauroit se remettre,

(Il lui présente aux yeux un miroir qu'elle porte à sa ceinture.)

[1] VAR. Je voudrois en pouvoir faire autant de ton cœur. (1637-54.)
[2] VAR. Commet-on envers vous des forfaits si nouveaux,
Qu'incontinent on doive être mis en morceaux? (1637-54.)

Cassez ; ceci vous dit encor pis que ma lettre.
ANGÉLIQUE.
S'il me dit mes défauts autant ou plus que toi,
Déloyal, pour le moins il n'en dit rien qu'à moi :
C'est dedans son cristal que je les étudie;
Mais après il s'en tait, et moi j'y remédie ;
Il m'en donne un avis sans me les reprocher,
Et, me les découvrant, il m'aide à les cacher.
ALIDOR.
Vous êtes en colère, et vous dites des pointes !
Ne présumiez-vous point que j'irois, à mains jointes,
Les yeux enflés de pleurs, et le cœur de soupirs,
Vous faire offre à genoux de mille repentirs?
Que vous êtes à plaindre étant si fort déçue !
ANGÉLIQUE.
Insolent ! ôte-toi pour jamais de ma vue.
ALIDOR.
Me défendre vos yeux après mon changement,
Appelez-vous cela du nom de châtiment ?
Ce n'est que me bannir du lieu de mon supplice;
Et ce commandement est si plein de justice,
Que, bien que je renonce à vivre sous vos lois [1],
Je vais vous obéir pour la dernière fois.

SCÈNE III.

ANGÉLIQUE.

Commandement honteux, où ton obéissance
N'est qu'un signe trop clair de mon peu de puissance,

[1] VAR. Qu'encore qu'Alidor ne soit plus sous vos lois,
Il va vous obéir pour la dernière fois. (1637-54.)

ACTE II, SCÈNE III.

Où ton bannissement a pour toi des appas,
Et me devient cruel de ne te l'être pas!
A quoi se résoudra désormais ma colère,
Si ta punition te tient lieu de salaire?
Que mon pouvoir me nuit! et qu'il m'est cher vendu!
Voilà ce que me vaut d'avoir trop attendu [1] :
Je devois prévenir ton outrageux caprice;
Mon bonheur dépendoit de te faire injustice.
Je chasse un fugitif avec trop de raison,
Et lui donne les champs quand il rompt sa prison.
Ah! que n'ai-je eu des bras à suivre mon courage!
Qu'il m'eût bien autrement réparé cet outrage!
Que j'eusse retranché de ses propos railleurs!
Le traître n'eût jamais porté son cœur ailleurs;
Puisqu'il m'étoit donné, je m'en fusse saisie;
Et sans prendre conseil que de ma jalousie,
Puisqu'un autre portrait en efface le mien,
Cent coups auroient chassé ce voleur de mon bien.
Vains projets, vains discours, vaine et fausse allégeance!
Et mes bras et son cœur manquent à ma vengeance!
  Ciel, qui m'en vois donner de si justes sujets,
Donne-m'en des moyens, donne-m'en des objets.
Où me dois-je adresser? Qui doit porter sa peine?
Qui doit à son défaut m'éprouver inhumaine?
De mille désespoirs mon cœur est assailli.
Je suis seule punie, et je n'ai point failli.
Mais j'ose faire au ciel une injuste querelle [2] ;
Je n'ai que trop failli d'aimer un infidèle,

---

[1] VAR. Voilà, voilà que c'est d'avoir trop attendu ;
    Je devois dès long-temps te bannir par caprice :
    Mon bonheur dépendoit d'une telle injustice. (1637-54.)

[2] VAR. Mais, aveugle, je prends une injuste querelle. (1637-54.)

De recevoir un traître, un ingrat, sous ma loi,
Et trouver du mérite en qui manquoit de foi.
Ciel, encore une fois, écoute mon envie;
Ote-m'en la mémoire, ou le prive de vie;
Fais que de mon esprit je puisse le bannir [1],
Ou ne l'avoir que mort dedans mon souvenir.
  Que je m'anime en vain contre un objet aimable!
Tout criminel qu'il est, il me semble adorable;
Et mes souhaits, qu'étouffe un soudain repentir,
En demandant sa mort, n'y sauroient consentir.
  Restes impertinents d'une flamme insensée,
Ennemis de mon heur, sortez de ma pensée;
Ou, si vous m'en peignez encore quelques traits,
Laissez là ses vertus, peignez-moi ses forfaits.

SCÈNE IV.

ANGÉLIQUE, PHYLIS.

ANGÉLIQUE.

Le croirois-tu, Phylis? Alidor m'abandonne.

PHYLIS.

Pourquoi non? je n'y vois rien du tout qui m'étonne,
Rien qui ne soit possible, et, de plus, fort commun.
La constance est un bien qu'on ne voit en pas un.
Tout change sous les cieux, mais par-tout bon remède [2].

ANGÉLIQUE.

Le ciel n'en a point fait au mal qui me possède.

PHYLIS.

Choisis de mes amants, sans t'affliger si fort,

[1] Var. Fais que de mon esprit je le puisse bannir. (1637-54.)

[2] Var. Tout se change ici-bas, mais par-tout bon remède. (1637-54.)

ACTE II, SCÈNE IV.

Et n'appréhende pas de me faire grand tort ;
J'en pourrois, au besoin, fournir toute la ville,
Qu'il m'en demeureroit encor plus de deux mille.
              ANGÉLIQUE.
Tu me ferois mourir avec de tels propos ;
Ah ! laisse-moi plutôt soupirer en repos,
Ma sœur.
              PHYLIS.
        Plût au bon Dieu que tu voulusses l'être !
              ANGÉLIQUE.
Eh quoi ! tu ris encor ? c'est bien faire paroître....
              PHYLIS.
Que je ne saurois voir d'un visage affligé
Ta cruauté punie, et mon frère vengé.
Après tout, je connois quelle est ta maladie ;
Tu vois comme Alidor est plein de perfidie ;
Mais je mets dans deux jours ma tête à l'abandon,
Au cas qu'un repentir n'obtienne son pardon.
              ANGÉLIQUE.
Après que cet ingrat me quitte pour Clarine ?
              PHYLIS.
De le garder long-temps elle n'a pas la mine ;
Et j'estime si peu ces nouvelles amours,
Que je te pleige[1] encor son retour dans deux jours ;
Et lors ne pense pas, quoi que tu te proposes,
Que de tes volontés devant lui tu disposes.
Prépare tes dédains, arme-toi de rigueur,
Une larme, un soupir, te percera le cœur[2] ;
Et je serai ravie alors de voir vos flammes

---

[1] *Pleiger.* Vieux mot qui signifie *cautionner, garantir.* (PAR.)

[2] VAR. Une larme, un soupir, te perceront le cœur. (1637-54.)

Brûler mieux que devant, et rejoindre vos ames :
Mais j'en crains un succès à ta confusion[1] :
Qui change une fois, change à toute occasion ;
Et nous verrons toujours, si Dieu le laisse vivre,
Un change, un repentir, un pardon, s'entre-suivre.
Ce dernier est souvent l'amorce d'un forfait ;
Et l'on cesse de craindre un courroux sans effet.

ANGÉLIQUE.
Sa faute a trop d'excès pour être rémissible,
Ma sœur ; je ne suis pas de la sorte insensible ;
Et si je présumois que mon trop de bonté
Pût jamais se résoudre à cette lâcheté,
Qu'un si honteux pardon pût suivre cette offense,
J'en préviendrois le coup, m'en ôtant la puissance.
Adieu : dans la colère où je suis aujourd'hui,
J'accepterois plutôt un barbare que lui.

SCÈNE V.
PHYLIS, DORASTE.

PHYLIS.
Il faut donc se hâter qu'elle ne refroidisse.
(Elle frappe du pied à la porte de son logis, et fait sortir son frère.)
Frère, quelque inconnu t'a fait un bon office :
Il ne tiendra qu'à toi d'être un second Médor ;
On a fait qu'Angélique....

DORASTE.
Eh bien ?

PHYLIS.
Hait Alidor.

---

[1] Var. Mais j'en crains un progrès à ta confusion. (1637-54.)

DORASTE.
Elle hait Alidor! Angélique!
PHYLIS.
Angélique.
DORASTE.
D'où lui vient cette humeur? qui les a mis en pique?
PHYLIS.
Si tu prends bien ton temps, il y fait bon pour toi.
Va, ne t'amuse point à savoir le pourquoi;
Parle au père d'abord : tu sais qu'il te souhaite;
Et s'il ne s'en dédit, tiens l'affaire pour faite.
DORASTE.
Bien qu'un si bon avis ne soit à mépriser,
Je crains....
PHYLIS.
Lysis m'aborde, et tu me veux causer!
Entre chez Angélique, et pousse ta fortune :
Quand je vois un amant, un frère m'importune.

SCÈNE VI.

LYSIS, PHYLIS.

LYSIS.
Comme vous le chassez!
PHYLIS.
Qu'eût-il fait avec nous?
Mon entretien sans lui te semblera plus doux;
Tu pourras l'expliquer avec moins de contrainte,
Me conter de quels feux tu te sens l'ame atteinte,
Et ce que tu croiras propre à te soulager.
Regarde maintenant si je sais t'obliger.

LYSIS.
Cette obligation seroit bien plus extrême,
Si vous vouliez traiter tous mes rivaux de même;
Et vous feriez bien plus pour mon contentement,
De souffrir avec vous vingt frères qu'un amant.
PHYLIS.
Nous sommes donc, Lysis, d'une humeur bien contraire:
J'y souffrirois plutôt cinquante amants qu'un frère;
Et, puisque nos esprits ont si peu de rapport,
Je m'étonne comment nous nous aimons si fort.
LYSIS.
Vous êtes ma maîtresse; et mes flammes discrètes[1]
Doivent un tel respect aux lois que vous me faites,
Que, pour leur obéir, mes sentiments domptés
N'osent plus se régler que sur vos volontés.
PHYLIS.
J'aime des serviteurs qui, pour une maîtresse,
Souffrent ce qui leur nuit, aiment ce qui les blesse:
Si tu vois quelque jour tes feux récompensés,
Souviens-toi.... Qu'est-ce-ci? Cléandre, vous passez?
(Cléandre va pour entrer chez Angélique, et Phylis l'arrête.)

[1] Var. Vous êtes ma maîtresse, et moi, sous votre empire,
Je dois suivre vos lois, et non y contredire *;
Et, pour vous obéir, mes sentiments domptés
Se règlent seulement dessus vos volontés.
PHYLIS.
J'aime des serviteurs avec cette souplesse,
Et qui peuvent aimer en moi ce qui les blesse. (1637-54.)

* Var. Encor que j'en soupire. (1648-54.)

SCÈNE VII.
CLÉANDRE, PHYLIS, LYSIS.

CLÉANDRE.
Il me faut bien passer, puisque la place est prise.
PHYLIS.
Venez; cette raison est de mauvaise mise.
D'un million d'amants je puis flatter les vœux [1],
Et n'aurois pas l'esprit d'en entretenir deux?
Sortez de cette erreur, et, souffrant ce partage,
Ne faites pas ici l'entendu davantage.
CLÉANDRE.
Le moyen que je sois insensible à ce point?
PHYLIS.
Quoi! pour l'entretenir ne vous aimé-je point?
CLÉANDRE.
Encor que votre ardeur à la mienne réponde,
Je ne veux plus d'un bien commun à tout le monde.
PHYLIS.
Si vous nommez ma flamme un bien commun à tous,
Je n'aime, pour le moins, personne plus que vous;
Cela vous doit suffire.
CLÉANDRE.
    Oui bien, à des volages
Qui peuvent en un jour adorer cent visages;
Mais ceux dont un objet possède tous les soins,
Se donnant tout entiers, n'en méritent pas moins.
PHYLIS.
De vrai, si vous valiez beaucoup plus que les autres,

---

[1] Var. D'un million d'amants je puis nourrir les feux. (1637-54.)

Je devrois dédaigner leurs vœux auprès des vôtres;
Mais mille aussi bien faits ne sont pas mieux traités,
Et ne murmurent point contre mes volontés.
Est-ce à moi, s'il vous plaît, de vivre à votre mode?
Votre amour, en ce cas, seroit fort incommode :
Loin de la recevoir, vous me feriez la loi.
Qui m'aime de la sorte, il s'aime, et non pas moi.

LYSIS, à Cléandre.

Persiste en ton humeur, je te prie, et conseille
A tous nos concurrents d'en prendre une pareille.

CLÉANDRE.

Tu seras bientôt seul, s'ils veulent m'imiter.

PHYLIS.

Quoi donc! c'est tout de bon que tu me veux quitter!
Tu ne dis mot, rêveur, et, pour toute réplique,
Tu tournes tes regards du côté d'Angélique :
Est-elle donc l'objet de tes légèretés [1]?
Veux-tu faire d'un coup deux infidélités,
Et que dans mon offense Alidor s'intéresse?
Cléandre, c'est assez de trahir ta maîtresse;
Dans ta nouvelle flamme épargne tes amis,
Et ne l'adresse point en lieu qui soit promis.

CLÉANDRE.

De la part d'Alidor je vais voir cette belle;
Laisse-m'en avec lui démêler la querelle,
Et ne t'informe point de mes intentions.

PHYLIS.

Puisqu'il me faut résoudre en mes afflictions,
Et que, pour te garder, j'ai trop peu de mérite,
Du moins, avant l'adieu, demeurons quitte à quitte;

---

[1] VAR. Est-ce là donc l'objet de tes légèretés ? (1637-54.)

Que ce que j'ai du tien je te le rende ici :
Tu m'as offert des vœux, que je t'en offre aussi [1] ;
Et faisons entre nous toutes choses égales.
LYSIS.
Et moi, durant ce temps, je garderai les balles [2] ?
PHYLIS.
Je te donne congé d'une heure, si tu veux.
LYSIS.
Je l'accepte, au hasard de le prendre pour deux.
PHYLIS.
Pour deux, pour quatre, soit; ne crains pas qu'il m'ennuie.

SCÈNE VIII.
CLÉANDRE, PHYLIS.

PHYLIS arrête Cléandre qui tâche de s'échapper
pour entrer chez Angélique.

Mais je ne consens pas cependant qu'on me fuie ;
Tu perds temps d'y tâcher, si tu n'as mon congé [3].
Inhumain ! est-ce ainsi que je t'ai négligé ?
Quand tu m'offrois des vœux, prenois-je ainsi la fuite ?
Et rends-tu la pareille à ma juste poursuite ?
Avec tant de douceur tu te vis écouter !
Et tu tournes le dos quand je t'en veux conter !
CLÉANDRE.
Va te jouer d'un autre avec tes railleries ;
J'ai l'oreille mal faite à ces galanteries [4] :

---

[1] VAR. Tu m'as offert des vœux, que je t'en rende aussi. (1637.)

[2] Locution proverbiale tirée du jeu de paume, et qui revient à ceci : *Et moi, durant ce temps, je vous regarderai.* (PAR.)

[3] VAR. On ne sort d'avec moi qu'avecque mon congé. (1637-54.)

[4] VAR. Je ne puis plus souffrir de ces badineries ;

Ou cesse de m'aimer, ou n'aime plus que moi.
PHYLIS.
Je ne t'impose pas une si dure loi;
Avec moi, si tu veux, aime toute la terre,
Sans craindre que jamais je t'en fasse la guerre.
Je reconnois assez mes imperfections;
Et, quelque part que j'aie en tes affections,
C'est encor trop pour moi; seulement ne rejette
La parfaite amitié d'une fille imparfaite.
CLÉANDRE.
Qui te rend obstinée à me persécuter?
PHYLIS.
Qui te rend si cruel que de me rebuter [1]?
CLÉANDRE.
Il faut que de tes mains un adieu me délivre.
PHYLIS.
Si tu sais t'en aller, je saurai bien te suivre;
Et, quelque occasion qui t'amène en ces lieux,
Tu ne lui diras pas grand secret à mes yeux.
Je suis plus incommode encor qu'il ne te semble.
Parlons plutôt d'accord, et composons ensemble.
Hier un peintre excellent m'apporta mon portrait:
Tandis qu'il t'en demeure encore quelque trait,
Qu'encor tu me connois, et que de ta pensée
Mon image n'est pas tout-à-fait effacée,
Ne m'en refuse point ton petit jugement.
CLÉANDRE.
Je le tiens pour bien fait.

Ne m'aime point du tout, ou n'aime rien que moi. (1637-54.)

[1] Var. Qui te rend si cruel que de me rejeter? (1637-54.)

PHYLIS.
Plains-tu tant un moment!
Et, m'attachant à toi, si je te désespère,
A ce prix trouves-tu ta liberté trop chère?
CLÉANDRE.
Allons, puisque autrement je ne te puis quitter,
A tel prix que ce soit il me faut racheter.

FIN DU SECOND ACTE.

ACTE TROISIÈME.

SCÈNE I.

PHYLIS, CLÉANDRE.

CLÉANDRE.
En ce point il ressemble à ton humeur volage,
Qu'il reçoit tout le monde avec même visage ;
Mais d'ailleurs ce portrait ne te ressemble pas,
En ce qu'il ne dit mot, et ne suit point mes pas[1].
PHYLIS.
En quoi que désormais ma présence te nuise,
La civilité veut que je te reconduise.
CLÉANDRE.
Mets enfin quelque borne à ta civilité,
Et, suivant notre accord, me laisse en liberté.

SCÈNE II.

DORASTE, PHYLIS, CLÉANDRE.

DORASTE sort de chez Angélique.
Tout est gagné, ma sœur ; la belle m'est acquise :
Jamais occasion ne se trouva mieux prise ;
Je possède Angélique.

[1] Var. Vu qu'il ne me dit mot, et ne suit point mes pas. (1637-54.)

CLÉANDRE.
Angélique?
DORASTE.
Oui; tu peux
Avertir Alidor du succès de mes vœux,
Et qu'au sortir du bal, que je donne chez elle,
Demain un sacré nœud m'unit à cette belle¹;
Dis-lui qu'il s'en console. Adieu : je vais pourvoir
A tout ce qu'il me faut préparer pour ce soir.
PHYLIS.
Ce soir j'ai bien la mine, en dépit de ta glace,
D'en trouver là cinquante à qui donner ta place.
Va-t'en, si bon te semble, ou demeure en ces lieux :
Je ne t'arrêtois pas ici pour tes beaux yeux;
Mais jusqu'à maintenant j'ai voulu te distraire,
De peur que ton abord interrompît mon frère.
Quelque fin que tu sois, tiens-toi pour affiné².

SCÈNE III.

CLÉANDRE.

Ciel, à tant de malheurs m'aviez-vous destiné!
Faut-il que d'un dessein si juste que le nôtre

---

¹ VAR. Demain un sacré nœud me joint à cette belle;
　　Dis-lui qu'il se console. Adieu : je vais pourvoir
　　A tout ce qu'il faudra préparer pour ce soir.
PHYLIS.
Nous voilà donc de bal? Dieu nous fera la grace
D'en trouver là cinquante à qui donner la place. (1637-54.)

² *Affiné*, c'est-à-dire *qui a trouvé plus fin que soi*, a perdu cette signification. C'est un de ces mots que l'on regrette, parcequ'on ne peut les remplacer que par une longue périphrase. (PAR.)

La peine soit pour nous, et les fruits pour un autre!
Et que notre artifice ait si mal succédé,
Qu'il me dérobe un bien qu'Alidor m'a cédé?
Officieux ami d'un amant déplorable,
Que tu m'offres en vain cet objet adorable!
Qu'en vain de m'en saisir ton adresse entreprend!
Ce que tu m'as donné, Doraste le surprend.
Tandis qu'il me supplante, une sœur me cajole;
Elle me tient les mains cependant qu'il me vole.
On me joue, on me brave, on me tue, on s'en rit.
L'un me vante son heur, l'autre son trait d'esprit..
L'un et l'autre à-la-fois me perd, me désespère :
Et je puis épargner ou la sœur ou le frère!
Être sans Angélique, et sans ressentiment!
Avec si peu de cœur aimer si puissamment[1]!
Cléandre, est-ce un forfait que l'ardeur qui te presse?
Craignois-tu d'avouer une telle maîtresse[2]?.
Et cachois-tu l'excès de ton affection
Par honte, par dépit, ou par discrétion[3]?

---

[1] Vers supprimés :

> Que faisiez-vous, mes bras? que faisiez-vous, ma lame?
> N'osiez-vous mettre au jour les secrets de mon ame?
> N'osiez-vous leur montrer ce qu'ils m'ont fait de mal?
> N'osiez-vous découvrir à Doraste un rival? (1637-54.)

[2] VAR. Craignois-tu de rougir d'une telle maîtresse? (1637-54.)
. . . .
Par honte, par respect', ou par discrétion. (1637.)

[3] Vers supprimés :

> Avec quelque raison, ou quelque violence,
> Que l'un de ces motifs t'obligeât au silence,
> Pour faire à ce rival sentir quel est ton bras,
> L'intérêt d'un ami ne suffisoit-il pas? (1637-54.)

VAR. Par honte, par dépit. (1648-57.)

ACTE III, SCÈNE III.

Pouvois-tu desirer occasion plus belle [1]
Que le nom d'Alidor à venger ta querelle?
Si pour tes feux cachés tu n'oses t'émouvoir,
Laisse leurs intérêts; suis ceux de ton devoir.
On supplante Alidor, du moins en apparence,
Et sans ressentiment tu souffres cette offense!
Ton courage est muet, et ton bras endormi!
Pour être amant discret tu parois lâche ami!
C'est trop abandonner ta renommée au blâme;
Il faut sauver d'un coup ton honneur et ta flamme,
Et l'un et l'autre ici marchent d'un pas égal;
Soutenant un ami, tu t'ôtes un rival.
Ne diffère donc plus ce que l'honneur commande;
Et lui gagne Angélique, afin qu'il te la rende [2].
Il faut....

---

[1] VAR. Pouvois-tu desirer d'occasion plus belle? (1637-54.)

[2] Vers supprimés :

Veux-tu, pour le défendre, une plus douce loi?
Si tu combats pour lui, les fruits en sont pour toi.
J'y suis tout résolu, Doraste, il la faut rendre;
Tu sauras ce que c'est de supplanter Cléandre :
Tout l'univers armé pour te la conserver,
De nos jaloux efforts ne te pourroit sauver.
Qu'est-ce-ci, ma fureur? est-il temps de paroître?
Quand tu manques d'objets, tu commences à naître :
C'étoit, c'étoit tantôt qu'il falloit t'exciter;
C'étoit, c'étoit tantôt qu'il falloit m'emporter.
Puisque un rival présent, trop foible, tu recules,
Tes mouvements tardifs deviennent ridicules;
Et, quoi qu'à ces transports promette ma valeur,
A peine les effets préviendront mon malheur.
Pour rompre en honnête homme un hymen si funeste,
Je n'ai plus désormais qu'un peu de jour qui reste :
Autrement il me faut affronter ce rival,
Au péril de cent morts, au milieu de son bal;
Aucune occasion ailleurs ne m'est offerte :

SCÈNE IV.

ALIDOR, CLÉANDRE.

ALIDOR.
Eh bien, Cléandre, ai-je su t'obliger?
CLÉANDRE.
Pour m'avoir obligé, que je vais t'affliger!
Doraste a pris le temps des dépits d'Angélique.
ALIDOR.
Après ?
CLÉANDRE.
Après cela tu veux que je m'explique¹?
ALIDOR.
Qu'en a-t-il obtenu ?
CLÉANDRE.
Par-delà son espoir;
Il l'épouse demain, lui donne bal ce soir² :
Juge, juge par-là si mon mal est extrême.
ALIDOR.
En es-tu bien certain?
CLÉANDRE.
J'ai tout su de lui-même.
ALIDOR.
Que je serois heureux si je ne t'aimois point!
Ton malheur auroit mis mon bonheur à son point³;

<small>Il lui faut tout quitter, ou me perdre en sa perte. (1637-54.)</small>

<small>¹ VAR. . . Après cela, veux-tu que je m'explique ? (1637-54.)</small>
<small>² VAR. Si bien qu'après le bal qu'il lui donne ce soir,
Leur hymen accompli rend mon malheur extrême. (1637-48-54.)</small>
<small>³ VAR. Cet hymen auroit mis mon bonheur à son point. (1637-48-54.)</small>

ACTE III, SCÈNE IV.

La prison d'Angélique auroit rompu la mienne.
Quelque empire sur moi que son visage obtienne,
Ma passion fût morte avec sa liberté;
Et, trop vain pour souffrir qu'en sa captivité
Les restes d'un rival m'eussent enchaîné l'ame¹,
Les feux de son hymen auroient éteint ma flamme.
  Pour forcer sa colère à de si doux effets,
Quels efforts, cher ami, ne me suis-je point faits?
Malgré tout mon amour, prendre un orgueil farouche²,
L'adorer dans le cœur, et l'outrager de bouche;
J'ai souffert ce supplice; et me suis feint léger,
De honte et de dépit de ne pouvoir changer.
Et je vois, près du but où je voulois prétendre,
Les fruits de mon travail n'être pas pour Cléandre!
A ces conditions mon bonheur me déplaît.
Je ne puis être heureux, si Cléandre ne l'est.
Ce que je t'ai promis ne peut être à personne;
Il faut que je périsse, ou que je te le donne.
J'aurai trop de moyens de te garder ma foi³;
Et, malgré les destins, Angélique est à toi.

CLÉANDRE.

Ne trouble point pour moi le repos de ton ame⁴;
Il t'en coûteroit trop pour avancer ma flamme.
Sans que ton amitié fasse un second effort,

¹ Var. Les restes d'un rival eussent fait mon servage *,
    Elle eût perdu mon cœur avec son pucelage. (1637.)
² Var. Me feindre tout de glace, et n'être que de flamme!
    La mépriser de bouche, et l'adorer dans l'ame! (1637-54.)
³ Var. J'aurai trop de moyens à te garder ma foi. (1637.)
⁴ Var. Ne trouble point, ami, ton repos pour mon aise :
    Crois-tu qu'à tes dépens aucun bonheur me plaise? (1637-54.)

* Var. . . . . Captivassent mon ame,
    Elle eût perdu mon cœur en devenant sa femme. (1648.)

Voici de qui j'aurai ma maîtresse ou la mort.
Si Doraste a du cœur, il faut qu'il la défende,
Et que l'épée au poing il la gagne ou la rende.

ALIDOR.

Simple! par le chemin que tu penses tenir,
Tu la lui peux ôter, mais non pas l'obtenir.
La suite des duels ne fut jamais plaisante :
C'étoit ces jours passés ce que disoit Théante [1].
Je veux prendre un moyen et plus court, et plus seur [2],
Et, sans aucun péril, t'en rendre possesseur.
Va-t'en donc, et me laisse auprès de ta maîtresse
De mon reste d'amour faire jouer l'adresse.

CLÉANDRE.

Cher ami....

ALIDOR.

Va-t'en, dis-je, et, par tes compliments,
Cesse de t'opposer à tes contentements;
Désormais en ces lieux tu ne fais que me nuire.

CLÉANDRE.

Je vais donc te laisser ma fortune à conduire [3].
Adieu. Puissé-je avoir les moyens à mon tour
De faire autant pour toi que toi pour mon amour!

ALIDOR, seul.

Que pour ton amitié je vais souffrir de peine!

---

[1] Dans la comédie de *la Suivante*, acte II, sc. IX.

[2] Nous avons déjà eu l'occasion de remarquer qu'on écrivait alors *meur*, *seur*, au lieu de *mûr*, *sûr*. La rime nous force à laisser subsister ici l'ancienne orthographe. (A.-M.)

> VAR. Il faut prendre un chemin et plus court, et plus seur;
> Je veux, sans coup férir, t'en rendre possesseur. (1637.)
> Va-t'en donc, et me laisse auprès de cette belle
> Employer le pouvoir qui me reste sur elle. (1637-54.)

[3] VAR. Je te vais donc laisser ma fortune à conduire. (1637-54.)

ACTE III, SCENE V.

Déja presque échappé, je rentre dans ma chaîne.
Il faut encore un coup, m'exposant à ses yeux,
Reprendre de l'amour, afin d'en donner mieux.
Mais reprendre un amour dont je veux me défaire ¹,
Qu'est-ce qu'à mes desseins un chemin tout contraire ?
Allons-y toutefois, puisque je l'ai promis,
Et que la peine est douce à qui sert ses amis ² !

SCÈNE V.

ANGÉLIQUE, dans son cabinet.

Quel malheur par-tout m'accompagne !
Qu'un indiscret hymen me venge à mes dépens !
Que de pleurs en vain je répands,
Moins pour ce que je perds, que pour ce que je gagne !
L'un m'est plus doux que l'autre, et j'ai moins de tourment
Du crime d'Alidor, que de son châtiment ³.
Ce traître alluma donc ma flamme !
Je puis donc consentir à ces tristes accords !
Hélas ! par quelques vains efforts ⁴
Que je me fasse jour jusqu'au fond de mon ame,
J'y trouve seulement, afin de me punir,
Le dépit du passé, l'horreur de l'avenir.

---

[1] Var. Mais reprendre un amour dont je me veux défaire. (1637-54.)

[2] Var. Toute peine est fort douce à qui sert ses amis. (1637-54.)

[3] Var. Du forfait d'Alidor, que de son châtiment. (1637-48-54.)

[4] Var.   Et par quelques puissants efforts
    Que de tous sens je tourne et retourne mon ame. (1637-48-54.)

SCÈNE VI.
ANGÉLIQUE, ALIDOR.

ANGÉLIQUE.

Où viens-tu, déloyal? avec quelle impudence
Oses-tu redoubler mes maux par ta présence!
Qui te donne le front de surprendre mes pleurs [1]?
Cherches-tu de la joie à même mes douleurs?
Et peux-tu conserver une ame assez hardie
Pour voir ce qu'à mon cœur coûte ta perfidie?
Après que tu m'as fait un insolent aveu
De n'avoir plus pour moi ni de foi ni de feu,
Tu te mets à genoux, et tu veux, misérable,
Que ton feint repentir m'en donne un véritable?
Va, va, n'espère rien de tes soumissions;
Porte-les à l'objet de tes affections;
Ne me présente plus les traits qui m'ont déçue;
N'attaque point mon cœur en me blessant la vue.
Penses-tu que je sois, après ton changement,
Ou sans ressouvenir, ou sans ressentiment?
S'il te souvient encor de ton brutal caprice,
Dis-moi, que viens-tu faire au lieu de ton supplice?
Garde un exil si cher à tes légèretés.
Je ne veux plus savoir de toi mes vérités.
 Quoi! tu ne me dis mot! crois-tu que ton silence

[1] Var. Ton plaisir dépend-il d'avoir vu mes douleurs?
Qui te fait si hardi de surprendre mes pleurs?
Est-il dit que tes yeux te mettront hors de doute,
Et t'apprendront combien ta trahison me coûte?
Après qu'effrontément ton aveu m'a fait voir
Qu'Angélique sur toi n'eut jamais de pouvoir. (1637-54.)

Puisse de tes discours réparer l'insolence ?
Des pleurs effacent-ils un mépris si cuisant ?
Et ne t'en dédis-tu, traître, qu'en te taisant ?
Pour triompher de moi veux-tu, pour toutes armes,
Employer des soupirs et de muettes larmes ?
Sur notre amour passé c'est trop te confier [1];
Du moins dis quelque chose à te justifier ;
Demande le pardon que tes regards m'arrachent ;
Explique leurs discours ; dis-moi ce qu'ils me cachent.
Que mon courroux est foible ! et que leurs traits puissants
Rendent des criminels aisément innocents !
Je n'y puis résister, quelque effort que je fasse ;
Et, de peur de me rendre, il faut quitter la place [2].

ALIDOR *la retient, comme elle veut s'en aller.*

Quoi ! votre amour renaît, et vous m'abandonnez !
C'est bien là me punir quand vous me pardonnez.
Je sais ce que j'ai fait, et qu'après tant d'audace
Je ne mérite pas de jouir de ma grace ;
Mais demeurez du moins, tant que vous ayez su
Que par un feint mépris votre amour fut déçu,
Que je vous fus fidèle en dépit de ma lettre,
Qu'en vos mains seulement on la devoit remettre ;
Que mon dessein n'alloit qu'à voir vos mouvements,
Et juger de vos feux par vos ressentiments.
Dites, quand je la vis entre vos mains remise,
Changeai-je de couleur ? eus-je quelque surprise ?
Ma parole plus ferme et mon port assuré
Ne vous montroient-ils pas un esprit préparé ?

---

[1] VAR. Sur notre amour passé c'est à trop te fier. (1637.)

[2] VAR. Comme vaincue, il faut que je quitte la place.
ALIDOR.
Ma chère ame, mon tout, quoi ! vous m'abandonnez ? (1637-54.)

Que Clarine vous die, à la première vue,
Si jamais de mon change elle s'est aperçue.
Ce mauvais compliment flattoit mal ses appas¹;
Il vous faisoit outrage, et ne l'obligeoit pas;
Et ses termes piquants, mal conçus pour lui plaire,
Au lieu de son amour, cherchoient votre colère.

ANGÉLIQUE.

Cesse de m'éclaircir sur ce triste secret²;
En te montrant fidèle, il accroît mon regret :
Je perds moins, si je crois ne perdre qu'un volage,
Et je ne puis sortir d'erreur qu'à mon dommage.
Que me sert de savoir que tes vœux sont constants³?
Que te sert d'être aimé, quand il n'en est plus temps?

ALIDOR.

Aussi je ne viens pas pour regagner votre ame⁴ :
Préférez-moi Doraste, et devenez sa femme;
Je vous viens, par ma mort, en donner le pouvoir :
Moi vivant, votre foi ne le peut recevoir;
Elle m'est engagée; et, quoi que l'on vous die,
Sans crime elle ne peut durer moins que ma vie.
Mais voici qui vous rend l'une et l'autre à-la-fois.

ANGÉLIQUE.

Ah! ce cruel discours me réduit aux abois.
Ma colère a rendu ma perte inévitable⁵,
Et je déteste en vain ma faute irréparable.

---

¹ Var. Aussi mon compliment flattoit mal ses appas;
    Il vous offensoit bien, mais ne l'obligeoit pas. (1637-54.)

² Var. Cesse de m'éclaircir dessus un tel secret. (1637-54.)

³ Var. Que me sert de savoir si tes feux sont constants ? (1637-54.)

⁴ Var. Aussi ne viens-je pas pour regagner votre ame. (1637-54.)

⁵ Var. Dans ma prompte vengeance, à jamais misérable,
    Que je déteste en vain ma faute irréparable! (1637-54.)

ACTE III, SCÈNE VI.

ALIDOR.
Si vous avez du cœur, on la peut réparer.
ANGÉLIQUE.
On nous doit dès demain pour jamais séparer [1].
Que puis-je à de tels maux appliquer pour remède?
ALIDOR.
Ce qu'ordonne l'amour aux ames qu'il possède.
Si vous m'aimez encor, vous saurez dès ce soir
Rompre les noirs effets d'un juste désespoir.
Quittez avec le bal vos malheurs pour me suivre,
Ou soudain à vos yeux je vais cesser de vivre.
Mettez-vous en ma mort votre contentement?
ANGÉLIQUE.
Non; mais que dira-t-on d'un tel emportement [2]?
ALIDOR.
Est-ce là donc le prix de vous avoir servie?
Il y va de votre heur, il y va de ma vie;
Et vous vous arrêtez à ce qu'on en dira!
Mais faites désormais tout ce qu'il vous plaira :
Puisque vous consentez plutôt à vos supplices
Qu'à l'unique moyen de payer mes services,
Ma mort va me venger de votre peu d'amour;
Si vous n'êtes à moi, je ne veux plus du jour.
ANGÉLIQUE.
Retiens ce coup fatal; me voilà résolue :

---

[1] VAR. C'est demain qu'on nous doit à jamais séparer;
En ce piteux état, que veux-tu que je fasse?
ALIDOR.
Ah! ce discours ne part que d'un cœur tout de glace.
Non, non, résolvez-vous; il vous faut à ce soir
Montrer votre courage, ou moi mon désespoir. (1637-54.)
[2] VAR. Non; mais que dira-t-on d'un tel enlèvement? (1637-54.)

Use sur tout mon cœur de puissance absolue [1] :
Puisqu'il est tout à toi, tu peux tout commander;
Et contre nos malheurs j'ose tout hasarder.
Cet éclat du dehors n'a rien qui m'embarrasse :
Mon honneur seulement te demande une grace;
Accorde à ma pudeur que deux mots de ta main
Puissent justifier ma fuite et ton dessein;
Que mes parents surpris trouvent ici ce gage
Qui les rende assurés d'un heureux mariage;
Et que je sauve ainsi ma réputation
Par la sincérité de ton intention.
Ma faute en sera moindre, et mon trop de constance
Paroîtra seulement fuir une violence.

ALIDOR.

Enfin, par ce dessein vous me ressuscitez [2] :
Agissez pleinement dessus mes volontés.
J'avois pour votre honneur la même inquiétude;
Et ne pourrois, d'ailleurs, qu'avec ingratitude,
Voyant ce que pour moi votre flamme résout,
Dénier quelque chose à qui m'accorde tout.
Donnez-moi; sur-le-champ je vous veux satisfaire.

[1] VAR. Dessus mes volontés ta puissance absolue
    Peut disposer de moi, peut tout me commander.
    Mon honneur en tes mains prêt à se hasarder,
    Par un trait si hardi quelque tort qu'il se fasse,
    Y consent toutefois, et ne veut qu'une grace.
    Accorde à ma pudeur que deux mots de ta main
    Justifient aux miens ma fuite et ton dessein;
    Qu'ils puissent, me cherchant, trouver ici ce gage
    Qui les rende assurés de notre mariage;
    Que la sincérité de ton intention
    Conserve, mise au jour, ma réputation.
    Ma faute en sera moindre, et hors de l'impudence. (1637-54.)

[2] VAR. Ma reine, enfin par-là vous me ressuscitez. (1637-54.)

ACTE III, SCÈNE VI.

ANGÉLIQUE.
Il vaut mieux que l'effet à tantôt se diffère.
Je manque ici de tout, et j'ai le cœur transi [1]
De crainte que quelqu'un ne te découvre ici :
Mon dessein généreux fait naître cette crainte ;
Depuis qu'il est formé, j'en ai senti l'atteinte.
Quitte-moi, je te prie, et coule-toi sans bruit [2].

ALIDOR.
Puisque vous le voulez, adieu jusqu'à minuit.

ANGÉLIQUE.
(Alidor s'en va, et Angélique continue.)
Que promets-tu, pauvre aveuglée ?
A quoi t'engage ici ta folle passion ?
Et de quelle indiscrétion
Ne s'accompagne point ton ardeur déréglée ?
Tu cours à ta ruine, et vas tout hasarder
Sur la foi d'un amant qui n'en sauroit garder [3].
Je me trompe, il n'est point volage ;
J'ai vu sa fermeté, j'en ai cru ses soupirs ;
Et si je flatte mes desirs,
Une si douce erreur n'est qu'à mon avantage.
Me manquât-il de foi, je la lui dois garder,
Et pour perdre Doraste il faut tout hasarder.

[1] VAR. Je manque ici de tout, et j'ai peur, mon souci,
    Que quelqu'un par malheur ne te surprenne ici. (1637-54.)
[2] VAR. Va, quitte-moi, ma vie, et te coule sans bruit.
    ALIDOR.
    Adieu donc, ma chère ame.
    ANGÉLIQUE.
                    Adieu ; jusqu'à minuit. (1637-54.)
[3] VAR. Sur la foi de celui qui n'en sauroit garder. (1637-54.)

18.

ALIDOR, *sortant de la maison d'Angélique,*
traversant le théâtre.

Cléandre, elle est à toi ; j'ai fléchi son courage.
Que ne peut l'artifice, et le fard du langage ?
Et si pour un ami ces effets je produis,
Lorsque j'agis pour moi, qu'est-ce que je ne puis ?

SCÈNE VII.

PHYLIS.

Alidor à mes yeux sort de chez Angélique [1],
Comme s'il y gardoit encor quelque pratique ;
Et même, à son visage, il semble assez content.
Auroit-il regagné cet esprit inconstant ?
Oh ! qu'il feroit bon voir que cette humeur volage
Deux fois, en moins d'une heure, eût changé de courage !
Que mon frère en tiendroit, s'ils s'étoient mis d'accord !
Il faut qu'à le savoir je fasse mon effort.
Ce soir je sonderai les secrets de son ame ;
Et si son entretien ne me trahit sa flamme,
J'aurai l'œil de si près dessus ses actions,
Que je m'éclaircirai de ses intentions.

[1] Var. D'où provient qu'Alidor sort de chez Angélique ?
Auroit-il avec elle encor quelque pratique ?
Son visage n'a rien que d'un homme content. (1637-54.)

SCÈNE VIII.
PHYLIS, LYSIS.

PHYLIS.
Quoi! Lysis, ta retraite est de peu de durée!
LYSIS.
L'heure de mon congé n'est qu'à peine expirée;
Mais vous voyant ici sans frère et sans amant....
PHYLIS.
N'en présume pas mieux pour ton contentement.
LYSIS.
Et d'où vient à Phylis une humeur si nouvelle?
PHYLIS.
Vois-tu, je ne sais quoi me brouille la cervelle.
Va, ne me conte rien de ton affection;
Elle en auroit fort peu de satisfaction.
LYSIS.
Cependant sans parler il faut que je soupire [1]?.
PHYLIS.
Réserve pour le bal ce que tu me veux dire.
LYSIS.
Le bal! où le tient-on?
PHYLIS.
Là-dedans.
LYSIS.
Il suffit;
De votre bon avis je ferai mon profit.

---

[1] Var. Puisque vous le voulez, adieu, je me retire. (1637-54.

FIN DU TROISIÈME ACTE.

ACTE QUATRIÈME.

SCÈNE I.

ALIDOR, CLÉANDRE, troupe d'hommes armés.

(L'acte est dans la nuit, et Alidor dit ce premier vers à Cléandre; et, l'ayant fait retirer avec sa troupe, il continue seul.)

ALIDOR.

Attends, sans faire bruit, que je t'en avertisse [1].
Enfin la nuit s'avance, et son voile propice
Me va faciliter le succès que j'attends,
Pour rendre heureux Cléandre, et mes desirs contents.
Mon cœur, las de porter un joug si tyrannique,
Ne sera plus qu'une heure esclave d'Angélique.
Je vais faire un ami possesseur de mon bien :
Aussi dans son bonheur je rencontre le mien.
C'est moins pour l'obliger que pour me satisfaire,
Moins pour le lui donner qu'afin de m'en défaire.
Ce trait paroîtra lâche et plein de trahison [2] ;
Mais cette lâcheté m'ouvrira ma prison.
Je veux bien, à ce prix, avoir l'ame traîtresse,
Et que ma liberté me coûte une maîtresse.
Que lui fais-je, après tout, qu'elle n'ait mérité
Pour avoir, malgré moi, fait ma captivité ?

[1] Var. Attends là de pied coi que je t'en avertisse. (1637-54.)
[2] Var. Ce trait est un peu lâche, et sent sa trahison. (1637-54.)

ACTE IV, SCÈNE I.

Qu'on ne m'accuse point d'aucune ingratitude;
Ce n'est que me venger d'un an de servitude,
Que rompre son dessein, comme elle a fait le mien,
Qu'user de mon pouvoir, comme elle a fait du sien,
Et ne lui pas laisser un si grand avantage
De suivre son humeur, et forcer mon courage.
Le forcer! mais, hélas! que mon consentement,
Par un si doux effort, fut surpris aisément!
Quel excès de plaisir goûta mon imprudence
Avant que réfléchir sur cette violence [1]?
Examinant mon feu, qu'est-ce que je ne perds?
Et qu'il m'est cher vendu de connoître mes fers!
Je soupçonne déjà mon dessein d'injustice,
Et je doute s'il est ou raison, ou caprice.
Je crains un pire mal après ma guérison,
Et d'aller au supplice en rompant ma prison.
Alidor, tu consens qu'un autre la possède!
Tu t'exposes sans crainte à des maux sans remède [2]!
Ne romps point les effets de son intention,
Et laisse un libre cours à ton affection.
Fais ce beau coup pour toi; suis l'ardeur qui te presse.
Mais trahir ton ami! mais trahir ta maîtresse [3]!

---

[1] Var. Avant que s'aviser de cette violence. (1637-54.)

[2] Var. Peux-tu bien t'exposer à des maux sans remède? (1637-54.)
Ne frustre point l'effet de son intention. (1637.)

Ici, Corneille a supprimé ces quatre vers :

A de vains repentirs, d'inutiles regrets,
De stériles remords et des bourreaux secrets,
Cependant qu'un ami, par tes lâches menées,
Cueillera les faveurs qu'elle t'a destinées? (1637-54.)

[3] Vers supprimés :

Jamais fut-il mortel si malheureux que toi?
De tous les deux côtés il y va de ta foi.

Je n'en veux obliger pas un à me haïr,
Et ne sais qui des deux ou servir, ou trahir.
 Quoi! je balance encor, je m'arrête, je doute¹!
Mes résolutions, qui vous met en déroute²?
Revenez, mes desseins, et ne permettez pas
Qu'on triomphe de vous avec un peu d'appas.
En vain pour Angélique ils prennent la querelle³;
Cléandre, elle est à toi, nous sommes deux contre elle.
Ma liberté conspire avecque tes ardeurs;
Les miennes désormais vont tourner en froideurs;
Et, lassé de souffrir un si rude servage,
J'ai l'esprit assez fort pour combattre un visage.
Ce coup n'est qu'un effet de générosité,
Et je ne suis honteux que d'en avoir douté.
 Amour, que ton pouvoir tâche en vain de paroître!
Fuis, petit insolent, je veux être le maître;
Il ne sera pas dit qu'un homme tel que moi,
En dépit qu'il en ait, obéisse à ta loi.
Je ne me résoudrai jamais à l'hyménée
Que d'une volonté franche et déterminée,
Et celle à qui ses nœuds m'uniront pour jamais⁴

> A qui la tiendras-tu? Mon esprit en déroute
> Sur le plus fort des deux ne peut sortir de doute. (1637 54.)

¹ Var. Mais que mon jugement s'enveloppe de nues!
   Mes résolutions, qu'êtes-vous devenues? (1637-54.)

² L'usage d'adresser ainsi la parole à son cœur, à son ame, à ses résolutions, à ses desirs, est heureusement aboli. On regardait cela comme de la poésie, et rien n'est moins poétique que ce qui n'est point naturel. (Marm.)

³ Var. Cléandre, elle est à toi; dedans cette querelle,
   Angélique le perd, nous sommes deux contre elle. (1637-54.)

⁴ Var. Et celle qu'en ce cas je nommerai mon mieux
   M'en sera redevable, et non pas à ses yeux. (1637-54.)

M'en sera redevable, et non à ses attraits ;
Et ma flamme....

SCÈNE II.

ALIDOR, CLÉANDRE.

CLÉANDRE.
Alidor.
ALIDOR.
Qui m'appelle ?
CLÉANDRE.
Cléandre.
ALIDOR.
Tu t'avances trop tôt [1].
CLÉANDRE.
Je me lasse d'attendre.
ALIDOR.
Laisse-moi, cher ami, le soin de t'avertir
En quel temps de ce coin il te faudra sortir.
CLÉANDRE.
Minuit vient de sonner ; et, par expérience,
Tu sais comme l'amour est plein d'impatience.
ALIDOR.
Va donc tenir tout prêt à faire un si beau coup ;
Ce que nous attendons ne peut tarder beaucoup.
Je livre entre tes mains cette belle maîtresse,
Sitôt que j'aurai pu lui rendre ta promesse :
Sans lumière, et d'ailleurs s'assurant en ma foi,
Rien ne l'empêchera de la croire de moi.

---

[1] Var. Qui te fait avancer ? (1637-54.)

282 LA PLACE ROYALE.

Après, achève seul; je ne puis, sans supplice,
Forcer ici mon bras à te faire service ¹;
Et mon reste d'amour, en cet enlèvement,
Ne peut contribuer que mon consentement.

CLÉANDRE.

Ami, ce m'est assez.

ALIDOR.

Va donc là-bas attendre
Que je te donne avis du temps qu'il faudra prendre,
Cléandre, encore un mot. Pour de pareils exploits²
Nous nous ressemblons mal, et de taille, et de voix;
Angélique soudain pourra te reconnoître;
Regarde après ses cris si tu serois le maître.

CLÉANDRE.

Ma main dessus sa bouche y saura trop pourvoir.

ALIDOR.

Ami, séparons-nous, je pense l'entrevoir.

CLÉANDRE.

Adieu. Fais promptement.

SCÈNE III.

ALIDOR, ANGÉLIQUE.

ANGÉLIQUE.

Que la nuit est obscure³!

---

¹ VAR. Forcer ici mes bras à te faire service. (1637-54.)
² VAR. Encore un mot, Cléandre, et qui t'importe fort :
Ta taille avec la mienne a si peu de rapport,
Qu'Angélique soudain te pourra reconnoître. (1637-54.)
³ VAR.   ANGÉLIQUE.
  . . . . . . St.

Alidor n'est pas loin, j'entends quelque murmure.

ALIDOR.

De peur d'être connu, je défends à mes gens
De paroître en ces lieux avant qu'il en soit temps.
Tenez.

(Il lui donne la promesse de Cléandre.)

ANGÉLIQUE.

Je prends sans lire, et ta foi m'est si claire,
Que je la prends bien moins pour moi que pour mon père;
Je la porte à ma chambre : épargnons les discours;
Fais avancer tes gens, et dépêche.

ALIDOR.

J'y cours.

(seul.)

Lorsque de son honneur je lui rends l'assurance,
C'est quand je trompe mieux sa crédule espérance;
Mais, puisqu'au lieu de moi je lui donne un ami,
A tout prendre, ce n'est la tromper qu'à demi.

SCÈNE IV.

PHYLIS.

Angélique! c'est fait, mon frère en a dans l'aile[1];

ALIDOR.
Je l'entends, c'est elle.
ANGÉLIQUE.

Alidor, es-tu là?

ALIDOR.
Je suis à vous, ma belle. (1637-54.)

[1] *Mon frère en a dans l'aile.* Locution proverbiale, et qui veut dire ici, *mon frère est joué.* En avoir dans l'aile signifie ordinairement, *être blessé, être amoureux, être épris.* Bellingen, dans ses *Proverbes*

La voyant échapper, je courois après elle;
Mais un maudit galant m'est venu brusquement
Servir à la traverse un mauvais compliment,
Et par ses vains discours m'embarrasser de sorte
Qu'Angélique à son aise a su gagner la porte.
Sa perte est assurée, et le traître Alidor [1]
La posséda jadis, et la possède encor.
Mais jusques à ce point seroit-elle imprudente?
Il n'en faut point douter, sa perte est évidente;
Le cœur me le disoit, le voyant en sortir,
Et mon frère dès-lors se devoit avertir :
Je te trahis, mon frère, et par ma négligence,
Étant sans y penser de leur intelligence....

(Alidor paroît avec Cléandre, accompagné d'une troupe; et, après lui avoir montré Phylis, qu'il croit être Angélique, il se retire en un coin du théâtre, et Cléandre enlève Phylis, et lui met d'abord la main sur la bouche.)

SCÈNE V.

ALIDOR.

On l'enlève, et mon cœur, surpris d'un vain regret,
Fait à ma perfidie un reproche secret;
Il tient pour Angélique, il la suit, le rebelle!
Parmi mes trahisons il veut être fidèle;
Je le sens, malgré moi, de nouveaux feux épris [2],

françois, prétend qu'il faut écrire *dans le L*, et non *dans l'aile*, parceque, dit-il, cette façon de parler désigne une personne qui est entrée dans la cinquantième année de son âge, et qu'en chiffres romains la lettre *l* vaut 50. (Pᴀʀ.)

[1] Vᴀʀ. Sa perte est assurée, et ce traître Alidor. (1637-54.)
[2] Vᴀʀ. Je le sens refuser sa franchise à ce prix;

ACTE IV, SCÈNE V.

Refuser de ma main sa franchise à ce prix,
Désavouer mon crime, et, pour mieux s'en défendre,
Me demander son bien, que je cède à Cléandre.
Hélas! qui me prescrit cette brutale loi
De payer tant d'amour avec si peu de foi?
Qu'envers cette beauté ma flamme est inhumaine!
Si mon feu la trahit, que lui feroit ma haine?
Juge, juge, Alidor, en quelle extrémité
La va précipiter ton infidélité [1].
Écoute ses soupirs, considère ses larmes,
Laisse-toi vaincre enfin à de si fortes armes [2];
Et va voir si Cléandre, à qui tu sers d'appui,
Pourra faire pour toi ce que tu fais pour lui.
Mais mon esprit s'égare, et, quoi qu'il se figure,
Faut-il que je me rende à des pleurs en peinture,
Et qu'Alidor, de nuit plus foible que de jour,
Redonne à la pitié ce qu'il ôte à l'amour?
Ainsi donc mes desseins se tournent en fumée!
J'ai d'autres repentirs que de l'avoir aimée!
Suis-je encore Alidor après ces sentiments?
Et ne pourrai-je enfin régler mes mouvements?
Vaine compassion des douleurs d'Angélique,
Qui penses triompher d'un cœur mélancolique [3]!
Téméraire avorton d'un impuissant remords,
Va, va porter ailleurs tes débiles efforts.
Après de tels appas, qui ne m'ont pu séduire,

   Je le sens, malgré moi, de nouveaux feux épris. (1637-54.)

[1] VAR. Ne la va point jeter ton infidélité. (1637-54.)

[2] VAR. Et laisse-toi gagner [*] à de si fortes armes.
  Cours après elle, et vois si Cléandre aujourd'hui. (1637-54.)

[3] VAR. Qui pensez triompher d'un cœur mélancolique. (1637-54.)

  [*] VAR. Et te laisse enfin vaincre. (1648-54.)

Qui te fait espérer ce qu'ils n'ont su produire?
Pour un méchant soupir que tu m'as dérobé,
Ne me présume pas tout-à-fait succombé [1] :
Je sais trop maintenir ce que je me propose,
Et souverain sur moi, rien que moi n'en dispose.
En vain un peu d'amour me déguise en forfait
Du bien que je me veux le généreux effet,
De nouveau j'y consens, et prêt à l'entreprendre...

SCÈNE VI.
ANGÉLIQUE, ALIDOR.

ANGÉLIQUE.

Je demande pardon de t'avoir fait attendre;
D'autant qu'en l'escalier on faisoit quelque bruit,
Et qu'un peu de lumière en effaçoit la nuit,
Je n'osois avancer, de peur d'être aperçue [2].
Allons, tout est-il prêt? Personne ne m'a vue:
De grace, dépêchons, c'est trop perdre de temps,
Et les moments ici nous sont trop importants;
Fuyons vite, et craignons les yeux d'un domestique.
Quoi! tu ne réponds rien à la voix d'Angélique [3]?

ALIDOR.

Angélique? mes gens vous viennent d'enlever;
Qui vous a fait sitôt de leurs mains vous sauver?
Quel soudain repentir, quelle crainte de blâme,
Et quelle ruse enfin vous dérobe à ma flamme?
Ne vous suffit-il point de me manquer de foi,

[1] VAR. Ne me présume pas encore succombé. (1637-54.)
[2] VAR. Je n'osois m'avancer, de peur d'être aperçue. (1637-54.)
[3] VAR. Quoi! tu ne réponds point à la voix d'Angélique? (1637-54.)

ACTE IV, SCÈNE VI.

Sans prendre encor plaisir à vous jouer de moi?
ANGÉLIQUE.
Que tes gens cette nuit m'ayent vue, ou saisie,
N'ouvre point ton esprit à cette fantaisie.
ALIDOR.
Autant que l'ont permis les ombres de la nuit [1],
Je l'ai vu de mes yeux.
ANGÉLIQUE.
Tes yeux t'ont donc séduit :
Et quelque autre sans doute, après moi descendue,
Se trouve entre les mains dont j'étois attendue.
Mais, ingrat, pour toi seul j'abandonne ces lieux,
Et tu n'accompagnois ma fuite que des yeux!
Pour marque d'un amour que je croyois extrême [2],
Tu remets ma conduite à d'autres qu'à toi-même!
Et je suis un larcin indigne de tes mains!
ALIDOR.
Quand vous aurez appris le fond de mes desseins,
Vous n'attribuerez plus, voyant mon innocence,
A peu d'affection l'effet de ma prudence.
ANGÉLIQUE.
Pour ôter tout soupçon et tromper ton rival,
Tu diras qu'il falloit te montrer dans le bal.
Foible ruse!
ALIDOR.
Ajoutez, et vaine, et sans adresse,
Puisque je ne pouvois démentir ma promesse.

[1] Var. Autant que m'ont permis les ombres de la nuit. (1637-54.)
[2] Var. La belle preuve, hélas! de ton amour extrême,
De remettre ce coup à d'autres qu'à toi-même!
J'étois donc un larcin indigne de tes mains? (1637-54.)

ANGÉLIQUE.

Quel étoit donc ton but¹?

ALIDOR.

D'attendre ici le bruit
Que les premiers soupçons auront bientôt produit;
Et, d'un autre côté me jetant à la fuite,
Divertir de vos pas leur plus chaude poursuite.

ANGÉLIQUE, en pleurant.

Mais enfin, Alidor, tes gens se sont mépris.

ALIDOR.

Dans ce coup de malheur, et confus, et surpris,
Je vois tous mes desseins succéder à ma honte;
Mais il me faut donner quelque ordre à ce mécompte² :
Permettez....

ANGÉLIQUE.

Cependant, à qui me laisses-tu?
Tu frustres donc mes vœux de l'espoir qu'ils ont eu;
Et ton manque d'amour, de mes malheurs complice,
M'abandonnant ici, me livre à mon supplice!
L'hymen (ah, ce mot seul me réduit aux abois³!)
D'un amant odieux me va soumettre aux lois;

---

¹ VAR. Quel étoit donc le but de ton intention?
ALIDOR.
D'attendre ici le coup de leur émotion. (1637-54.)

² VAR. Permettez-moi d'aller mettre ordre à ce mécompte.
ANGÉLIQUE.
Cependant, misérable, à qui me laisses-tu? (1637-54.)

³ VAR. L'hymen (ah! ce penser déjà me fait mourir!)
Me va joindre à Doraste, et tu le peux souffrir!
Tu me peux exposer à cette tyrannie?
. . . .
ALIDOR.
Jugez mieux de ma flamme, et songez, mon espoir,
Qu'un tel enlèvement n'est plus en mon pouvoir. (1637-54.)

ACTE IV, SCÈNE VI.

Et tu peux m'exposer à cette tyrannie!
De l'erreur de tes gens je me verrai punie!

ALIDOR.

Nous préserve le ciel d'un pareil désespoir!
Mais votre éloignement n'est plus en mon pouvoir.
J'en ai manqué le coup; et, ce que je regrette,
Mon carrosse est parti, mes gens ont fait retraite.
A Paris, et de nuit, une telle beauté,
Suivant un homme seul, est mal en sûreté:
Doraste, ou, par malheur, quelque rencontre pire[1],
Me pourroit arracher le trésor où j'aspire:
Évitons ces périls en différant d'un jour.

ANGÉLIQUE.

Tu manques de courage aussi bien que d'amour,
Et tu me fais trop voir, par ta bizarrerie[2],
Le chimérique effet de ta poltronnerie.
Alidor (quel amant!) n'ose me posséder.

ALIDOR.

Un bien si précieux se doit-il hasarder?
Et ne pouvez-vous point d'une seule journée
Retarder le malheur de ce triste hyménée[3]?
Peut-être le désordre et la confusion
Qui naîtront dans le bal de cette occasion
Le remettront pour vous; et l'autre nuit, je jure...

ANGÉLIQUE.

Que tu seras encore, ou timide, ou parjure.
Quand tu m'as résolue à tes intentions,

---

[1] VAR. Doraste, ou, par malheur, quelque pire surprise
De ces coureurs de nuit me feroit lâcher prise.
De grace, mon souci, passons encore un jour. (1637-54.)

[2] VAR. Et tu me fais trop voir, par cette rêverie. (1637-54.)

[3] VAR. Différer le malheur de ce triste hyménée? (1637-54.)

Lâche, t'ai-je opposé tant de précautions[1]?
Tu m'adores, dis-tu! tu le fais bien paroître,
Rejetant mon bonheur ainsi sur un peut-être.
ALIDOR.
Quoi qu'ose mon amour appréhender pour vous,
Puisque vous le voulez, fuyons, je m'y résous;
Et, malgré ces périls.... Mais on ouvre la porte,
C'est Doraste qui sort, et nous suit à main-forte.
(Alidor s'échappe, et Angélique le veut suivre; mais Doraste l'arrête.)

SCÈNE VII.
ANGÉLIQUE, DORASTE, LYCANTE,
TROUPE D'AMIS.

DORASTE.
Quoi! ne m'attendre pas? c'est trop me dédaigner;
Je ne viens qu'à dessein de vous accompagner;
Car vous n'entreprenez si matin ce voyage
Que pour vous préparer à notre mariage.
Encor que vous partiez beaucoup devant le jour,
Vous ne serez jamais assez tôt de retour;
Vous vous éloignez trop, vu que l'heure nous presse.
Infidèle! est-ce là me tenir ta promesse?
ANGÉLIQUE.
Eh bien, c'est te trahir. Penses-tu que mon feu

---

[1] Var. Ingrat, t'ai-je opposé tant de précautions?
Tu m'aimes, ce dis-tu! tu le fais bien paroître,
Remettant mon bonheur ainsi sur un peut-être.
ALIDOR.
Encor que mon amour appréhende pour vous,
Puisque vous le voulez, eh bien, je m'y résous :
Fuyons, hasardons tout. Mais on ouvre la porte. (1637-54.)

ACTE IV, SCÈNE VII.

D'un généreux dessein te fasse un désaveu ?
Je t'acquis par dépit, et perdrois avec joie.
Mon désespoir à tous m'abandonnoit en proie,
Et, lorsque d'Alidor je me vis outrager,
Je fis armes de tout afin de me venger.
Tu t'offris par hasard, je t'acceptai de rage;
Je te donnai son bien, et non pas mon courage.
Ce change à mon courroux jetoit un faux appas[1];
Je le nommois sa peine, et c'étoit mon trépas :
Je prenois pour vengeance une telle injustice;
Et, dessous ces couleurs, j'adorois mon supplice[2].
Aveugle que j'étois ! mon peu de jugement
Ne se laissoit guider qu'à mon ressentiment.
Mais depuis, Alidor m'a fait voir que son ame,
En feignant un mépris, n'avoit pas moins de flamme.
Il a repris mon cœur, en me rendant les yeux;
Et soudain mon amour m'a fait haïr ces lieux.

DORASTE.

Tu suivois Alidor !

ANGÉLIQUE.

Ta funeste arrivée,
En arrêtant mes pas, de ce bien m'a privée;
Mais si....

DORASTE.

Tu le suivois !

ANGÉLIQUE.

Oui : fais tous tes efforts;
Lui seul aura mon cœur, tu n'auras que le corps[3].

---

[1] VAR. Le change à mon dépit jetoit un faux appas. (1637-54.)

[2] VAR. Et dessous ses couleurs j'adorois mon supplice. (1637-54.)

[3] Ce vers est contraire à la bienséance. L'art d'exprimer avec délicatesse ce qui blesse la modestie, et de le voiler aux yeux de

DORASTE.

Impudente, effrontée autant comme traîtresse [1],
De ce cher Alidor tiens-tu cette promesse?
Est-elle de sa main, parjure? De bon cœur
J'aurois cédé ma place à ce premier vainqueur;
Mais suivre un inconnu! me quitter pour Cléandre!

ANGÉLIQUE.

Pour Cléandre!

DORASTE.

J'ai tort; je tâche à te surprendre.
Vois ce qu'en te cherchant m'a donné le hasard;
C'est ce que dans ta chambre a laissé ton départ :
C'est là qu'au lieu de toi j'ai trouvé sur ta table
De ta fidélité la preuve indubitable.
Lis, mais ne rougis point; et me soutiens encor
Que tu ne fuis ces lieux que pour suivre Alidor.

BILLET DE CLÉANDRE A ANGÉLIQUE.

(Elle lit.)

« Angélique, reçois ce gage
« De la foi que je te promets
« Qu'un prompt et sacré mariage
« Unira nos jours désormais.
« Quittons ces lieux, chère maîtresse;
« Rien ne peut que ta fuite assurer mon bonheur :
« Mais laisse aux tiens cette promesse
« Pour sûreté de ton honneur,

l'imagination par une expression vague et légère, cet art dont Racine a été le plus parfait modèle, n'était pas connu avant Corneille, et n'étoit pas même assez connu de lui. (Marm.)

[1] Dans la passion, même la plus violente, ces mots-là ne sont plus soufferts. Une femme est censée ne pouvoir les entendre. (Marm.)

« Afin qu'ils en puissent apprendre
« Que tu suis ton mari lorsque tu suis Cléandre.

« CLÉANDRE. »

Que je suis mon mari lorsque je suis Cléandre?
Alidor est perfide, ou Doraste imposteur.
Je vois la trahison, et doute de l'auteur.
Mais pour m'en éclaircir ce billet doit suffire[1] ;
Je le pris d'Alidor, et le pris sans le lire ;
Et, puisqu'à m'enlever son bras se refusoit,
Il ne prétendoit rien au larcin qu'il faisoit.
Le traître ! J'étois donc destinée à Cléandre !
Hélas ! Mais qu'à propos le ciel l'a fait méprendre,
Et, ne consentant point à ses lâches desseins,
Met au lieu d'Angélique une autre entre ses mains !

DORASTE.

Que parles-tu d'une autre en ta place ravie?

ANGÉLIQUE.

J'en ignore le nom, mais elle m'a suivie ;
Et ceux qui m'attendoient dans l'ombre de la nuit...[2].

DORASTE.

C'en est assez, mes yeux du reste m'ont instruit.
Autre n'est que Phylis entre leurs mains tombée ;
Après toi de la salle elle s'est dérobée.
J'arrête une maîtresse, et je perds une sœur :
Mais allons promptement après le ravisseur.

---

[1] VAR. Toutefois ce papier suffit pour m'en instruire ;
    Je le pris d'Alidor, mais le pris sans le lire. (1637-54.)

[2] VAR. Et quelle qu'elle soit....
    DORASTE.
    Il suffit, n'en dis plus ;
    Après ce que j'ai vu, j'en sais trop là-dessus. (1637-54.)

SCÈNE VIII.

ANGÉLIQUE.

Dure condition de mon malheur extrême !
Si j'aime, on me trahit ; je trahis, si l'on m'aime.
Qu'accuserai-je ici d'Alidor ou de moi ?
Nous manquons l'un et l'autre également de foi.
Si j'ose l'appeler lâche, traître, parjure,
Ma rougeur aussitôt prendra part à l'injure ;
Et les mêmes couleurs qui peindront ses forfaits,
Des miens en même temps exprimeront les traits.
Mais quel aveuglement nos deux crimes égale,
Puisque c'est pour lui seul que je suis déloyale ?
L'amour m'a fait trahir (qui n'en trahiroit pas ?),
Et la trahison seule a pour lui des appas.
Son crime est sans excuse, et le mien pardonnable :
Il est deux fois, que dis-je ? il est le seul coupable ;
Il m'a prescrit la loi, je n'ai fait qu'obéir ;
Il me trahit lui-même, et me force à trahir.
  Déplorable Angélique, en malheurs sans seconde,
Que veux-tu désormais, que peux-tu faire au monde[1],
Si ton ardeur sincère et ton peu de beauté
N'ont pu te garantir d'une déloyauté ?
Doraste tient ta foi ; mais si ta perfidie
A jusqu'à te quitter son ame refroidie,
Suis, suis dorénavant de plus saines raisons,

---

[1] Var. Que peux-tu désormais, que peux-tu faire au monde,
  Si ton amour fidèle et ton peu de beauté. (1637-54.)

ACTE IV, SCÈNE VIII.

Et, sans plus t'exposer à tant de trahisons [1],
Puisque de ton amour on fait si peu de compte,
Va cacher dans un cloître, et tes pleurs, et ta honte.

[1] Var. Et ne t'expose plus à tant de trahisons ;
Et tant qu'on ait pu voir la fin de ce mécompte,
Va cacher dans ta chambre et tes pleurs et ta honte. (1637-51.)

FIN DU QUATRIÈME ACTE.

ACTE CINQUIÈME.

SCÈNE I.
CLÉANDRE, PHYLIS.

CLÉANDRE.
Accordez-moi ma grace avant qu'entrer chez vous.
PHYLIS.
Vous voulez donc, enfin, d'un bien commun à tous?
Craignez-vous qu'à vos feux ma flamme ne réponde?
Et puis-je vous haïr, si j'aime tout le monde?
CLÉANDRE.
Votre bel esprit raille, et, pour moi seul cruel,
Du rang de vos amants sépare un criminel :
Toutefois mon amour n'est pas moins légitime,
Et mon erreur du moins me rend vers vous sans crime.
Soyez, quoi qu'il en soit, d'un naturel plus doux :
L'Amour a pris le soin de me punir pour vous;
Les traits que cette nuit il trempoit dans vos larmes
Ont triomphé d'un cœur invincible à vos charmes.
PHYLIS.
Puisque vous ne m'aimez que par punition,
Vous m'obligez fort peu de cette affection.
CLÉANDRE.
Après votre beauté, sans raison négligée,
Il me punit bien moins qu'il ne vous a vengée.
Avez-vous jamais vu dessein plus renversé?

Quand j'ai la force en main, je me trouve forcé;
Je crois prendre une fille, et suis pris par une autre;
J'ai tout pouvoir sur vous, et me remets au vôtre.
Angélique me perd, quand je crois l'acquérir;
Je gagne un nouveau mal, quand je pense guérir.
Dans un enlèvement je hais la violence;
Je suis respectueux après cette insolence;
Je commets un forfait, et n'en saurois user;
Je ne suis criminel que pour m'en accuser.
Je m'expose à ma peine; et, négligeant ma fuite,
Aux vôtres offensés j'épargne la poursuite [1].
Ce que j'ai pu ravir, je viens le demander;
Et, pour vous devoir tout, je veux tout hasarder.

PHYLIS.

Vous ne me devez rien, du moins si j'en suis crue [2];
Et si mes propres yeux vous donnent dans la vue,
Si votre propre cœur soupire après ma main,
Vous courez grand hasard de soupirer en vain.

---

[1] VAR. Je m'offre à des périls que tout le monde évite;
    Ce que j'ai pu ravir, je le viens demander. (1637-47.)

[2] Vers supprimés :

CLÉANDRE.

Mais, après le danger où vous vous êtes vue,
Malgré tous vos mépris, les soins de votre honneur
Vous doivent désormais résoudre à mon bonheur.
La moitié d'une nuit passée en ma puissance
A d'étranges soupçons porte la médisance :
Cela su, présumez comme on pourra causer.

PHYLIS.

Pour étouffer ce bruit, il vous faut épouser,
Non pas! mais, au contraire, après ce mariage
On présumeroit tout à mon désavantage;
Et vous voir refusé fera mieux croire à tous
Qu'il ne s'est rien passé qu'à propos * entre nous. (1637-54.)

* VAR. . . . . . . Que de juste entre nous. (1648-54.)

Toutefois, après tout, mon humeur est si bonne,
Que je ne puis jamais désespérer personne.
Sachez que mes desirs, toujours indifférents,
Iront sans résistance au gré de mes parents;
Leur choix sera le mien : c'est vous parler sans feinte.
CLÉANDRE.
Je vois de leur côté mêmes sujets de crainte;
Si vous me refusez, m'écouteront-ils mieux [1]?
PHYLIS.
Le monde vous croit riche, et mes parents sont vieux.
CLÉANDRE.
Puis-je sur cet espoir....?
PHYLIS.
      C'est assez vous en dire [2].

SCÈNE II.
ALIDOR, CLÉANDRE, PHYLIS.

ALIDOR.
Cléandre a-t-il enfin ce que son cœur desire?
Et ses amours, changés par un heureux hasard,
De celui de Phylis ont-ils pris quelque part?
CLÉANDRE.
Cette nuit tu l'as vue en un mépris extrême,
Et maintenant, ami, c'est encore elle-même :
Son orgueil se redouble étant en liberté,
Et devient plus hardi, d'agir en sûreté.
J'espère toutefois, à quelque point qu'il monte,

---

[1] Var. Si vous me refusez, m'écouteroient-ils mieux? (1637-54.)

[2] Var. . . . . . . Il vous faudroit tout dire. (1637-54.)

Qu'à la fin....
PHYLIS.
Cependant que vous lui rendrez compte,
Je vais voir mes parents, que ce coup de malheur
A mon occasion accable de douleur.
Je n'ai tardé que trop à les tirer de peine.
ALIDOR, retenant Cléandre qui la veut suivre.
Est-ce donc tout de bon qu'elle t'est inhumaine?
CLÉANDRE.
Il la faut suivre. Adieu. Je te puis assurer
Que je n'ai pas sujet de me désespérer.
Va voir ton Angélique, et la compte pour tienne,
Si tu la vois d'humeur qui ressemble à la sienne [1].
ALIDOR.
Tu me la rends enfin?
CLÉANDRE.
Doraste tient sa foi :
Tu possèdes son cœur; qu'auroit-elle pour moi?
Quelques charmants appas qui soient sur son visage,
Je n'y saurois avoir qu'un fort mauvais partage :
Peut-être elle croiroit qu'il lui seroit permis
De ne me rien garder, ne m'ayant rien promis;
Il vaut mieux que ma flamme à son tour te la cède [2].
Mais, derechef, adieu.

---

[1] VAR. Pourvu que son humeur soit pareille à la sienne. (1637-54.)

[2] VAR. Je m'exposerois trop à des maux sans remède.
Mais, derechef, adieu.
ALIDOR.
Qu'ainsi tout me succède,
Comme si ses desirs se régloient sur mes vœux! (1637-54.)

SCÈNE III.

ALIDOR.

Ainsi tout me succède;
Ses plus ardents desirs se règlent sur mes vœux :
Il excepte Angélique, et la rend quand je veux;
Quand je tâche à la perdre, il meurt de m'en défaire;
Quand je l'aime, elle cesse aussitôt de lui plaire.
Mon cœur prêt à guérir, le sien se trouve atteint;
Et mon feu rallumé, le sien se trouve éteint :
Il aime quand je quitte, il quitte alors que j'aime;
Et, sans être rivaux, nous aimons en lieu même.
C'en est fait, Angélique, et je ne saurois plus
Rendre contre tes yeux des combats superflus.
De ton affection cette preuve dernière
Reprend sur tous mes sens une puissance entière.
Les ombres de la nuit m'ont redonné le jour [1].
Que j'eus de perfidie, et que je vis d'amour !
Quand je sus que Cléandre avoit manqué sa proie,
Que j'en eus de regret, et que j'en ai de joie !
Plus je t'étois ingrat, plus tu me chérissois;
Et ton ardeur croissoit, plus je te trahissois.
Aussi j'en fus honteux; et, confus dans mon ame,
La honte et le remords rallumèrent ma flamme.
Que l'amour pour nous vaincre a de chemins divers !
Et que malaisément on rompt de si beaux fers !
C'est en vain qu'on résiste aux traits d'un beau visage;
En vain, à son pouvoir refusant son courage,
On veut éteindre un feu par ses yeux allumé,

---

[1] Var. Aveugle, cette nuit m'a redonné le jour. (1637-54.)

ACTE V, SCÈNE III.

Et ne le point aimer quand on s'en voit aimé :
Sous ce dernier appas l'amour a trop de force :
Il jette dans nos cœurs une trop douce amorce,
Et ce tyran secret de nos affections
Saisit trop puissamment nos inclinations.
Aussi ma liberté n'a plus rien qui me flatte;
Le grand soin que j'en eus partoit d'une ame ingrate;
Et mes desseins, d'accord avecque mes desirs,
A servir Angélique ont mis tous mes plaisirs¹.
Mais, hélas! ma raison est-èlle assez hardie
Pour croire qu'on me souffre après ma perfidie²?
Quelque secret instinct, à mon bonheur fatal,
Ne la porte-t-il point à me vouloir du mal³?
Que de mes trahisons elle seroit vengée,
Si, comme mon humeur, la sienne étoit changée !
Mais qui la changeroit, puisqu'elle ignore encor
Tous les lâches complots du rebelle Alidor?
Que dis-je, malheureux? ah! c'est trop me méprendre⁴.
Elle en a trop appris du billet de Cléandre;
Son nom au lieu du mien en ce papier souscrit
Ne lui montre que trop le fond de mon esprit.
Sur ma foi toutefois elle le prit sans lire;
Et, si le ciel vengeur contre moi ne conspire,
Elle s'y fie assez pour n'en avoir rien lu.

---

¹ Corneille a supprimé ici ces quatre vers :
    Je ne m'obstine plus à mériter sa haine;
    Je me sens trop heureux d'une si belle chaîne :
    Ce sont traits d'esprit fort que d'en vouloir sortir,
    Et c'est où ma raison ne peut plus consentir. (1637-54.)
² Var. Pour me dire qu'on m'aime après ma perfidie ? (1637-54.)
³ Var. Porte-t-il point ma belle à me vouloir du mal ? (1637-54.)
⁴ Var. Que dis-je ? misérable ! ah ! c'est trop me méprendre. (1637-54.)

Entrons, quoi qu'il en soit, d'un esprit résolu [1];
Dérobons à ses yeux le témoin de mon crime :
Et si pour l'avoir lu sa colère s'anime [2],
Et qu'elle veuille user d'une juste rigueur,
Nous savons les moyens de regagner son cœur [3].

SCÈNE IV.

DORASTE, LYCANTE.

DORASTE.

Ne sollicite plus mon ame refroidie.
Je méprise Angélique après sa perfidie ;
Mon cœur s'est révolté contre ses lâches traits ;
Et qui n'a point de foi, n'a point pour moi d'attraits.
Veux-tu qu'on me trahisse, et que mon amour dure?
J'ai souffert sa rigueur, mais je hais son parjure,
Et tiens sa trahison indigne à l'avenir
D'occuper aucun lieu dedans mon souvenir.
Qu'Alidor la possède ; il est traître comme elle :
Jamais pour ce sujet nous n'aurons de querelle.
Pourrois-je avec raison lui vouloir quelque mal [4]
De m'avoir délivré d'un esprit déloyal?
Ma colère l'épargne, et n'en veut qu'à Cléandre :
Il verra que son pire étoit de se méprendre ;
Et, si je puis jamais trouver ce ravisseur,
Il me rendra soudain et la vie, et ma sœur.

---

[1] Var. Entrons, à tous hasards, d'un esprit résolu. (1637-54.)

[2] Var. Que si, pour l'avoir lu, sa colère s'anime. (1637-54.)

[3] Var. Nous savons les chemins de regagner son cœur. (1637-54.)

[4] Var. J'aurois peu de raison de lui vouloir du mal
　　　Pour m'avoir délivré d'un esprit déloyal. (1637-54.)

ACTE V, SCÈNE IV.

LYCANTE.

Faites mieux; puisqu'à peine elle pourroit prétendre [1]
Une fortune égale à celle de Cléandre,
En faveur de ses biens calmez votre courroux [2],
Et de son ravisseur faites-en son époux.
Bien qu'il eût fait dessein sur une autre personne,
Faites-lui retenir ce qu'un hasard lui donne;
Je crois que cet hymen pour satisfaction
Plaira mieux à Phylis que sa punition.

DORASTE.

Nous consultons en vain, ma poursuite étant vaine.

LYCANTE.

Nous le rencontrerons, n'en soyez point en peine;
Où que soit sa retraite, il n'est pas toujours nuit :
Et ce qu'un jour nous cache, un autre le produit.
Mais, dieux! voilà Phylis qu'il a déjà rendue.

[1] VAR. Faites mieux ; votre sœur à peine peut prétendre. (1637-54.)
Dans les premières éditions ces vers sont précédés de ceux-ci, que Corneille a supprimés :
    Écoutez un peu moins votre ame généreuse.
    Que feriez-vous par-là qu'une sœur malheureuse ?
    Les soins de son honneur que vous devez avoir
    Pour d'autres intérêts vous doivent émouvoir.
    Après que par hasard Cléandre l'a ravie,
    Elle perdroit l'honneur s'il en perdoit la vie.
    On la croiroit son reste, et, pour la posséder,
    Peu d'amants sur ce bruit se voudroient hasarder. (1637-54.)

[2] VAR. Que l'excès de ses biens vous le rende chéri,
    Et de son ravisseur faites-en son mari,
    Encor que son dessein ne fût pour sa personne. (1637-54.)

SCÈNE V.

PHYLIS, DORASTE, LYCANTE.

DORASTE.

Ma sœur, je te retrouve après t'avoir perdue [1] !
Et, de grace, quel lieu me cache le voleur
Qui, pour s'être mépris, a causé ton malheur ?
Que son trépas....
    PHYLIS.
      Tout beau ; peut-être ta colère,
Au lieu de ton rival, en veut à ton beau-frère [2].
En un mot, tu sauras qu'en cet enlèvement
Mes larmes m'ont acquis Cléandre pour amant ;
Son cœur m'est demeuré pour peine de son crime,
Et veut changer un rapt en amour légitime [3].
Il fait tous ses efforts pour gagner mes parents,
Et s'il les peut fléchir, quant à moi, je me rends ;
Non, à dire le vrai, que son objet me tente [4] ;
Mais, mon père content, je dois être contente.
Tandis, par la fenêtre ayant vu ton retour,
Je t'ai voulu sur l'heure apprendre cet amour,
Pour te tirer de peine, et rompre ta colère.

DORASTE.

Crois-tu que cet hymen puisse me satisfaire ?

---

[1] Var. Ma sœur, je te retiens après t'avoir perdue ! (1637.)
  Et, de grace, quel lieu recèle le voleur. (1637-54.)

[2] Var. Au lieu de ton rival, attaque ton beau-frère. (1637-54.)

[3] Var. Et veut faire d'un rapt un amour légitime. (1637-54.)

[4] Var. Non pas, à dire vrai, que son objet me tente ;
  Mais, mon père content, je suis assez contente. (1637-54.)

ACTE V, SCÈNE VI.

PHYLIS.
Si tu n'es ennemi de mes contentements,
Ne prends mes intérêts que dans mes sentiments;
Ne fais point le mauvais, si je ne suis mauvaise,
Et ne condamne rien à moins qu'il me déplaise [1].
En cette occasion, si tu me veux du bien,
C'est à toi de régler ton esprit sur le mien [2].
Je respecte mon père, et le tiens assez sage
Pour ne résoudre rien à mon désavantage;
Si Cléandre le gagne, et m'en peut obtenir,
Je crois de mon devoir....

LYCANTE.
           Je l'aperçois venir.
Résolvez-vous, monsieur, à ce qu'elle desire.

SCÈNE VI.
CLÉANDRE, DORASTE, PHYLIS, LYCANTE.

CLÉANDRE.
Si vous n'êtes d'humeur, madame, à vous dédire [5],
Tout me rit désormais, j'ai leur consentement.
Mais excusez, monsieur, le transport d'un amant;
Et souffrez qu'un rival, confus de son offense,
Pour en perdre le nom entre en votre alliance.
Ne me refusez point un oubli du passé;
Et, son ressouvenir à jamais effacé,
Bannissant toute aigreur, recevez un beau-frère

---

[1] Var. Eh quoi! ce qui me plaît, faut-il qu'il te déplaise? (1637-54.)

[2] Var. Règle, plus modéré, ton esprit sur le mien. (1637-54.)

[5] Var. Si tu n'es, mon souci, d'humeur à te dédire. (1637-54.)

CORNEILLE. — T. II.

Que votre sœur accepte après l'aveu d'un père.
DORASTE.
Quand j'aurois sur ce point des avis différents,
Je ne puis contredire au choix de mes parents;
Mais, outre leur pouvoir, votre ame généreuse,
Et ce franc procédé qui rend ma sœur heureuse,
Vous acquièrent les biens qu'ils vous ont accordés,
Et me font souhaiter ce que vous demandez.
Vous m'avez obligé, de m'ôter Angélique;
Rien de ce qui la touche à présent ne me pique :
Je n'y prends plus de part, après sa trahison.
Je l'aimai par malheur, et la hais par raison.
Mais la voici qui vient, de son amant suivie.

SCÈNE VII.

ALIDOR, ANGÉLIQUE, DORASTE, CLÉANDRE, PHYLIS, LYCANTE.

ALIDOR.
Finissez vos mépris, ou m'arrachez la vie.
ANGÉLIQUE.
Ne m'importune plus, infidèle. Ah, ma sœur!
Comme as-tu pu sitôt tromper ton ravisseur?
PHYLIS, à Angélique.
Il n'en a plus le nom; et son feu légitime,
Autorisé des miens, en efface le crime;
Le hasard me le donne, et, changeant ses desseins,
Il m'a mise en son cœur aussi bien qu'en ses mains.
Son erreur fut soudain de son amour suivie;
Et je ne l'ai ravi qu'après qu'il m'a ravie.
Jusque-là tes beautés ont possédé ses vœux;

ACTE V, SCÈNE VII.

Mais l'amour d'Alidor faisoit taire ses feux.
De peur de l'offenser te cachant son martyre,
Il me venoit conter ce qu'il ne t'osoit dire;
Mais nous changeons de sort par cet enlèvement[1] :
Tu perds un serviteur, et j'y gagne un amant.

DORASTE, à Phylis.

Dis-lui qu'elle en perd deux, mais qu'elle s'en console,
Puisque avec Alidor je lui rends sa parole.

(à Angélique.)

Satisfaites sans crainte à vos intentions;
Je ne mets plus d'obstacle à vos affections.
Si vous faussez déja la parole donnée,
Que ne feriez-vous point après notre hyménée?
Pour moi, malaisément on me trompe deux fois :
Vous l'aimez, j'y consens, et lui cède mes droits[2].

ALIDOR, à Angélique.

Puisque vous me pouvez accepter sans parjure,
Pouvez-vous consentir que votre rigueur dure[3]?
Vos yeux sont-ils changés? vos feux sont-ils éteints?
Et quand mon amour croît, produit-il vos dédains?
Voulez-vous....

ANGÉLIQUE.

Déloyal, cesse de me poursuivre;
Si je t'aime jamais, je veux cesser de vivre.
Quel espoir mal conçu te rapproche de moi?
Aurois-je de l'amour pour qui n'a point de foi?

DORASTE.

Quoi! le bannissez-vous parcequ'il vous ressemble?

---

[1] Var. Mais la chance est tournée en cet enlèvement. (1637-54.)

[2] Var. Vous l'aimiez, aimez-le; je lui cède mes droits. (1637-54.)

[3] Var. Mon ame, se peut-il que votre rigueur dure?
    Suis-je plus Alidor? vos feux sont-ils éteints? (1637-54.)

Cette union d'humeurs vous doit unir ensemble.
Pour ce manque de foi c'est trop le rejeter :
Il ne l'a pratiqué que pour vous imiter.
                ANGÉLIQUE.
Cessez de reprocher à mon ame troublée
La faute où la porta son ardeur aveuglée.
Vous seul avez ma foi, vous seul à l'avenir
Pouvez à votre gré me la faire tenir :
Si toutefois, après ce que j'ai pu commettre,
Vous me pouvez haïr jusqu'à me la remettre,
Un cloître désormais bornera mes desseins;
C'est là que je prendrai des mouvements plus sains[1];
C'est là que, loin du monde et de sa vaine pompe,
Je n'aurai qui tromper, non plus que qui me trompe.
                ALIDOR.
Mon souci.
                ANGÉLIQUE.
        Tes soucis doivent tourner ailleurs.
            PHYLIS, à Angélique.
De grace, prends pour lui des sentiments meilleurs.
            DORASTE, à Phylis.
Nous leur nuisons, ma sœur; hors de notre présence
Elle se porteroit à plus de complaisance;
L'Amour seul, assez fort pour la persuader,
Ne veut point d'autre tiers à les raccommoder.
            CLÉANDRE, à Doraste.
Mon amour, ennuyé des yeux de tant de monde,
Adore la raison où votre avis se fonde.
Adieu, belle Angélique, adieu ; c'est justement
Que votre ravisseur vous cède à votre amant.

---

[1] Var. C'est là que je prendrai des mouvements plus saints. (1637-54.)

ACTE V, SCÈNE VII.

DORASTE, à Angélique.
Je vous eus par dépit, lui seul il vous mérite;
Ne lui refusez point ma part que je lui quitte.

PHYLIS.
Si tu m'aimes, ma sœur, fais-en autant que moi [1],
Et laisse à tes parents à disposer de toi.
Ce sont des jugements imparfaits que les nôtres :
Le cloître a ses douceurs; mais le monde en a d'autres,
Qui, pour avoir un peu moins de solidité,
N'accommodent que mieux notre instabilité [2].
Je crois qu'un bon dessein dans le cloître te porte :
Mais un dépit d'amour n'en est pas bien la porte;
Et l'on court grand hasard d'un cuisant repentir
De se voir en prison sans espoir d'en sortir.

CLÉANDRE, à Phylis.
N'achèverez-vous point?

PHYLIS.
J'ai fait, et vous vais suivre.
Adieu. Par mon exemple apprends comme il faut vivre,
Et prends pour Alidor un naturel plus doux.

(Cléandre, Doraste, Phylis et Lycante rentrent.)

ANGÉLIQUE.
Rien ne rompra le coup à quoi je me résous :
Je me veux exempter de ce honteux commerce
Où la déloyauté si pleinement s'exerce;
Un cloître est désormais l'objet de mes desirs :
L'ame ne goûte point ailleurs de vrais plaisirs.
Ma foi qu'avoit Doraste engageoit ma franchise;
Et je ne vois plus rien, puisqu'il me l'a remise,

---

[1] VAR. Si tu l'aimes, ma sœur, fais-en autant que moi. (1637-54.)

[2] VAR. N'accommodent que mieux notre fragilité. (1637-54.)

Qui me retienne au monde, ou m'arrête en ce lieu :
Cherche une autre à trahir; et pour jamais, adieu.

SCÈNE VIII.

ALIDOR.

Que par cette retraite elle me favorise!
Alors que mes desseins cèdent à mes amours,
Et qu'ils ne sauroient plus défendre ma franchise,
Sa haine et ses refus viennent à leur secours.

J'avois beau la trahir, une secrète amorce
Rallumoit dans mon cœur l'amour par la pitié;
Mes feux en recevoient une nouvelle force,
Et toujours leur ardeur en croissoit de moitié.

Ce que cherchoit par-là mon ame peu rusée,
De contraires moyens me l'ont fait obtenir;
Je suis libre à présent qu'elle est désabusée,
Et je ne l'abusois que pour le devenir.

Impuissant ennemi de mon indifférence,
Je brave, vain Amour, ton débile pouvoir :
Ta force ne venoit que de mon espérance,
Et c'est ce qu'aujourd'hui m'ôte son désespoir.

Je cesse d'espérer, et commence de vivre;
Je vis dorénavant, puisque je vis à moi;
Et, quelques doux assauts qu'un autre objet me livre,
C'est de moi seulement que je prendrai la loi.

ACTE V, SCÈNE VIII.

Beautés, ne pensez point à rallumer ma flamme [1];
Vos regards ne sauroient asservir ma raison;
Et ce sera beaucoup emporté sur mon ame
S'ils me font curieux d'apprendre votre nom.

Nous feindrons toutefois, pour nous donner carrière,
Et pour mieux déguiser nous en prendrons un peu;
Mais nous saurons toujours rebrousser en arrière,
Et, quand il nous plaira, nous retirer du jeu.

Cependant Angélique enfermant dans un cloître
Ses yeux, dont nous craignions la fatale clarté,
Les murs qui garderont ces tyrans de paroître
Serviront de remparts à notre liberté.

Je suis hors de péril qu'après son mariage
Le bonheur d'un jaloux augmente mon ennui;
Et ne serai jamais sujet à cette rage
Qui naît de voir son bien entre les mains d'autrui.

Ravi qu'aucun n'en ait ce que j'ai pu prétendre,
Puisqu'elle dit au monde un éternel adieu,
Comme je la donnois sans regret à Cléandre,
Je verrai sans regret qu'elle se donne à Dieu.

[1] VAR. Beautés, ne pensez point à réveiller ma flamme. (1637-54.)

FIN.

EXAMEN
DE LA PLACE ROYALE.

Je ne puis dire tant de bien de celle-ci que de la précédente. Les vers en sont plus forts; mais il y a manifestement une duplicité d'action. Alidor, dont l'esprit extravagant se trouve incommodé d'un amour qui l'attache trop, veut faire en sorte qu'Angélique sa maîtresse se donne à son ami Cléandre; et c'est pour cela qu'il lui fait rendre une fausse lettre qui le convainc de légèreté, et qu'il joint à cette supposition des mépris assez piquants pour l'obliger dans sa colère à accepter les affections d'un autre. Ce dessein avorte, et la donne à Doraste contre son intention; et cela l'oblige à en faire un nouveau pour la porter à un enlèvement. Ces deux desseins, formés ainsi l'un après l'autre, font deux actions, et donnent deux ames au poëme, qui d'ailleurs finit assez mal par un mariage de deux personnes épisodiques, qui ne tiennent que le second rang dans la pièce. Les premiers acteurs y achèvent bizarrement, et tout ce qui les regarde fait languir le cinquième acte, où ils ne paroissent plus, à le bien prendre, que comme seconds acteurs. L'épilogue d'Alidor n'a pas la grace de celui de la Suivante, qui, ayant été très intéressée dans l'action principale, et demeurant enfin sans amant, n'ose expliquer ses sentiments en la présence de sa maîtresse et de son père, qui ont tous deux leur compte, et les laisse rentrer pour pester en liberté contre eux et sa mauvaise fortune, dont elle se plaint en elle-même, et fait par-là connoître au spectateur l'assiette de son esprit après un effet si contraire à ses souhaits.

Alidor est sans doute trop bon ami pour être si mauvais

amant. Puisque sa passion l'importune tellement qu'il veut bien outrager sa maîtresse pour s'en défaire, il devroit se contenter de ce premier effort, qui la fait obtenir à Doraste, sans s'embarrasser de nouveau pour l'intérêt d'un ami, et hasarder en sa considération un repos qui lui est si précieux. Cet amour de son repos n'empêche point qu'au cinquième acte il ne se montre encore passionné pour cette maîtresse, malgré la résolution qu'il avoit prise de s'en défaire, et les trahisons qu'il lui a faites; de sorte qu'il semble ne commencer à l'aimer véritablement que quand il lui a donné sujet de le haïr. Cela fait une inégalité de mœurs qui est vicieuse.

Le caractère d'Angélique sort de la bienséance, en ce qu'elle est trop amoureuse, et se résout trop tôt à se faire enlever par un homme qui lui doit être suspect. Cet enlèvement lui réussit mal; et il a été bon de lui donner un mauvais succès, bien qu'il ne soit pas besoin que les grands crimes soient punis dans la tragédie, parceque leur peinture imprime assez d'horreur pour en détourner les spectateurs. Il n'en est pas de même des fautes de cette nature, et elles pourroient engager un esprit jeune et amoureux à les imiter, si l'on voyoit que ceux qui les commettent vinssent à bout, par ce mauvais moyen, de ce qu'ils desirent.

Malgré cet abus, introduit par la nécessité, et légitimé par l'usage, de faire dire dans la rue à nos amantes de comédie ce que vraisemblablement elles diroient dans leur chambre, je n'ai osé y placer Angélique durant la réflexion douloureuse qu'elle fait sur la promptitude et l'imprudence de ses ressentiments, qui la font consentir à épouser l'objet de sa haine : j'ai mieux aimé rompre la liaison des scènes, et l'unité de lieu qui se trouve assez exacte en ce poëme, à cela près, afin de la faire soupirer dans son cabinet avec plus de bienséance pour elle, et plus de sûreté pour l'entretien d'Alidor. Phylis, qui le voit sortir de chez elle, en auroit trop vu, si elle les avoit aperçus tous deux sur le théâtre;

et, au lieu du soupçon de quelque intelligence renouée entre eux qui la porte à l'observer durant le bal, elle auroit eu sujet d'en prendre une entière certitude, et d'y donner un ordre qui eût rompu tout le nouveau dessein d'Alidor et l'intrigue de la pièce.

MÉDÉE,

TRAGÉDIE.

1635.

ÉPITRE

DE CORNEILLE

A MONSIEUR P. T. N. G. [1]

Monsieur,

Je vous donne Médée toute méchante qu'elle est, et ne vous dirai rien pour sa justification. Je vous la donne pour telle que vous la voudrez prendre, sans tâcher à prévenir ou violenter vos sentiments par un étalage des préceptes de l'art, qui doivent être fort mal entendus et fort mal pratiqués quand ils ne nous font pas arriver au but que l'art se propose. Celui de la poésie dramatique est de plaire, et les règles qu'elle nous prescrit ne sont que des adresses pour en faciliter les moyens au poëte, et non pas des raisons qui puis-

---

[1] Je n'ai pu découvrir qui est ce monsieur P. T. N. G. à qui Corneille dédie *Médée;* mais il est assez utile de voir que l'auteur condamne lui-même son ouvrage. Cette dédicace a été faite plusieurs années après la représentation. Il était alors assez grand pour avouer qu'il ne l'avait pas toujours été. (V.)

Médée fut imprimée pour la première fois en 1639.

sent persuader aux spectateurs qu'une chose soit agréable quand elle leur déplaît. Ici vous trouverez le crime en son char de triomphe, et peu de personnages sur la scène dont les mœurs ne soient plus mauvaises que bonnes; mais la peinture et la poésie ont cela de commun entre beaucoup d'autres choses, que l'une fait souvent de beaux portraits d'une femme laide, et l'autre de belles imitations d'une action qu'il ne faut pas imiter. Dans la portraiture[1], il n'est pas question si un visage est beau, mais s'il ressemble; et dans la poésie, il ne faut pas considérer si les mœurs sont vertueuses, mais si elles sont pareilles à celles de la personne qu'elle introduit. Aussi nous décrit-elle indifféremment les bonnes et les mauvaises actions, sans nous proposer les dernières pour exemple; et, si elle nous en veut faire quelque horreur, ce n'est point par leur punition, qu'elle n'affecte pas de nous faire voir, mais par leur laideur, qu'elle s'efforce de nous représenter au naturel. Il n'est pas besoin d'avertir ici le public que celles de cette tragédie ne sont pas à imiter : elles paroissent assez à découvert pour n'en faire envie à personne. Je n'examine point si elles sont vraisemblables ou non; cette difficulté, qui est la plus délicate de la poésie, et peut-être la moins entendue, demanderoit un discours

---

[1] *Portraiture* est un mot suranné, et c'est dommage; il est nécessaire : *portraiture* signifie l'art de faire ressembler : on emploie aujourd'hui *portrait* pour exprimer l'art et la chose. *Portraire* est encore un mot nécessaire que nous avons abandonné. (V.)

ÉPITRE.

trop long pour une épître : il me suffit qu'elles sont autorisées ou par la vérité de l'histoire, ou par l'opinion commune des anciens. Elles vous ont agréé autrefois sur le théâtre ; j'espère qu'elles vous satisferont encore aucunement[1] sur le papier; et demeure,

Monsieur,

Votre très humble serviteur,
CORNEILLE.

---

[1] *Aucunement*, vieux mot qui signifie *en quelque sorte, en partie,* et qui valait mieux que ces périphrases. (V.)

ACTEURS.

CRÉON, roi de Corinthe.
ÆGÉE, roi d'Athènes.
JASON, mari de Médée.
POLLUX, argonaute, ami de Jason.
CRÉUSE, fille de Créon.
MÉDÉE, femme de Jason.
CLÉONE, gouvernante de Créuse.
NÉRINE, suivante de Médée.
THEUDAS, domestique de Créon.
Troupe des gardes de Créon.

La scène est à Corinthe.

MÉDÉE[1].

ACTE PREMIER.

SCÈNE I.

POLLUX, JASON.

POLLUX.
Que je sens à-la-fois de surprise et de joie!
Se peut-il qu'en ces lieux enfin je vous revoie,

---

[1] Lorsqu'on joua la *Médée* de Corneille, on n'avait d'ouvrage un peu supportable, à quelques égards, que la *Sophonisbe* de Mairet, donnée en 1633. On ne connaissait que des imitations languissantes des tragédies grecques et espagnoles, ou des inventions puériles, telles que *l'Innocente Infidélité* de Rotrou, *l'Hôpital des Fous* du nommé Beys, le *Cléomédon* de du-Ryer, *l'Orante* de Scudéry, *la Pélerine amoureuse*. Ce sont là les pièces qu'on joua dans cette même année 1635, un peu avant la *Médée* de Corneille. Avec quelle lenteur tout se forme! Nous avions déja plus de mille pièces de théâtre, et pas une seule qui pût être soufferte aujourd'hui par la populace des provinces les plus grossières. Il en a été de même dans tous les arts, et dans tout ce qui concerne les agréments de la société et les commodités de la vie. Que chaque nation parcoure son histoire, et elle verra que, depuis la chute de l'empire romain, elle a été presque sauvage pendant dix ou douze siècles. (V.)

Que Pollux dans Corinthe ait rencontré Jason?

JASON.

Vous n'y pouviez venir en meilleure saison;
Et, pour vous rendre encor l'ame plus étonnée,
Préparez-vous à voir mon second hyménée [1].

POLLUX.

Quoi! Médée est donc morte, ami?

JASON.

Non, elle vit;
Mais un objet plus beau la chasse de mon lit [2].

POLLUX.

Dieux! Et que fera-t-elle?

[1] Var. Préparez-vous à voir dans peu mon hyménée.
POLLUX.
Quoi! Médée est donc morte, à ce compte? (1639.)
JASON.
Elle vit. (1639.)
Mais un objet nouveau la chasse de mon lit. (1639-48.)

[2] Je ne ferai sur ce début qu'une seule remarque, qui pourra servir pour plusieurs autres occasions. On voit assez que c'est là le style de la comédie; on n'écrivait point alors autrement les tragédies. Les bornes qui distinguent la familiarité bourgeoise et la noble simplicité n'étaient point encore posées. Corneille fut le premier qui eut de l'élévation dans le style, comme dans les sentiments. On en voit déja plusieurs exemples dans cette pièce. Il y a de la justice à lui tenir compte du sublime qu'on y trouve quelquefois, et à n'accuser que son siècle de ce style comique, négligé et vicieux, qui déshonorait la scène tragique. Je n'insiste point sur la *meilleure saison*, sur les *mille et mille malheurs*, sur le Jason *sans conscience*, sur Créuse *possédée autant vaut*, sur une flamme *accommodée au bien des affaires*. C'était le malheureux style d'une nation qui ne savait pas encore parler. Et cela même fait voir quelle obligation nous avons au grand Corneille de s'être tiré dans ses beaux morceaux de cette fange où son siècle l'avait plongé, et d'avoir seul appris à ses contemporains l'art, si long-temps inconnu, de bien penser et de bien s'exprimer. (V.)

ACTE I, SCÈNE I.

JASON.

Et que fit Hypsipile,
Que pousser les éclats d'un courroux inutile [1]?
Elle jeta des cris, elle versa des pleurs,
Elle me souhaita mille et mille malheurs,
Dit que j'étois sans foi, sans cœur, sans conscience [2];
Et, lasse de le dire, elle prit patience.
Médée en son malheur en pourra faire autant :
Qu'elle soupire, pleure, et me nomme inconstant;
Je la quitte à regret, mais je n'ai point d'excuse
Contre un pouvoir plus fort qui me donne à Créuse.

POLLUX.

Créuse est donc l'objet qui vous vient d'enflammer [3]?
Je l'aurois deviné, sans l'entendre nommer.
Jason ne fit jamais de communes maîtresses;
Il est né seulement pour charmer les princesses,
Et haïroit l'amour, s'il avoit sous sa loi [4]
Rangé de moindres cœurs que des filles de roi.
Hypsipile à Lemnos, sur le Phase Médée,
Et Créuse à Corinthe, autant vaut, possédée,
Font bien voir qu'en tous lieux, sans le secours de Mars [5],
Les sceptres sont acquis à ses moindres regards.

---

[1] VAR. Que former dans son cœur un regret inutile,
  Jeter des cris en l'air, me nommer inconstant?
  Si bon semble à Médée, elle en peut faire autant;
  Je la quitte à regret, mais je n'ai point d'excuse. (1639.)

[2] VAR. Me nomma mille fois homme sans conscience,
  Il fallut après tout qu'elle prît patience. (1647-54.)

[3] VAR. C'est donc là cet objet qui vous tient enchaîné?
  Sans l'entendre nommer, je l'aurois deviné. (1639.)

[4] VAR. Et je crois qu'il tiendroit pour un indigne emploi
  De blesser d'autres cœurs que de filles de roi. (1639.)

[5] VAR. Font bien voir qu'en tous lieux, sans lancer d'autres dards. (1639.)

324   MÉDÉE.
JASON.
Aussi je ne suis pas de ces amants vulgaires ;
J'accommode ma flamme au bien de mes affaires :
Et, sous quelque climat que me jette le sort ¹,
Par maxime d'état je me fais cet effort.
Nous voulant à Lemnos rafraîchir dans la ville,
Qu'eussions-nous fait, Pollux, sans l'amour d'Hypsipile?
Et depuis, à Colchos, que fit votre Jason,
Que cajoler Médée, et gagner la toison ² ?
Alors, sans mon amour, qu'eût fait votre vaillance ³ ?
Eût-elle du dragon trompé la vigilance?
Ce peuple que la terre enfantoit tout armé,
Qui de vous l'eût défait, si Jason n'eût aimé ⁴ ?
Maintenant qu'un exil m'interdit ma patrie,
Créuse est le sujet de mon idolâtrie ;
Et j'ai trouvé l'adresse, en lui faisant la cour ⁵,
De relever mon sort sur les ailes d'Amour ⁶.

¹ VAR. Et, sous quelque climat que le sort me jetât,
      Je serois amoureux par maxime d'état. (1639.)

² On doit dire ici un mot de cette fameuse toison d'or. La Colchide, pays de Médée, est la Mingrélie, pays barbare, toujours habité par des barbares, où l'on pouvait faire un commerce de fourrures assez avantageux. Les Grecs entreprirent ce voyage par le passage du Pont-Euxin, qui est très périlleux ; et ce péril donna de la célébrité à l'entreprise : c'est là l'origine de toutes ces fables absurdes qui eurent cours dans l'Occident. Il n'y avait alors d'autre histoire que des fables. (V.)

³ VAR. Alors, sans mon amour, qu'étoit votre vaillance ? (1639-48.)

⁴ VAR. Qui de nous l'eût défait, si Jason n'eût aimé ? (1639.)

⁵ VAR. Et que pouvois-je mieux que lui faire la cour,
      Et relever mon sort sur les ailes d'Amour ? (1639.)

⁶ Ce vers est un exemple de ce mauvais goût qui régnait alors chez toutes les nations de l'Europe. Les métaphores outrées, les comparaisons fausses, étaient les seuls ornements qu'on em-

ACTE I, SCÈNE I.

POLLUX.

Que parlez-vous d'exil? La haine de Pélie....

JASON.

Me fait, tout mort qu'il est, fuir de sa Thessalie.

POLLUX.

Il est mort!

JASON.

Écoutez, et vous saurez comment
Son trépas seul m'oblige à cet éloignement[1].
Après six ans passés, depuis notre voyage,
Dans les plus grands plaisirs qu'on goûte au mariage,
Mon père, tout caduc, émouvant ma pitié,
Je conjurai Médée, au nom de l'amitié....

POLLUX.

J'ai su comme son art, forçant les destinées,
Lui rendit la vigueur de ses jeunes années ;
Ce fut, s'il m'en souvient, ici que je l'appris ;
D'où soudain un voyage en Asie entrepris
Fait que, nos deux séjours divisés par Neptune,
Je n'ai point su depuis quelle est votre fortune ;
Je n'en fais qu'arriver.

---

ployât; on croyait avoir surpassé Virgile et le Tasse quand on fesait voler un sort sur les ailes de l'Amour. Dryden comparait Antoine à un aigle qui portait sur ses ailes un roitelet, lequel alors s'élevait au-dessus de l'aigle; et ce roitelet c'était l'empereur Auguste. Les beautés vraies étaient par-tout ignorées. On a reproché depuis à quelques auteurs de courir après l'esprit. En effet, c'est un défaut insupportable de chercher des épigrammes quand il faut donner de la sensibilité à ses personnages; il est ridicule de montrer ainsi l'auteur quand le héros seul doit paraître au naturel; mais ce défaut puéril était bien plus commun du temps de Corneille que du nôtre. (V.)

[1] VAR. Son trépas seul me force à cet éloignement. (1639-54.)

JASON.
　　　　　　　　　Apprenez donc de moi
Le sujet qui m'oblige à lui manquer de foi.
　Malgré l'aversion d'entre nos deux familles,
De mon tyran Pélie elle gagne les filles ¹,
Et leur feint de ma part tant d'outrages reçus,
Que ces foibles esprits sont aisément déçus.
Elle fait amitié, leur promet des merveilles,
Du pouvoir de son art leur remplit les oreilles ;
Et, pour mieux leur montrer comme il est infini,
Leur étale sur-tout mon père rajeuni.
Pour épreuve elle égorge un belier à leurs vues,
Le plonge en un bain d'eaux et d'herbes inconnues,
Lui forme un nouveau sang avec cette liqueur,
Et lui rend d'un agneau la taille et la vigueur.
Les sœurs crient ² miracle, et chacune ravie
Conçoit pour son vieux père une pareille envie,
Veut un effet pareil, le demande, et l'obtient ;
Mais chacune a son but. Cependant la nuit vient ;

---

¹ Var. Du vieux tyran Pélie elle gagne les filles. (1639-54.)

² J'ai remarqué que, parmi les étrangers qui s'exercent quelquefois à faire des vers français, et parmi plusieurs provinciaux qui commencent, il s'en trouve toujours qui font *crient, plient, croient*, etc., de deux syllabes : ces mots n'en valent jamais qu'une seule, et ne peuvent être employés qu'à la fin d'un vers. Corneille fit souvent cette faute dans ses premières pièces, et c'est ce qui établit ce mauvais usage dans nos provinces. (V.) — Nous n'avons trouvé dans tout Corneille que cinq ou six exemples de cette faute, et ce n'est pas dans ses premières pièces, mais dans *le Menteur, la Suite du Menteur*, et dans *Don Sanche d'Aragon*. Quelque choquante qu'elle fût pour une oreille délicate, cette faute n'en était pas une du temps de Corneille. Molière y tombe quelquefois, et les jeunes commençants ont encore besoin d'en être avertis. (P.)

ACTE I, SCÈNE I.

Médée, après le coup d'une si belle amorce,
Prépare de l'eau pure et des herbes sans force,
Redouble le sommeil des gardes et du roi :
La suite au seul récit me fait trembler d'effroi.
A force de pitié ces filles inhumaines
De leur père endormi vont épuiser les veines ;
Leur tendresse crédule, à grands coups de couteau ¹,
Prodigue ce vieux sang, et fait place au nouveau ;
Le coup le plus mortel s'impute à grand service ;
On nomme piété ce cruel sacrifice ;
Et l'amour paternel qui fait agir leurs bras
Croiroit commettre un crime à n'en commettre pas ².
Médée est éloquente à leur donner courage :
Chacune toutefois tourne ailleurs son visage ;
Une secrète horreur condamne leur dessein ³,
Et refuse leurs yeux à conduire leur main.

POLLUX.

A me représenter ce tragique spectacle,
Qui fait un parricide, et promet un miracle,
J'ai de l'horreur moi-même, et ne puis concevoir
Qu'un esprit jusque-là se laisse décevoir.

JASON.

Ainsi mon père Æson recouvra sa jeunesse.

¹ VAR. Et leur amour crédule, à grands coups de couteau,
    Prodigue ce vieux sang qui fait place au nouveau. (1639-54.)

² Ce morceau est imité du septième livre des *Métamorphoses :*

    His, ut quæque pia est hortatibus, impia prima est ;
    Et, ne sit scelerata, facit scelus : haud tamen ictus
    Ulla suos spectare potest, oculosque reflectunt.

Remarquez que Corneille fut le premier qui sut transporter
sur la scène française les beautés des auteurs grecs et latins. (V.)

³ VAR. Et, refusant ses yeux à conduire sa main,
    N'ose voir les effets de son pieux dessein. (1639-54.)

Mais oyez le surplus. Ce grand courage cesse;
L'épouvante les prend; Médée en raille, et fuit [1].
Le jour découvre à tous les crimes de la nuit;
Et, pour vous épargner un discours inutile,
Acaste, nouveau roi, fait mutiner la ville,
Nomme Jason l'auteur de cette trahison,
Et, pour venger son père, assiége ma maison.
Mais j'étois déja loin aussi bien que Médée;
Et ma famille eufin à Corinthe abordée,
Nous saluons Créon, dont la bénignité
Nous promet contre Acaste un lieu de sûreté.
Que vous dirai-je plus? mon bonheur ordinaire
M'acquiert les volontés de la fille et du père;
Si bien que de tous deux également chéri,
L'un me veut pour son gendre, et l'autre pour mari.
D'un rival couronné les grandeurs souveraines,
La majesté d'Ægée, et le sceptre d'Athènes,
N'ont rien, à leur avis, de comparable à moi,
Et, banni que je suis, je leur suis plus qu'un roi.
Je vois trop ce bonheur, mais je le dissimule [2],
Et, bien que pour Créuse un pareil feu me brûle,
Du devoir conjugal je combats mon amour,
Et je ne l'entretiens que pour faire ma cour.
  Acaste cependant menace d'une guerre
Qui doit perdre Créon et dépeupler sa terre;
Puis, changeant tout-à-coup ses résolutions,
Il propose la paix sous des conditions.
Il demande d'abord et Jason et Médée :
On lui refuse l'un, et l'autre est accordée;

---

[1] Var. L'épouvante les prend, et Médée s'enfuit. (1639-54.)
[2] Var. L'un et l'autre pourtant de honte dissimule. (1639-54.)

ACTE I, SCÈNE I.

Je l'empêche, on débat, et je fais tellement
Qu'enfin il se réduit à son bannissement.
De nouveau je l'empêche, et Créon me refuse;
Et, pour m'en consoler, il m'offre sa Créuse.
Qu'eussé-je fait, Pollux, en cette extrémité
Qui commettoit ma vie avec ma loyauté?
Car, sans doute, à quitter l'utile pour l'honnête,
La paix alloit se faire aux dépens de ma tête[1];
Le mépris insolent des offres d'un grand roi
Aux mains d'un ennemi livroit Médée et moi.
Je l'eusse fait pourtant, si je n'eusse été père :
L'amour de mes enfants m'a fait l'ame légère;
Ma perte étoit la leur; et cet hymen nouveau
Avec Médée et moi les tire du tombeau :
Eux seuls m'ont fait résoudre, et la paix s'est conclue.

POLLUX.
Bien que de tous côtés l'affaire résolue
Ne laisse aucune place aux conseils d'un ami,
Je ne puis toutefois l'approuver qu'à demi.
Sur quoi que vous fondiez un traitement si rude,
C'est montrer pour Médée un peu d'ingratitude[2];
Ce qu'elle a fait pour vous est mal récompensé.
Il faut craindre, après tout, son courage offensé;
Vous savez mieux que moi ce que peuvent ses charmes.

JASON.
Ce sont à sa fureur d'épouvantables armes;
Mais son bannissement nous en va garantir.

---

[1] VAR. La paix s'en alloit faire aux dépens de ma tête.
　　Ce mépris insolent des offres d'un grand roi
　　Livroit aux mains d'Acaste et ma Médée et moi. (1639-54.)

[2] VAR. C'est toujours vers Médée un peu d'ingratitude. (1639.)

330   MÉDÉE.
                POLLUX.
Gardez d'avoir sujet de vous en repentir.
                JASON.
Quoi qu'il puisse arriver, ami, c'est chose faite.
                POLLUX.
La termine le ciel comme je le souhaite!
Permettez cependant qu'afin de m'acquitter,
J'aille trouver le roi pour l'en féliciter.
                JASON.
Je vous y conduirois, mais j'attends ma princesse
Qui va sortir du temple.
                POLLUX.
                    Adieu : l'amour vous presse,
Et je serois marri qu'un soin officieux
Vous fît perdre pour moi des temps si précieux [1].

SCÈNE II.

JASON.

Depuis que mon esprit est capable de flamme [2],

[1] Le lecteur judicieux s'aperçoit sans doute combien la plupart des expressions sont impropres ou familières dans cette scène. Nous demandons grace pour cette première tragédie. Nous tâcherons de ne faire des réflexions utiles que sur les pièces qui le sont elles-mêmes par les grands exemples qu'on y trouve de tous les genres de beautés. (V.)

[2] Cette scène, où Jason débute par dire que son esprit est capable de flamme, est entièrement inutile. Et ces scènes, qui ne sont que de liaison, jettent un peu de froid dans nos meilleures tragédies, qui ne sont point soutenues par le grand appareil du théâtre grec, par la magnificence des chœurs, et qui ne sont que des dialogues sur des planches. (V.)

Jamais un trouble égal n'a confondu mon ame ¹.
Mon cœur, qui se partage en deux affections,
Se laisse déchirer à mille passions.
Je dois tout à Médée, et je ne puis sans honte
Et d'elle et de ma foi tenir si peu de compte :
Je dois tout à Créon, et d'un si puissant roi
Je fais un ennemi, si je garde ma foi :
Je regrette Médée, et j'adore Créuse ² ;
Je vois mon crime en l'une, en l'autre mon excuse;
Et dessus mon regret mes désirs triomphants
Ont encor le secours du soin de mes enfants.
 Mais la princesse vient; l'éclat d'un tel visage ³
Du plus constant du monde attireroit l'hommage,
Et semble reprocher à ma fidélité
D'avoir osé tenir contre tant de beauté.

SCÈNE III.

CRÉUSE, JASON, CLÉONE.

JASON.

Que votre zèle est long, et que d'impatience ⁴
Il donne à votre amant, qui meurt en votre absence !
CRÉUSE.
Je n'ai pas fait pourtant au ciel beaucoup de vœux;

---

¹ Var. Jamais un trouble égal ne confondit mon ame. (1639-54.)

² Var. J'ai regret à Médée, et j'adore Créuse. (1639-54.)

³ Var. Mais la voici qui vient; l'éclat d'un tel visage. (1639-54.)

⁴ Var. Que vos dévotions d'une longue souffrance
   Gênent un pauvre amant qui meurt en votre absence! (1639.)
   CRÉUSE.
   Je n'avois pourtant rien à demander aux dieux. (1639-48.)

Ayant Jason à moi, j'ai tout ce que je veux.
JASON.
Et moi, puis-je espérer l'effet d'une prière
Que ma flamme tiendroit à faveur singulière?
Au nom de notre amour, sauvez deux jeunes fruits
Que d'un premier hymen la couche m'a produits;
Employez-vous pour eux, faites auprès d'un père [1]
Qu'ils ne soient point compris en l'exil de leur mère;
C'est lui seul qui bannit ces petits malheureux,
Puisque dans les traités il n'est point parlé d'eux.
CRÉUSE.
J'avois déja parlé de leur tendre innocence [2],
Et vous y servirai de toute ma puissance,
Pourvu qu'à votre tour vous m'accordiez un point
Que jusques à tantôt je ne vous dirai point.
JASON.
Dites, et, quel qu'il soit, que ma reine en dispose.
CRÉUSE.
Si je puis sur mon père obtenir quelque chose,
Vous le saurez après; je ne veux rien pour rien [3].
CLÉONE.
Vous pourrez au palais suivre cet entretien.
On ouvre chez Médée, ôtez-vous de sa vue;
Vos présences rendroient sa douleur plus émue;
Et vous seriez marris que cet esprit jaloux
Mêlât son amertume à des plaisirs si doux.

---

[1] Var. Employez-vous pour eux, faites envers un père. (1639-54.)

[2] Var. J'avois déja pitié de leur tendre innocence. (1639-54.)

[3] On sent assez que ce vers est plus fait pour la farce que pour la tragédie; mais nous n'insistons pas sur les fautes de style et de langage. (V). — Il serait injuste d'accuser Corneille des défauts dont plus tard il corrigea son siècle. (A.-M.)

SCÈNE IV.

MÉDÉE.

Souverains protecteurs des lois de l'hyménée [1],
Dieux garants de la foi que Jason m'a donnée,
Vous qu'il prit à témoin d'une immortelle ardeur
Quand par un faux serment il vainquit ma pudeur,
Voyez de quel mépris vous traite son parjure,
Et m'aidez à venger cette commune injure [2] :
S'il me peut aujourd'hui chasser impunément,
Vous êtes sans pouvoir ou sans ressentiment.

[1] Voici des vers qui annoncent Corneille. Ce monologue est tout entier imité de celui de Sénèque le tragique :

> Dii conjugales, tuque genialis tori
> Lucina custos....

Rien n'est plus difficile que de traduire les vers latins et grecs en vers français rimés : on est presque toujours obligé de dire en deux lignes ce que les anciens ont dit en une. Il y a très peu de rimes dans le style noble, comme je le remarque ailleurs; et nous avons même beaucoup de mots auxquels on ne peut rimer : aussi le poëte est rarement le maître de ses expressions. J'ose affirmer qu'il n'est point de langue dans laquelle la versification ait plus d'entraves. (V.)

[2] VAR. Et m'aidez à venger cette commune injure,

n'appartient qu'à Corneille. Racine a imité ce vers dans *Phèdre* :

> Déesse, venge-toi ; nos causes sont pareilles.

Mais, dans Corneille, il n'est qu'une beauté de poésie; dans Racine, il est une beauté de sentiment. Ce monologue pourrait aujourd'hui paraître une amplification, une déclamation de rhétorique; il est pourtant bien moins chargé de ce défaut que la scène de Sénèque. (V.)

Et vous, troupe savante en noires barbaries [1],
Filles de l'Achéron, pestes, larves, furies,
Fières sœurs, si jamais notre commerce étroit [2]
Sur vous et vos serpents me donna quelque droit,
Sortez de vos cachots avec les mêmes flammes
Et les mêmes tourments dont vous gênez les ames;
Laissez-les quelque temps reposer dans leurs fers;
Pour mieux agir pour moi faites trêve aux enfers;
Apportez-moi du fond des antres de Mégère [3]
La mort de ma rivale, et celle de son père;
Et, si vous ne voulez mal servir mon courroux,
Quelque chose de pis pour mon perfide époux;
Qu'il coure vagabond de province en province,
Qu'il fasse lâchement la cour à chaque prince;
Banni de tous côtés, sans bien et sans appui,
Accablé de frayeur, de misère, d'ennui,
Qu'à ses plus grands malheurs aucun ne compatisse;
Qu'il ait regret à moi pour son dernier supplice :
Et que mon souvenir jusque dans le tombeau
Attache à son esprit un éternel bourreau.
Jason me répudie! et qui l'auroit pu croire?
S'il a manqué d'amour, manque-t-il de mémoire?
Me peut-il bien quitter après tant de bienfaits [4]?

---

[1] Var. Et vous, troupe savante en mille barbaries. (1639-54.)

[2] Var. Noires sœurs, si jamais notre commerce étroit. (1639-54.)

[3] Var. Et m'apportez du fond des antres de Mégère. (1639-54.)

[4] Ces vers sont dignes de la vraie tragédie, et Corneille n'en a guère fait de plus beaux. Si, au lieu d'être noyés dans un long monologue inutile, ils étaient placés dans un dialogue vif et touchant, ils feraient le plus grand effet. Ces monologues furent très long-temps à la mode. Les comédiens les fesaient ronfler avec une emphase ridicule : ils les exigeaient des auteurs qui

ACTE I, SCÈNE IV.

M'ose-t-il bien quitter après tant de forfaits?
Sachant ce que je puis, ayant vu ce que j'ose,
Croit-il que m'offenser ce soit si peu de chose?
Quoi! mon père trahi, les éléments forcés,
D'un frère dans la mer les membres dispersés,
Lui font-ils présumer mon audace épuisée[1]?
Lui font-ils présumer qu'à mon tour méprisée,
Ma rage contre lui n'ait par où s'assouvir,
Et que tout mon pouvoir se borne à le servir?
Tu t'abuses, Jason, je suis encor moi-même.
Tout ce qu'en ta faveur fit mon amour extrême,
Je le ferai par haine; et je veux pour le moins
Qu'un forfait nous sépare, ainsi qu'il nous a joints;
Que mon sanglant divorce, en meurtres, en carnage,
S'égale aux premiers jours de notre mariage,
Et que notre union, que rompt ton changement,
Trouve une fin pareille à son commencement.
Déchirer par morceaux l'enfant aux yeux du père
N'est que le moindre effet qui suivra ma colère;
Des crimes si légers furent mes coups d'essai :
Il faut bien autrement montrer ce que je sai;
Il faut faire un chef-d'œuvre, et qu'un dernier ouvrage

---

leur vendaient leurs pièces; et une comédienne qui n'aurait point eu de monologue dans son rôle n'aurait pas voulu réciter. Voilà comme le théâtre, relevé par Corneille, commença parmi nous. Des farceurs ampoulés représentaient dans des jeux de paume ces mascarades rimées, qu'ils achetaient dix écus : les Athéniens en usaient autrement. (V.)

[1] Le vers de Sénèque,

   Adeone credit omne consumptum nefas?

paraît bien plus fort. (V.)

Var. Lui font-ils présumer que ma puissance usée. (1639.)

336   MÉDÉE.
Surpasse de bien loin ce foible apprentissage.
　Mais, pour exécuter tout ce que j'entreprends,
Quels dieux me fourniront des secours assez grands?
Ce n'est plus vous, enfers, qu'ici je sollicite;
Vos feux sont impuissants pour ce que je médite.
Auteur de ma naissance, aussi bien que du jour
Qu'à regret tu dépars à ce fatal séjour,
Soleil, qui vois l'affront qu'on va faire à ta race [1],
Donne-moi tes chevaux à conduire en ta place :
Accorde cette grace à mon desir bouillant.
Je veux choir sur Corinthe avec ton char brûlant :
Mais ne crains pas de chute à l'univers funeste;
Corinthe consumé garantira le reste [2];
De mon juste courroux les implacables vœux
Dans ses odieux murs arrêteront tes feux;
Créon en est le prince, et prend Jason pour gendre :
C'est assez mériter d'être réduit en cendre,
D'y voir réduit tout l'isthme, afin de l'en punir,
Et qu'il n'empêche plus les deux mers de s'unir [3].

[1] Cette prière au soleil, son père, est encore toute de Sénèque, et devait faire plus d'effet sur les peuples qui mettaient le soleil au rang des dieux, que sur nous qui n'admettons pas cette mythologie. (V.)

[2] Var. Corinthe consommée* affranchira le reste.
　　Mon erreur volontaire, ajustée à mes vœux,
　　Arrêtera sur elle un déluge de feux.
　　. . . . .
　　Il faut l'ensevelir dessous sa propre cendre,
　　Et brûler son pays, si bien qu'à l'avenir
　　L'isthme n'empêche plus les deux mers de s'unir. (1639-54.)

[3] Le talent de Corneille s'annonçait déjà dans sa *Médée* (quoique mal conçue et mal écrite), par quelques morceaux d'une force et d'une élévation de style inconnues avant lui. Tel est ce mor-

* Var. Corinthe consumée. (1647-54.)

SCÈNE V.
MÉDÉE, NÉRINE.

MÉDÉE.
Eh bien, Nérine, à quand, à quand cet hyménée?
En ont-ils choisi l'heure? en sais-tu la journée?
N'en as-tu rien appris? n'as-tu point vu Jason?
N'appréhende-t-il rien après sa trahison?
Croit-il qu'en cet affront je m'amuse à me plaindre?
S'il cesse de m'aimer, qu'il commence à me craindre;
Il verra, le perfide, à quel comble d'horreur
De mes ressentiments peut monter la fureur.

NÉRINE.
Modérez les bouillons de cette violence;
Et laissez déguiser vos douleurs au silence.
Quoi! madame, est-ce ainsi qu'il faut dissimuler?
Et faut-il perdre ainsi des menaces en l'air [1]?

---

ceau de *Médée*, imité de Sénèque. Ailleurs ce pourrait être une déclamation; mais il faut songer que c'est une magicienne qui parle. (LA H.)

[1] J'ai déjà dit que je ne ferais aucune remarque sur le style de cette tragédie, qui est vicieux presque d'un bout à l'autre. J'observerai seulement ici, à propos de ces rimes *dissimuler* et *en l'air*, qu'alors on prononçait *dissimulair* pour rimer à *l'air*. J'ajouterai qu'on a été long-temps dans le préjugé que la rime doit être pour les yeux. C'est pour cette raison qu'on faisait rimer *cher* à *bûcher*. Il est indubitable que la rime n'a été inventée que pour l'oreille. C'est le retour des mêmes sons, ou des sons à-peu-près semblables, qu'on demande, et non pas le retour des mêmes lettres. On fait rimer *abhorre*, qui a deux *rr*, avec *encore*, qui n'en a qu'une; par la même raison, *terre* peut rimer à *père;* mais

Les plus ardents transports d'une haine connue
Ne sont qu'autant d'éclairs avortés dans la nue,
Qu'autant d'avis à ceux que vous voulez punir,
Pour repousser vos coups, ou pour les prévenir.
Qui peut sans s'émouvoir supporter une offense
Peut mieux prendre à son point le temps de sa vengeance,
Et sa feinte douceur, sous un appât mortel,
Mène insensiblement sa victime à l'autel.

MÉDÉE.

Tu veux que je me taise et que je dissimule!
Nérine, porte ailleurs ce conseil ridicule;
L'ame en est incapable en de moindres malheurs,
Et n'a point où cacher de pareilles douleurs¹.
Jason m'a fait trahir mon pays et mon père,
Et me laisse, au milieu d'une terre étrangère,
Sans support, sans amis, sans retraite, sans bien,
La fable de son peuple, et la haine du mien :
Nérine, après cela, tu veux que je me taise!
Ne dois-je point encore en témoigner de l'aise,
De ce royal hymen souhaiter l'heureux jour,
Et forcer tous mes soins à servir son amour²?

NÉRINE.

Madame, pensez mieux à l'éclat que vous faites³.

je me hâte ne peut rimer avec *je me flatte*, parceque *flatte* est bref, et *hâte* est long. (V.)

¹ Var. Et n'a point où cacher de si grandes douleurs. (1639-54.)

² Var. Et m'offrir pour servante à son nouvel amour ? (1639-54.)

³ Quelques personnes désapprouvent nos poëtes d'avoir reçu le mot *madame* dans le style de la tragédie : Pourquoi, disent-elles, n'ont-ils pas reçu de même *monsieur?* On y a suppléé par *seigneur*; et *madame*, adressé aux femmes, est comme *seigneur*. Dans les tragédies espagnoles et italiennes, on s'adresse aux

ACTE I, SCÈNE V.

Quelque juste qu'il soit, regardez où vous êtes,
Considérez qu'à peine un esprit plus remis [1]
Vous tient en sûreté parmi vos ennemis.

MÉDÉE.

L'ame doit se roidir plus elle est menacée,
Et contre la fortune aller tête baissée,
La choquer hardiment, et, sans craindre la mort,
Se présenter de front à son plus rude effort.
Cette lâche ennemie a peur des grands courages [2],
Et sur ceux qu'elle abat redouble ses outrages.

NÉRINE.

Que sert ce grand courage où l'on est sans pouvoir?

MÉDÉE.

Il trouve toujours lieu de se faire valoir.

NÉRINE.

Forcez l'aveuglement dont vous êtes séduite,
Pour voir en quel état le sort vous a réduite.
Votre pays vous hait, votre époux est sans foi :
Dans un si grand revers que vous reste-t-il?

---

femmes en prononçant leur nom. Rodrigue, dans *le Cid*, dit toujours *Chimène*. Cinna dit toujours *Émilie;* et la confidente même d'Émilie l'appelle par son nom. (L. RACINE.)

[1] VAR. Et songez qu'à grand'peine un esprit plus remis. (1639-54.)

[2] Cela est imité de Sénèque, et enchérit encore sur le mauvais goût de l'original :

Fortuna fortes metuit, ignavos premit.

Corneille appelle la fortune *lâche*. Toutes les tragédies qui précédèrent sa *Médée* sont remplies d'exemples de ce faux bel esprit. Ces puérilités furent si long-temps en vogue, que l'abbé Cotin, du temps même de Boileau et de Molière, donna à la fièvre l'épithète d'*ingrate;* cette ingrate de fièvre qui attaquait insolemment le beau corps de mademoiselle de Guise, où elle était si bien logée. (V.)

MÉDÉE.

Moi,

Moi, dis-je, et c'est assez [1].

NÉRINE.

Quoi! vous seule, madame?

MÉDÉE.

Oui! tu vois en moi seule et le fer et la flamme,
Et la terre, et la mer, et l'enfer, et les cieux,
Et le sceptre des rois, et le foudre des dieux.

NÉRINE.

L'impétueuse ardeur d'un courage sensible
A vos ressentiments figure tout possible :
Mais il faut craindre un roi fort de tant de sujets.

---

[1] Ce *moi* est célèbre; c'est le *Medea superest* de Sénèque. Ce qui suit est encore une traduction de Sénèque; mais, dans l'original et dans la traduction, ces vers affaiblissent la grande idée que donne, *Moi, dis-je, et c'est assez.* Tout ce qui explique un grand sentiment l'énerve. On demande si le *Medea superest* est sublime. Je répondrai à cette question que ce serait en effet un sentiment sublime, si ce *moi* exprimait de la grandeur de courage. Par exemple, si, lorsque *Horatius Coclès* défendit seul un pont contre une armée, on lui eût demandé : *Que vous reste-t-il?* et qu'il eût répondu, *Moi,* c'eût été du véritable sublime : mais, ici, il ne signifie que le pouvoir de la magie; et, puisque Médée dispose des éléments, il n'est pas étonnant qu'elle puisse seule et sans autre secours se venger de tous ses ennemis. (V.) — *Moi, dis-je, et c'est assez.* Des gens difficiles ont prétendu que ce dernier hémistiche affaiblissait la beauté du *moi :* c'est se tromper étrangement; bien loin de diminuer le sublime, il l'achève, car le premier *moi* pouvait n'être qu'un élan d'audace désespérée, mais le second est de réflexion. Elle y a pensé, et elle insiste : *Moi, dis-je, et c'est assez.* Le premier étonne, le second fait trembler, quand on songe que c'est Médée qui le prononce. (LA H.)

ACTE I, SCÈNE V.

MÉDÉE.

Mon père, qui l'étoit, rompit-il mes projets?

NÉRINE.

Non; mais il fut surpris, et Créon se défie :
Fuyez, qu'à ses soupçons il ne vous sacrifie.

MÉDÉE.

Las! je n'ai que trop fui; cette infidélité
D'un juste châtiment punit ma lâcheté.
Si je n'eusse point fui pour la mort de Pélie,
Si j'eusse tenu bon dedans la Thessalie,
Il n'eût point vu Créuse, et cet objet nouveau
N'eût point de notre hymen étouffé le flambeau.

NÉRINE.

Fuyez encor, de grace.

MÉDÉE.

Oui, je fuirai, Nérine;
Mais, avant, de Créon on verra la ruine.
Je brave la fortune; et toute sa rigueur,
En m'ôtant un mari, ne m'ôte pas le cœur.
Sois seulement fidèle, et, sans te mettre en peine,
Laisse agir pleinement mon savoir et ma haine.

NÉRINE, seule.

Madame.... Elle me quitte, au lieu de m'écouter [1].
Ces violents transports la vont précipiter;
D'une trop juste ardeur l'inexorable envie [2]
Lui fait abandonner le souci de sa vie.
Tâchons encore un coup d'en divertir le cours.
Apaiser sa fureur, c'est conserver ses jours.

[1] Var. Madame.... Elle s'enfuit, au lieu de m'écouter. (1639-54.)
[2] Var. Elle court à sa perte, et sa brutale envie. (1639-54.)

FIN DU PREMIER ACTE.

ACTE SECOND.

SCÈNE I.

MÉDÉE, NÉRINE.

NÉRINE.

Bien qu'un péril certain suive votre entreprise,
Assurez-vous sur moi, je vous suis tout acquise;
Employez mon service aux flammes, au poison,
Je ne refuse rien; mais épargnez Jason.
Votre aveugle vengeance une fois assouvie,
Le regret de sa mort vous coûteroit la vie;
Et les coups violents d'un rigoureux ennui....

MÉDÉE.

Cesse de m'en parler, et ne crains rien pour lui :
Ma fureur jusque-là n'oseroit me séduire;
Jason m'a trop coûté pour le vouloir détruire;
Mon courroux lui fait grace, et ma première ardeur [1]
Soutient son intérêt au milieu de mon cœur.
Je crois qu'il m'aime encore, et qu'il nourrit en l'ame
Quelques restes secrets d'une si belle flamme :
Il ne fait qu'obéir aux volontés d'un roi
Qui l'arrache à Médée en dépit de sa foi.
Qu'il vive, et s'il se peut, que l'ingrat me demeure;
Sinon, ce m'est assez que sa Créuse meure;

---

[1] VAR. Mon courroux lui fait grace, et, tout léger qu'il est,
Notre première ardeur soutient son intérêt. (1639-54.)

Qu'il vive cependant, et jouisse du jour
Que lui conserve encor mon immuable amour.
Créon seul et sa fille ont fait la perfidie;
Eux seuls termineront toute la tragédie :
Leur perte achèvera cette fatale paix.

NÉRINE.

Contenez-vous, madame; il sort de son palais.

SCÈNE II.
CRÉON, MÉDÉE, NÉRINE, SOLDATS.

CRÉON.

Quoi! je te vois encore! Avec quelle impudence
Peux-tu, sans t'effrayer, soutenir ma présence?
Ignores-tu l'arrêt de ton bannissement?
Fais-tu si peu de cas de mon commandement?
Voyez comme elle s'enfle et d'orgueil et d'audace!
Ses yeux ne sont que feu; ses regards, que menace!
Gardes, empêchez-la de s'approcher de moi.
Va, purge mes états d'un monstre tel que toi,
Délivre mes sujets et moi-même de crainte.

MÉDÉE.

De quoi m'accuse-t-on? quel crime, quelle plainte
Pour mon bannissement vous donne tant d'ardeur[1]?

CRÉON.

Ah! l'innocence même, et la même candeur[2]!

[1] VAR. Vous porte à me chasser avecque tant d'ardeur? (1639-54.)

[2] C'est dans la scène de Sénèque, qui a servi de modèle à celle-ci, qu'on trouve ce beau vers :

Si judicas, cognosce; si regnas, jube.
N'es-tu que roi? commande. Es-tu juge? examine.

Médée est un miroir de vertu signalée;
Quelle inhumanité de l'avoir exilée!
Barbare, as-tu sitôt oublié tant d'horreurs?

C'est dommage que Corneille n'ait pas traduit ce vers; il l'aurait bien mieux rendu.

Ah! l'innocence même, et la même candeur!
Quæ causa pellat innocens mulier rogat.

Cette ironie est, comme on voit, de Sénèque. La figure de l'ironie tient presque toujours du comique; car l'ironie n'est autre chose qu'une raillerie. L'éloquence souffre cette figure en prose. Démosthène et Cicéron l'emploient quelquefois. Homère et Virgile n'ont pas dédaigné même de s'en servir dans l'épopée : mais, dans la tragédie, il faut l'employer sobrement; il faut qu'elle soit nécessaire; il faut que le personnage se trouve dans des circonstances où il ne puisse s'expliquer autrement, où il soit obligé de cacher sa douleur, et de feindre d'applaudir à ce qu'il déteste.

Racine fait parler ironiquement Axiane à Taxile, quand elle lui dit :

. . . . Approche, puissant roi,
Grand monarque de l'Inde ; on parle ici de toi.

Il met aussi quelques ironies dans la bouche d'Hermione; mais, dans ses autres tragédies, il ne se sert plus de cette figure. Remarquez, en général, que l'ironie ne convient point aux passions : elle ne peut aller au cœur; elle sèche les larmes. Il y a une autre espèce d'ironie qui est un retour sur soi-même, et qui exprime parfaitement l'excès du malheur. C'est ainsi qu'Oreste dit, dans l'*Andromaque* :

Oui, je te loue, ô ciel ! de ta persévérance.

C'est ainsi que Guatimozin disait, au milieu des flammes : *Et moi, suis-je sur un lit de roses?* Cette figure est très noble et très tragique dans Oreste; et, dans Guatimozin, elle est sublime. Observez que toutes les scènes semblables à celle-ci sont toujours froides; il convient rarement au tragique de parler long-temps du passé. Ce poëme est *natum rebus agendis :* ce doit être une action. (V.)

Repasse tes forfaits, repasse tes fureurs [1],
Et de tant de pays nomme quelque contrée
Dont tes méchancetés te permettent l'entrée [2].
Toute la Thessalie en armes te poursuit :
Ton père te déteste, et l'univers te fuit;
Me dois-je en ta faveur charger de tant de haines,
Et sur mon peuple et moi faire tomber tes peines?
Va pratiquer ailleurs tes noires actions;
J'ai racheté la paix à ces conditions.

MÉDÉE.

Lâche paix, qu'entre vous, sans m'avoir écoutée,
Pour m'arracher mon bien vous avez complotée!
Paix, dont le déshonneur vous demeure éternel [3] !
Quiconque, sans l'ouïr, condamne un criminel,
Son crime eût-il cent fois mérité le supplice [4],
D'un juste châtiment il fait une injustice.

CRÉON.

Au regard de Pélie, il fut bien mieux traité;
Avant que l'égorger tu l'avois écouté?

MÉDÉE.

Écouta-t-il Jason, quand sa haine couverte
L'envoya sur nos bords se livrer à sa perte?
Car comment voulez-vous que je nomme un dessein
Au-dessus de sa force et du pouvoir humain?
Apprenez quelle étoit cette illustre conquête,
Et de combien de morts j'ai garanti sa tête.
  Il falloit mettre au joug deux taureaux furieux :
Des tourbillons de feu s'élançoient de leurs yeux,

[1] Var. Repasse tes forfaits avecque tes erreurs. (1639-54.)
[2] Var. Dont tes méchancetés te promettent l'entrée. (1639-54.)
[3] Var. Paix, dont le déshonneur nous demeure éternel! (1639.)
[4] Var. Bien qu'il eût mille fois mérité son supplice. (1639-54.)

Et leur maître Vulcain poussoit par leur haleine
Un long embrasement dessus toute la plaine;
Eux domptés, on entroit en de nouveaux hasards;
Il falloit labourer les tristes champs de Mars,
Et des dents d'un serpent ensemencer leur terre,
Dont la stérilité, fertile pour la guerre,
Produisoit à l'instant des escadrons armés
Contre la même main qui les avoit semés [1].
Mais, quoi qu'eût fait contre eux une valeur parfaite,
La toison n'étoit pas au bout de leur défaite :
Un dragon, enivré des plus mortels poisons
Qu'enfantent les péchés de toutes les saisons,
Vomissant mille traits de sa gorge enflammée [2],
La gardoit beaucoup mieux que toute cette armée;
Jamais étoile, lune, aurore, ni soleil,
Ne virent abaisser sa paupière au sommeil :
Je l'ai seule assoupi : seule, j'ai par mes charmes
Mis au joug les taureaux, et défait les gendarmes.
Si lors à mon devoir mon desir limité [3]
Eût conservé ma gloire et ma fidélité,
Si j'eusse eu de l'horreur de tant d'énormes fautes,
Que devenoit Jason et tous vos Argonautes ?
Sans moi, ce vaillant chef, que vous m'avez ravi,
Eût péri le premier, et tous l'auroient suivi.
Je ne me repens point d'avoir, par mon adresse,
Sauvé le sang des dieux et la fleur de la Grèce;
Zéthès, et Calaïs, et Pollux, et Castor,
Et le charmant Orphée, et le sage Nestor,

[1] Var. Contre le laboureur qui les avoit semés. (1639-54.)
[2] Var. Vomissant mille traits de sa gueule enflammée. (1639-54.)
[3] Var. Si lors à mes devoirs mon desir limité
   Eût conservé ma honte et ma fidélité. (1639-54.)

Tous vos héros enfin tiennent de moi la vie;
Je vous les verrai tous posséder sans envie :
Je vous les ai sauvés, je vous les cède tous;
Je n'en veux qu'un pour moi, n'en soyez point jaloux.
Pour de si bons effets laissez-moi l'infidèle :
Il est mon crime seul, si je suis criminelle;
Aimer cet inconstant, c'est tout ce que j'ai fait :
Si vous me punissez, rendez-moi mon forfait.
Est-ce user comme il faut d'un pouvoir légitime
Que me faire coupable, et jouir de mon crime[1]?

CRÉON.

Va te plaindre à Colchos.

MÉDÉE.

     Le retour m'y plaira.
Que Jason m'y remette ainsi qu'il m'en tira;
Je suis prête à partir sous la même conduite
Qui de ces lieux aimés précipita ma fuite.
O d'un injuste affront les coups les plus cruels!
Vous faites différence entre deux criminels!
Vous voulez qu'on l'honore, et que de deux complices
L'un ait votre couronne, et l'autre des supplices[2]!

CRÉON.

Cesse de plus mêler ton intérêt au sien.
Ton Jason, pris à part, est trop homme de bien :
Le séparant de toi, sa défense est facile;
Jamais il n'a trahi son père ni sa ville;
Jamais sang innocent n'a fait rougir ses mains;
Jamais il n'a prêté son bras à tes desseins[3];
Son crime, s'il en a, c'est de t'avoir pour femme.

---

[1] Var. De me faire coupable et jouir de mon crime? (1639-54.)

[2] Ille crucem sceleris pretium tulit, hic diadema.

[3] Var. Jamais il n'a prêté sa lance à tes desseins. (1639-54.)

Laisse-le s'affranchir d'une honteuse flamme;
Rends-lui son innocence en t'éloignant de nous¹;
Porte en d'autres climats ton insolent courroux,
Tes herbes, tes poisons, ton cœur impitoyable,
Et tout ce qui jamais a fait Jason coupable².

MÉDÉE.

Peignez mes actions plus noires que la nuit;
Je n'en ai que la honte, il en a tout le fruit :
Ce fut en sa faveur que ma savante audace³
Immola son tyran par les mains de sa race;
Joignez-y mon pays et mon frère : il suffit
Qu'aucun de tant de maux ne va qu'à son profit.
Mais vous les saviez tous, quand vous m'avez reçue;
Votre simplicité n'a point été déçue;
En ignoriez-vous un, quand vous m'avez promis
Un rempart assuré contre mes ennemis?
Ma main, saignante encor du meurtre de Pélie⁴,
Soulevoit contre moi toute la Thessalie,
Quand votre cœur, sensible à la compassion,
Malgré tous mes forfaits, prit ma protection.
Si l'on me peut depuis imputer quelque crime,
C'est trop peu que l'exil, ma mort est légitime :
Sinon, à quel propos me traitez-vous ainsi?
Je suis coupable ailleurs, mais innocente ici.

CRÉON.

Je ne veux plus ici d'une telle innocence,

¹ Var. Rends-lui son innocence en t'éloignant d'ici,
   Emporte avecque toi son crime et mon souci. (1639-54.)
² Var. Tout ce qui me fait craindre, et rend Jason coupable. (1639-54.)
³ Var. C'est à son intérêt que ma savante audace. (1639-54.)
⁴ Var. Ma main saignoit encor du meurtre de Pélie,
   Quand dessous votre foi vous m'avez recueillie,
   Et votre cœur sensible à la compassion. (1639-54.)

ACTE II, SCÈNE II.

Ni souffrir en ma cour ta fatale présence.
Va....
MÉDÉE.
Dieux justes, vengeurs....
CRÉON.
Va, dis-je, en d'autres lieux
Par tes cris importuns solliciter les dieux.
Laisse-nous tes enfants : je serois trop sévère,
Si je les punissois du crime de leur mère [1] ;
Et, bien que je le pusse avec juste raison,
Ma fille les demande en faveur de Jason.
MÉDÉE.
Barbare humanité, qui m'arrache à moi-même,
Et feint de la douceur pour m'ôter ce que j'aime !
Si Jason et Créuse ainsi l'ont ordonné [2],
Qu'ils me rendent le sang que je leur ai donné.
CRÉON.
Ne me réplique plus, suis la loi qui t'est faite ;
Prépare ton départ, et pense à ta retraite.
Pour en délibérer, et choisir le quartier,
De grace ma bonté te donne un jour entier.
MÉDÉE.
Quelle grace !
CRÉON.
Soldats, remettez-la chez elle [3] ;

[1] VAR. Si je les punissois des crimes de leur mère. (1639-54.)

[2] VAR. Si Créuse et Jason ainsi l'ont ordonné. (1639-54.)

[3] Si Médée est une magicienne aussi puissante qu'on le dit, et que Créon même le croit, comment ne craint-il pas de l'offenser, et comment même peut-il disposer d'elle? C'est là une étrange contradiction que l'antiquité grecque s'est permise. Les illusions de l'antiquité ont été adoptées par nous ; les juges ont

Sa contestation deviendroit éternelle [1].

(Médée rentre, et Créon continue.)

Quel indomptable esprit! quel arrogant maintien
Accompagnoit l'orgueil d'un si long entretien!
A-t-elle rien fléchi de son humeur altière?
A-t-elle pu descendre à la moindre prière?
Et le sacré respect de ma condition [2]
En a-t-il arraché quelque soumission?

SCÈNE III.

CRÉON, JASON, CRÉUSE, CLÉONE,
SOLDATS.

CRÉON.

Te voilà sans rivale, et mon pays sans guerres [3],

osé juger des sorciers : mais il s'était répandu une opinion aussi ridicule que celle de la magie même, et qui lui servait de correctif; c'était que les magiciens perdaient tout leur pouvoir dès qu'ils étaient entre les mains de la justice. L'Arioste, et le Tasse, son heureux imitateur, prirent un tour plus heureux; ils feignirent que les enchantements pouvaient être détruits par d'autres enchantements; cela seul mettait de la vraisemblance dans ces fables, qui, par elles-mêmes, n'en ont aucune. Arioste, tout fécond qu'il était, avait appris cet art d'Homère; il est vrai que son Alcine est prodigieusement supérieure à la Circé de *l'Odyssée*; mais enfin Homère est le premier qui parait avoir imaginé des préservatifs contre le pouvoir de la magie, et qui par-là mit quelque raison dans des choses qui n'en avaient pas. (V.)

[1] Var. Sa contestation se rendroit éternelle. (1639-54.)

[2] Il est bien ici question du sacré respect qu'on doit à la condition de ce Créon, qui d'ailleurs joue dans cette pièce un rôle trop froid! (V.)

[3] Var. Te voilà sans rivale, et mon pays sans guerre;

ACTE II, SCÈNE III.

Ma fille; c'est demain qu'elle sort de nos terres.
Nous n'avons désormais que craindre de sa part[1] :
Acaste est satisfait d'un si proche départ;
Et si tu peux calmer le courage d'Ægée,
Qui voit par notre choix son ardeur négligée,
Fais état que demain nous assure à jamais
Et dedans et dehors une profonde paix.

CRÉUSE.

Je ne crois pas, seigneur, que ce vieux roi d'Athènes[2],
Voyant aux mains d'autrui le fruit de tant de peines,
Mêle tant de foiblesse à son ressentiment,
Que son premier courroux se dissipe aisément[3].
J'espère toutefois qu'avec un peu d'adresse
Je pourrai le résoudre à perdre une maîtresse
Dont l'âge peu sortable et l'inclination
Répondoient assez mal à son affection.

JASON.

Il doit vous témoigner par son obéissance
Combien sur son esprit vous avez de puissance;
Et, s'il s'obstine à suivre un injuste courroux[4],
Nous saurons, ma princesse, en rabattre les coups;
Et nos préparatifs contre la Thessalie
Ont trop de quoi punir sa flamme et sa folie[5].

Ma fille, c'est demain qu'elle sort de ma terre. (1639-54.)

[1] *Nous n'avons que craindre* est un barbarisme. Cette pièce en a beaucoup; mais, encore une fois, c'est la première de Corneille. (V.)

[2] VAR. Je ne crois pas, monsieur, que ce vieux roi d'Athènes. (1639-54.)

[3] VAR. Que ses premiers bouillons s'apaisent aisément. (1639-54.)

[4] VAR. Et si dans sa colère il demeuroit entier,
Ma princesse, en tous cas, nous sommes du métier. (1639.)

[5] VAR. Ne sont que trop hastants à venger sa folie. (1639.)

CRÉON.

Nous n'en viendrons pas là : regarde seulement
A le payer d'estime et de remerciement.
Je voudrois pour tout autre un peu de raillerie;
Un vieillard amoureux mérite qu'on en rie [1] :
Mais le trône soutient la majesté des rois [2]
Au-dessus du mépris, comme au-dessus des lois.
On doit toujours respect au sceptre, à la couronne.
Remets tout, si tu veux, aux ordres que je donne;
Je saurai l'apaiser avec facilité,
Si tu ne te défends qu'avec civilité.

SCÈNE IV.

JASON, CRÉUSE, CLÉONE.

JASON.

Que ne vous dois-je point pour cette préférence,
Où mes desirs n'osoient porter mon espérance !
C'est bien me témoigner un amour infini,
De mépriser un roi pour un pauvre banni !
A toutes ses grandeurs préférer ma misère !
Tourner en ma faveur les volontés d'un père !
Garantir mes enfants d'un exil rigoureux !

---

[1] Ces vers montrent qu'en effet on mêlait alors le comique au tragique. Ce mauvais goût était établi dans presque toute l'Europe, comme on le remarque ailleurs. (V.)

[2] Var. Mais on ne traite point les rois avec mépris;
On leur doit du respect, quoi qu'ils aient entrepris.
Remets, si tu le veux, sur moi toute l'affaire :
Quelques raisons d'état le pourront satisfaire;
Et pour m'y préparer plus de facilité,
Sur-tout ne le reçois qu'avec civilité. (1639-54.)

ACTE II, SCÈNE IV. 353
CRÉUSE.
Qu'a pu faire de moindre un courage amoureux?
La fortune a montré dedans votre naissance
Un trait de son envie, ou de son impuissance;
Elle devoit un sceptre au sang dont vous naissez,
Et sans lui vos vertus le méritoient assez.
L'Amour, qui n'a pu voir une telle injustice,
Supplée à son défaut, ou punit sa malice,
Et vous donne, au plus fort de vos adversités,
Le sceptre que j'attends, et que vous méritez.
La gloire m'en demeure; et les races futures,
Comptant notre hyménée entre vos aventures,
Vanteront à jamais mon amour généreux,
Qui d'un si grand héros rompt le sort malheureux.
Après tout cependant, riez de ma foiblesse;
Prête de posséder le phénix de la Grèce,
La fleur de nos guerriers, le sang de tant de dieux,
La robe de Médée a donné dans mes yeux [1];
Mon caprice, à son lustre attachant mon envie,
Sans elle trouve à dire au bonheur de ma vie;
C'est ce qu'ont prétendu mes desseins relevés,
Pour le prix des enfants que je vous ai sauvés.
JASON.
Que ce prix est léger pour un si bon office!
Il y faut toutefois employer l'artifice :
Ma jalouse en fureur n'est pas femme à souffrir
Que ma main l'en dépouille, afin de vous l'offrir [2];

[1] La robe de Médée qui a donné dans les yeux de Créuse, et la description de cette robe, ne seraient pas souffertes aujourd'hui; et la réponse de Jason n'est pas moins petite que la demande. (V.)

[2] Var. Qu'on la prenne en ses mains, afin de vous l'offrir. (1639.)

Des trésors dont son père épuise la Scythie,
C'est tout ce qu'elle a pris quand elle en est sortie.
CRÉUSE.
Qu'elle a fait un beau choix! jamais éclat pareil
Ne sema dans la nuit les clartés du soleil;
Les perles avec l'or confusément mêlées,
Mille pierres de prix sur ses bords étalées,
D'un mélange divin éblouissent les yeux;
Jamais rien d'approchant ne se fit en ces lieux.
Pour moi, tout aussitôt que je l'en vis parée,
Je ne fis plus d'état de la toison dorée;
Et, dussiez-vous vous-même en être un peu jaloux,
J'en eus presques envie aussitôt que de vous.
Pour apaiser Médée, et réparer sa perte,
L'épargne de mon père, entièrement ouverte,
Lui met à l'abandon tous les trésors du roi,
Pourvu que cette robe et Jason soient à moi.
JASON.
N'en doutez point, ma reine, elle vous est acquise.
Je vais chercher Nérine, et par son entremise
Obtenir de Médée, avec dextérité,
Ce que refuseroit son courage irrité.
Pour elle, vous savez que j'en fuis les approches[1];
J'aurois peine à souffrir l'orgueil de ses reproches;
Et je me connois mal, ou, dans notre entretien,
Son courroux s'allumant allumeroit le mien.
Je n'ai point un esprit complaisant à sa rage,
Jusques à supporter sans réplique un outrage;
Et ce seroient pour moi d'éternels déplaisirs[2]

---

[1] Var. Pour elle, vous savez que je fuis ses approches;
    Je ne m'expose point à ses vaines reproches. (1639-54.)

[2] Var. Or, jugez à quel point iroient mes déplaisirs. (1639-54.)

ACTE II, SCÈNE V.

De reculer par-là l'effet de vos desirs.
Mais, sans plus de discours, d'une maison voisine
Je vais prendre le temps que sortira Nérine.
Souffrez, pour avancer votre contentement,
Que, malgré mon amour, je vous quitte un moment.
CLÉONE.
Madame, j'aperçois venir le roi d'Athènes.
CRÉUSE.
Allez donc ; votre vue augmenteroit ses peines.
CLÉONE.
Souvenez-vous de l'air dont il le faut traiter.
CRÉUSE.
Ma bouche accortement saura s'en acquitter.

SCÈNE V.
ÆGÉE, CRÉUSE, CLÉONE.

ÆGÉE.
Sur un bruit qui m'étonne, et que je ne puis croire,
Madame, mon amour, jaloux de votre gloire,
Vient savoir s'il est vrai que vous soyez d'accord,
Par un honteux hymen, de l'arrêt de ma mort [1].
Votre peuple en frémit, votre cour en murmure ;
Et tout Corinthe enfin s'impute à grande injure
Qu'un fugitif, un traître, un meurtrier de rois,
Lui donne à l'avenir des princes et des lois ;
Il ne peut endurer que l'horreur de la Grèce
Pour prix de ses forfaits épouse sa princesse,
Et qu'il faille ajouter à vos titres d'honneur,

[1] Var. Par ce honteux hymen, de l'arrêt de ma mort. (1639-54.)

23.

« Femme d'un assassin et d'un empoisonneur. »
CRÉUSE.
Laissez agir, grand roi, la raison sur votre ame,
Et ne le chargez point des crimes de sa femme.
J'épouse un malheureux, et mon père y consent,
Mais prince, mais vaillant, et sur-tout innocent.
Non pas que je ne faille en cette préférence ;
De votre rang au sien je sais la différence :
Mais, si vous connoissez l'amour et ses ardeurs,
Jamais pour son objet il ne prend les grandeurs ;
Avouez que son feu n'en veut qu'à la personne,
Et qu'en moi vous n'aimiez rien moins que ma couronne.
Souvent je ne sais quoi, qu'on ne peut exprimer,
Nous surprend, nous emporte, et nous force d'aimer [1] ;
Et souvent, sans raison, les objets de nos flammes
Frappent nos yeux ensemble et saisissent nos ames.
Ainsi nous avons vu le souverain des dieux,
Au mépris de Junon, aimer en ces bas lieux ;
Vénus quitter son Mars, et négliger sa prise,
Tantôt pour Adonis, et tantôt pour Anchise ;
Et c'est peut-être encore avec moins de raison
Que, bien que vous m'aimiez, je me donne à Jason.
D'abord dans mon esprit vous eûtes ce partage :

[1] Voilà le germe de ces vers qu'on applaudit autrefois dans *Rodogune* :

> Il est des nœuds secrets, il est des sympathies
> Dont par le doux rapport les ames assorties, etc.

C'est au lecteur judicieux à décider lequel vaut le mieux de ces deux morceaux. Il décidera peut-être que de telles maximes sont plus convenables à la haute comédie, et que les maximes détachées ne valent pas un sentiment. Cette même idée se retrouve dans *la Suite du Menteur*, et elle y est mieux placée. (V.)

Je vous estimai plus, et l'aimai davantage.
ÆGÉE.
Gardez ces compliments pour de moins enflammés,
Et ne m'estimez point qu'autant que vous m'aimez.
Que me sert cet aveu d'une erreur volontaire?
Si vous croyez faillir, qui vous force à le faire?
N'accusez point l'amour ni son aveuglement;
Quand on connoît sa faute, on manque doublement[1].
CRÉUSE.
Puis donc que vous trouvez la mienne inexcusable,
Je ne veux plus, seigneur, me confesser coupable.
　L'amour de mon pays et le bien de l'état
Me défendoient l'hymen d'un si grand potentat.
Il m'eût fallu soudain vous suivre en vos provinces,
Et priver mes sujets de l'aspect de leurs princes :
Votre sceptre pour moi n'est qu'un pompeux exil.
Que me sert son éclat? et que me donne-t-il?
M'élève-t-il d'un rang plus haut que souveraine?
Et sans le posséder ne me vois-je pas reine[2]?
Graces aux immortels, dans ma condition
J'ai de quoi m'assouvir de cette ambition :
Je ne veux point changer mon sceptre contre un autre ;
Je perdrois ma couronne en acceptant la vôtre.
Corinthe est bon sujet, mais il veut voir son roi ;
Et d'un prince éloigné rejetteroit la loi.
Joignez à ces raisons qu'un père un peu sur l'âge,

---

[1] Var. Quand on connoît sa faute, on pèche doublement. (1639-54.)
　　　　　　　CRÉUSE.
　　Puis donc que vous trouvez ma faute inexcusable*, (1639.)
　　Je ne veux plus, monsieur, me confesser coupable. (1639-54.)

[2] Var. Et sans le posséder, suis-je pas déja reine? (1639-54.)

　　* Var. Puisque vous trouvez donc ma faute inexcusable. (1648.)

Dont ma seule présence adoucit le veuvage,
Ne sauroit se résoudre à séparer de lui
De ses débiles ans l'espérance et l'appui,
Et vous reconnoîtrez que je ne vous préfère
Que le bien de l'état, mon pays, et mon père [1].

Voilà ce qui m'oblige au choix d'un autre époux [2];
Mais, comme ces raisons font peu d'effet sur vous,
Afin de redonner le repos à votre ame,
Souffrez que je vous quitte.
     ÆGÉE, seul [3].
    Allez, allez, madame,

---

[1] Vers supprimés :
    ÆGÉE.
 Puisque mon mauvais sort à ce point me réduit,
 Qu'au lieu de me servir ma couronne me nuit,
 Pour divertir l'effet de ce funeste oracle,
 Je dépose à vos pieds ce précieux obstacle.
 Madame, à mes sujets donnez un autre roi;
 De tout ce que je suis ne retenez que moi.
 Allez, sceptre, grandeurs, majesté, diadème;
 Votre odieux éclat déplaît à ce que j'aime :
 Je hais ce nom de roi qui s'oppose à mes vœux,
 Et le titre d'esclave est le seul que je veux.
    CRÉUSE.
 Sans plus vous emporter à cette complaisance,
 Perdez mon souvenir avecque ma puissance. (1639-54.)

[2] VAR. Et puisque mes raisons ont si peu de pouvoir
  Que votre émotion se redouble à me voir. (1639-48.)

[3] Il est inutile de remarquer combien le rôle d'Ægée est froid et insipide. Une pièce de théâtre est *une expérience sur le cœur humain*. Quel ressort remuera l'âme des hommes ? Ce ne sera pas un vieillard amoureux et méprisé qu'on met en prison, et qu'une sorcière délivre. Tout personnage principal doit inspirer un degré d'intérêt; c'est une des règles inviolables : elles sont toutes fondées sur la nature. On a déja averti qu'on ne reprend pas les fautes de détail. (V.)

Étaler vos appas et vanter vos mépris
A l'infame sorcier qui charme vos esprits.
De cette indignité faites un mauvais conte;
Riez de mon ardeur, riez de votre honte;
Favorisez celui de tous vos courtisans
Qui raillera le mieux le déclin de mes ans;
Vous jouirez fort peu d'une telle insolence;
Mon amour outragé court à la violence;
Mes vaisseaux à la rade, assez proches du port,
N'ont que trop de soldats à faire un coup d'effort.
La jeunesse me manque, et non pas le courage :
Les rois ne perdent point les forces avec l'âge;
Et l'on verra, peut-être avant ce jour fini,
Ma passion vengée, et votre orgueil puni.

FIN DU SECOND ACTE.

ACTE TROISIÈME.

SCÈNE I.

NÉRINE.

Malheureux instrument du malheur qui nous presse,
Que j'ai pitié de toi, déplorable princesse[1] !
Avant que le soleil ait fait encore un tour,
Ta perte inévitable achève ton amour.
　Ton destin te trahit, et ta beauté fatale
Sous l'appât d'un hymen t'expose à ta rivale;
Ton sceptre est impuissant à vaincre son effort;
Et le jour de sa fuite est celui de ta mort[2].

---

[1] C'est ici un grand exemple de l'abus des monologues. Une suivante qui vient parler toute seule du pouvoir de sa maîtresse est d'un grand ridicule. Cette faute de faire dire ce qui arrivera par un acteur qui parle seul, et qu'on introduit sans raison, était très commune sur les théâtres grecs et latins : ils suivaient cet usage, parcequ'il est facile. Mais on devait dire aux Ménandre, aux Aristophane, aux Plaute : Surmontez la difficulté ; instruisez-nous du fait sans avoir l'air de nous instruire ; amenez sur le théâtre des personnages nécessaires qui aient des raisons de se parler ; qu'ils m'expliquent tout sans jamais s'adresser à moi ; que je les voie agir et dialoguer ; sinon, vous êtes dans l'enfance de l'art. (V.)

[2] Les quatre vers suivants ont été supprimés par Corneille :
　　Celle qui de son fils soûla le roi de Thrace,

ACTE III, SCÈNE I.

Sa vengeance à la main elle n'a qu'à résoudre,
Un mot du haut des cieux fait descendre le foudre ;
Les mers, pour noyer tout, n'attendent que sa loi,
La terre offre à s'ouvrir sous le palais du roi ;
L'air tient les vents tout prêts à suivre sa colère,
Tant la nature esclave a peur de lui déplaire ;
Et, si ce n'est assez de tous les éléments,
Les enfers vont sortir à ses commandements.
    Moi, bien que mon devoir m'attache à son service,
Je lui prête à regret un silence complice ;
D'un louable desir mon cœur sollicité
Lui feroit avec joie une infidélité :
Mais, loin de s'arrêter, sa rage découverte,
A celle de Créuse ajouteroit ma perte ;
Et mon funeste avis ne serviroit de rien
Qu'à confondre mon sang dans les bouillons du sien.
D'un mouvement contraire à celui de mon ame,
La crainte de la mort m'ôte celle du blâme ;
Et ma timidité s'efforce d'avancer [1]
Ce que hors du péril je voudrois traverser.

   Eut bien moins que Médée et de rage et d'audace ;
   Seule égale à soi-même en sa vaste fureur,
   Ses projets les plus doux me font trembler d'horreur. (1639-54.)

[1] Var. Ma peur me fait fidèle, et tâche d'avancer
   Les desseins que je veux et n'ose traverser.

SCÈNE II.

JASON, NÉRINE.

JASON.

Nérine, eh bien, que dit, que fait notre exilée [1]?
Dans ton cher entretien s'est-elle consolée?
Veut-elle bien céder à la nécessité?

NÉRINE.

Je trouve en son chagrin moins d'animosité;
De moment en moment son ame plus humaine
Abaisse sa colère, et rabat de sa haine :
Déja son déplaisir ne nous veut plus de mal.

JASON.

Fais-lui prendre pour tous un sentiment égal.
Toi, qui de mon amour connoissois la tendresse,
Tu peux connoître aussi quelle douleur me presse.
Je me sens déchirer le cœur à son départ :
Créuse en ses malheurs prend même quelque part,
Ses pleurs en ont coulé; Créon même en soupire,
Lui préfère à regret le bien de son empire;
Et si, dans son adieu, son cœur moins irrité
En vouloit mériter la libéralité [2];
Si, jusque-là, Médée apaisoit ses menaces,
Qu'elle eût soin de partir avec ses bonnes graces [3];

---

[1] Var. Nérine, eh bien, que fait notre pauvre exilée?
Tes sages entretiens l'ont-ils point consolée?
Ne peut-elle céder à la nécessité ?
NÉRINE.
Elle a bien refroidi son animosité. (1639-54.)

[2] Var. Pouvoit laisser agir sa libéralité. (1639-54.)

[3] Var. Qu'elle voulût partir avec ses bonnes graces. (1639-54.)

ACTE III, SCÈNE II.

Je sais (comme il est bon) que ses trésors ouverts
Lui seroient, sans réserve, entièrement offerts,
Et, malgré les malheurs où le sort l'a réduite,
Soulageroient sa peine, et soutiendroient sa fuite.

NÉRINE.

Puisqu'il faut se résoudre à ce bannissement,
Il faut en adoucir le mécontentement.
Cette offre y peut servir; et par elle j'espère,
Avec un peu d'adresse, apaiser sa colère;
Mais, d'ailleurs, toutefois n'attendez rien de moi,
S'il faut prendre congé de Créuse et du roi :
L'objet de votre amour et de sa jalousie
De toutes ses fureurs l'auroit tôt ressaisie.

JASON.

Pour montrer sans les voir son courage apaisé [1],
Je te dirai, Nérine, un moyen fort aisé;
Et de si longue main je connois ta prudence [2],
Que je t'en fais sans peine entière confidence.
Créon bannit Médée, et ses ordres précis
Dans son bannissement enveloppoient ses fils;
La pitié de Créuse a tant fait vers son père,
Qu'ils n'auront point de part au malheur de leur mère [3].

---

[1] Convenons que ce n'est pas un trop bon moyen d'apaiser une femme et une mère que de lui arracher ses enfants et de lui prendre ses habits. Cette invention de comédie produit une catastrophe horrible; mais ce contraste même d'une intrigue faible et basse, avec un dénouement épouvantable, forme une bigarrure qui révolte tous les esprits cultivés. (V.)

[2] Var. Mais puis-je m'assurer dessus ta confidence?
   Oui; de trop longue main je connois ta prudence.
   On a banni Médée; et Créon, tout d'un temps,
   Joignoit à son exil celui de ses enfants. (1639-54.)

[3] Var. Qu'ils n'auront point de part aux malheurs de leur mère. (1639-48.)

Elle lui doit par eux quelque remerciement ;
Qu'un présent de sa part suive leur compliment.
Sa robe, dont l'éclat sied mal à sa fortune,
Et n'est à son exil qu'une charge importune,
Lui gagneroit le cœur d'un prince libéral,
Et de tous ses trésors l'abandon général.
D'une vaine parure, inutile à sa peine [1],
Elle peut acquérir de quoi faire la reine :
Créuse, ou je me trompe, en a quelque desir,
Et je ne pense pas qu'elle pût mieux choisir.
Mais la voici qui sort; souffre que je l'évite :
Ma rencontre la trouble, et mon aspect l'irrite [2].

SCÈNE III [3].

MÉDÉE, JASON, NÉRINE.

MÉDÉE.

Ne fuyez pas, Jason, de ces funestes lieux ;
C'est à moi d'en partir : recevez mes adieux.
Accoutumée à fuir, l'exil m'est peu de chose ;

[1] VAR. Elle peut aisément, d'une chose inutile,
   Semer pour sa retraite une terre fertile. (1637-54.)

[2] VAR. Puisqu'à mon seul aspect je la vois qui s'irrite. (1639-54.)

[3] Cette scène est toute de Sénèque :

   Fugimus, Jason, fugimus : hoc non est novum,
   Mutare sedes ; causa fugiendi nova est, etc.

   Ad quos remittis ? Phasim et Colchos petam, etc.
           Medea, act. III, sc. II.

Il y a dans ce couplet de très beaux vers, qui annonçaient déjà
Corneille. C'est en ce sens, et c'est dans ces morceaux détachés
qu'on peut dire avec Fontenelle que Corneille s'éleva jusqu'à
Médée. (V.)

Sa rigueur n'a pour moi de nouveau que sa cause.
C'est pour vous que j'ai fui, c'est vous qui me chassez.
Où me renvoyez-vous, si vous me bannissez?
Irai-je sur le Phase, où j'ai trahi mon père,
Apaiser de mon sang les mânes de mon frère?
Irai-je en Thessalie, où le meurtre d'un roi
Pour victime aujourd'hui ne demande que moi?
Il n'est point de climat dont mon amour fatale
N'ait acquis à mon nom la haine générale;
Et ce qu'ont fait pour vous mon savoir et ma main
M'a fait un ennemi de tout le genre humain.
Ressouviens-t'en, ingrat; remets-toi dans la plaine
Que ces taureaux affreux brûloient de leur haleine;
Revois ce champ guerrier dont les sacrés sillons
Élevoient contre toi de soudains bataillons;
Ce dragon qui jamais n'eut les paupières closes;
Et lors préfère-moi Créuse, si tu l'oses.
Qu'ai-je épargné depuis qui fût en mon pouvoir?
Ai-je auprès de l'amour écouté mon devoir?
Pour jeter un obstacle à l'ardente poursuite
Dont mon père en fureur touchoit déja ta fuite,
Semai-je avec regret mon frère par morceaux?
A ce funeste objet épandu sur les eaux,
Mon père, trop sensible aux droits de la nature,
Quitta tous autres soins que de sa sépulture;
Et, par ce nouveau crime émouvant sa pitié,
J'arrêtai les effets de son inimitié.
Prodigue de mon sang, honte de ma famille [1],
Aussi cruelle sœur que déloyale fille,
Ces titres glorieux plaisoient à mes amours;

---

[1] Var. Bourrelle de mon sang, honte de ma famille. (1639-54.)

Je les pris sans horreur pour conserver tes jours.
Alors, certes, alors mon mérite étoit rare;
Tu n'étois point honteux d'une femme barbare.
Quand à ton père usé je rendis la vigueur,
J'avois encor tes vœux, j'étois encor ton cœur;
Mais cette affection, mourant avec Pélie,
Dans le même tombeau se vit ensevelie[1] :
L'ingratitude en l'ame, et l'impudence au front,
Une Scythe en ton lit te fut lors un affront;
Et moi, que tes desirs avoient tant souhaitée,
Le dragon assoupi, la toison emportée,
Ton tyran massacré, ton père rajeuni,
Je devins un objet digne d'être banni.
Tes desseins achevés, j'ai mérité ta haine;
Il t'a fallu sortir d'une honteuse chaîne,
Et prendre une moitié qui n'a rien plus que moi
Que le bandeau royal, que j'ai quitté pour toi.

JASON.

Ah! que n'as-tu des yeux à lire dans mon ame,
Et voir les purs motifs de ma nouvelle flamme!
Les tendres sentiments d'un amour paternel
Pour sauver mes enfants me rendent criminel,
Si l'on peut nommer crime un malheureux divorce,
Où le soin que j'ai d'eux me réduit et me force[2].
Toi-même, furieuse, ai-je peu fait pour toi
D'arracher ton trépas aux vengeances d'un roi?
Sans moi, ton insolence alloit être punie;
A ma seule prière on ne t'a que bannie.
C'est rendre la pareille à tes grands coups d'effort :

---

[1] Var. Sous un même tombeau se vit ensevelie. (1639-54.)

[2] Var. Où le soin que j'ai d'eux me range à toute force. (1639.)

ACTE III, SCÈNE III.

Tu m'as sauvé la vie, et j'empêche ta mort.
MÉDÉE.
On ne m'a que bannie! ô bonté souveraine!
C'est donc une faveur, et non pas une peine!
Je reçois une grace au lieu d'un châtiment!
Et mon exil encor doit un remerciement!
  Ainsi l'avare soif d'un brigand assouvie [1],
Il s'impute à pitié de nous laisser la vie;
Quand il n'égorge point, il croit nous pardonner,
Et ce qu'il n'ôte pas, il pense le donner.
JASON.
Tes discours, dont Créon de plus en plus s'offense,
Le forceroient enfin à quelque violence.
Éloigne-toi d'ici tandis qu'il t'est permis :
Les rois ne sont jamais de foibles ennemis.
MÉDÉE.
A travers tes conseils je vois assez ta ruse :
Ce n'est là m'en donner qu'en faveur de Créuse.
Ton amour, déguisé d'un soin officieux,
D'un objet importun veut délivrer ses yeux.
JASON.
N'appelle point amour un change inévitable,
Où Créuse fait moins que le sort qui m'accable.
MÉDÉE.
Peux-tu bien, sans rougir, désavouer tes feux?
JASON.
Eh bien, soit; ses attraits captivent tous mes vœux :
Toi, qu'un amour furtif souilla de tant de crimes,
M'oses-tu reprocher des amours légitimes?

---

[1] Var. Ainsi l'avare soif du brigand assouvie. (1639-54.)

MÉDÉE.
Oui, je te les reproche, et de plus....
JASON.
Quels forfaits?
MÉDÉE.
La trahison, le meurtre, et tous ceux que j'ai faits[1].
JASON.
Il manque encor ce point à mon sort déplorable,
Que de tes cruautés on me fasse coupable.
MÉDÉE.
Tu présumes en vain de t'en mettre à couvert;
Celui-là fait le crime à qui le crime sert[2].
Que chacun indigné contre ceux de ta femme,
La traite en ses discours de méchante et d'infame,
Toi seul, dont ses forfaits ont fait tout le bonheur,
Tiens-la pour innocente, et défends son honneur.
JASON.
J'ai honte de ma vie, et je hais son usage,
Depuis que je la dois aux effets de ta rage.
MÉDÉE.
La honte généreuse, et la haute vertu!
Puisque tu la hais tant, pourquoi la gardes-tu[3]?
JASON.
Au bien de nos enfants, dont l'âge foible et tendre
Contre tant de malheurs ne sauroit se défendre :
Deviens en leur faveur d'un naturel plus doux.
MÉDÉE.
Mon ame à leur sujet redouble son courroux.

[1] Médée dit dans Sénèque : *Quodcumque feci.* (V.)
[2] Celui-là fait le crime à qui le crime sert.
Tua illa sunt; cui prodest scelus, is fecit. (V.)
[3] VAR. Si tu la hais si fort, pourquoi la gardes-tu? (1639-54.)

ACTE III, SCÈNE III.

Faut-il ce déshonneur pour comble à mes misères,
Qu'à mes enfants Créuse enfin donne des frères?
Tu vas mêler, impie, et mettre en rang pareil,
Des neveux de Sisyphe avec ceux du Soleil [1]!

JASON.

Leur grandeur soutiendra la fortune des autres;
Créuse et ses enfants conserveront les nôtres.

MÉDÉE.

Je l'empêcherai bien ce mélange odieux,
Qui déshonore ensemble et ma race et les dieux.

JASON.

Lassés de tant de maux, cédons à la fortune.

MÉDÉE.

Ce corps n'enferme pas une ame si commune;
Je n'ai jamais souffert qu'elle me fît la loi,
Et toujours ma fortune a dépendu de moi.

JASON.

La peur que j'ai d'un sceptre...

MÉDÉE.

Ah! cœur rempli de feinte,
Tu masques tes desirs d'un faux titre de crainte;
Un sceptre est l'objet seul qui fait ton nouveau choix [2].

JASON.

Veux-tu que je m'expose aux haines de deux rois,

---

[1] Var. Les neveux de Sisyphe avec ceux du Soleil. (1639-54.)

[2] Var. Un sceptre pour ton change a seul de vrais appas.
JASON.
Vois l'état où je suis; j'ai deux rois sur les bras :
Acaste à la campagne, et Créon dans la ville.
Que leur puis-je opposer qu'un courage inutile?
MÉDÉE.
Fuis-les tous deux pour moi, suis Médée à son tour,
Sauve ton innocence avecque ton amour.

Et que mon imprudence attire sur nos têtes,
D'un et d'autre côté, de nouvelles tempêtes?
MÉDÉE.
Fuis-les, fuis-les tous deux, suis Médée à ton tour,
Et garde au moins ta foi, si tu n'as plus d'amour.
JASON.
Il est aisé de fuir, mais il n'est pas facile
Contre deux rois aigris de trouver un asile.
Qui leur résistera, s'ils viennent à s'unir?
MÉDÉE.
Qui me résistera, si je te veux punir,
Déloyal? Auprès d'eux crains-tu si peu Médée?
Que toute leur puissance, en armes débordée,
Dispute contre moi ton cœur qu'ils m'ont surpris,
Et ne sois du combat que le juge et le prix!
Joins-leur, si tu le veux, mon père et la Scythie,
En moi seule ils n'auront que trop forte partie.
Bornes-tu mon pouvoir à celui des humains?
Contre eux, quand il me plaît, j'arme leurs propres mains;
Tu le sais, tu l'as vu, quand ces fils de la Terre
Par leurs coups mutuels terminèrent leur guerre.
Misérable! je puis adoucir des taureaux;
La flamme m'obéit, et je commande aux eaux;
L'enfer tremble, et les cieux, sitôt que je les nomme[1]:
Et je ne puis toucher les volontés d'un homme!
Je t'aime encor, Jason, malgré ta lâcheté[2];

> Fuis-les; je n'arme pas ta dextre sanguinaire
> Ni contre ton parent ni contre ton beau-père
> JASON.
> Qui leur résistera, s'ils viennent à s'unir? (1639-54.)

[1] VAR. Et je ne puis chasser le feu qui me consomme,
Ni toucher tant soit peu les volontés d'un homme! (1639.)

[2] VAR. Je t'aime encor, Jason, malgré ta lâcheté,

ACTE III, SCÈNE III. 371

Je ne m'offense plus de ta légèreté ;
Je sens à tes regards décroître ma colère ;
De moment en moment ma fureur se modère ;
Et je cours sans regret à mon bannissement,
Puisque j'en vois sortir ton établissement.
Je n'ai plus qu'une grace à demander ensuite :
Souffre que mes enfants accompagnent ma fuite ;
Que je t'admire encore en chacun de leurs traits,
Que je t'aime et te baise en ces petits portraits [1] ;
Et que leur cher objet, entretenant ma flamme,

n'est point imité de Sénèque; et Racine, en cet endroit, s'est rencontré avec Corneille, quand il fait dire à Roxane :

Écoutez, Bajazet, je sens que je vous aime, etc.

La situation et la passion amènent souvent des sentiments et des expressions qui se ressemblent sans qu'elles soient imitées. Mais quelle différence entre Roxane et Médée ! Le rôle de Médée est l'essai d'un génie vigoureux et sans art, qui en vain fait déjà quelques efforts contre la barbarie qui enveloppe son siècle ; et le rôle de Roxane est le chef-d'œuvre de l'esprit et du goût dans un temps plus heureux : l'un est une statue grossière de l'ancienne Égypte ; l'autre est une statue de Phidias. (V.)

[1] On sent assez que le mot *baise* ne serait pas souffert aujourd'hui ; mais il y a une réflexion plus importante à faire : Médée conçoit la vengeance la plus horrible, et qui retombe sur elle-même. Pour y parvenir, elle a recours à la plus indigne fourberie : elle devient alors exécrable aux spectateurs ; elle attirerait la pitié, si elle égorgeait ses enfants dans un moment de désespoir et de démence. C'est une loi du théâtre qui ne souffre guère d'exception : ne commettez jamais de grands crimes que quand de grandes passions en diminueront l'atrocité, et vous attireront même quelque compassion des spectateurs. Cléopâtre, à la vérité, dans la tragédie de *Rodogune*, ne s'attire nulle compassion ; mais songez que, si elle n'était pas possédée de la passion forcenée de régner, on ne la pourrait pas souffrir ; et que, si elle n'était pas punie, la pièce ne pourrait être jouée. (V.)

Te présente à mes yeux aussi bien qu'à mon ame.
JASON.
Ah ! reprends ta colère, elle a moins de rigueur.
M'enlever mes enfants, c'est m'arracher le cœur;
Et Jupiter tout prêt à m'écraser du foudre,
Mon trépas à la main, ne pourroit m'y résoudre.
C'est pour eux que je change; et la Parque, sans eux,
Seule de notre hymen pourroit rompre les nœuds[1].
MÉDÉE.
Cet amour paternel, qui te fournit d'excuses,
Me fait souffrir aussi que tu me les refuses :
Je ne t'en presse plus; et, prête à me bannir,
Je ne veux plus de toi qu'un léger souvenir.
JASON.
Ton amour vertueux fait ma plus grande gloire :
Ce seroit me trahir qu'en perdre la mémoire;
Et le mien envers toi qui demeure éternel
T'en laisse en cet adieu le serment solennel.
Puissent briser mon chef les traits les plus sévères
Que lancent des grands dieux les plus âpres colères,
Qu'ils s'unissent ensemble afin de me punir,
Si je ne perds la vie avant ton souvenir !

SCÈNE IV.

MÉDÉE, NÉRINE.

MÉDÉE.
J'y donnerai bon ordre : il est en ta puissance
D'oublier mon amour, mais non pas ma vengeance;

---

[1] VAR. Seule eût de notre hymen rompu les chastes nœuds. (1639.)

ACTE III, SCÈNE IV.

Je la saurai graver en tes esprits glacés,
Par des coups trop profonds pour en être effacés [1].

Il aime ses enfants, ce courage inflexible :
Son foible est découvert; par eux il est sensible,
Par eux mon bras, armé d'une juste rigueur,
Va trouver des chemins à lui percer le cœur.

NÉRINE.

Madame, épargnez-les, épargnez vos entrailles;
N'avancez point par-là vos propres funérailles :
Contre un sang innocent pourquoi vous irriter,
Si Créuse en vos lacs se vient précipiter?
Elle-même s'y jette, et Jason vous la livre.

MÉDÉE.

Tu flattes mes desirs.

NÉRINE.

Que je cesse de vivre,
Si ce que je vous dis n'est pure vérité [2]!

MÉDÉE.

Ah! ne me tiens donc plus l'ame en perplexité.

NÉRINE.

Madame, il faut garder que quelqu'un ne nous voie,
Et du palais du roi découvre notre joie :
Un dessein éventé succède rarement.

MÉDÉE.

Rentrons donc, et mettons nos secrets sûrement.

[1] Cette idée détestable de tuer ses propres enfants pour se venger de leur père, idée un peu soudaine, et qui ne laisse voir que l'atrocité d'une vengeance révoltante, sans qu'elle soit ici combattue par les moindres remords, est encore prise de Sénèque, dont Corneille a imité les beautés et les défauts. (V.)

[2] Var. Si je vous ai rien dit contre la vérité. (1639-54.)

FIN DU TROISIÈME ACTE.

ACTE QUATRIÈME.

SCÈNE I.

MÉDÉE, NÉRINE.

MÉDÉE, seule dans sa grotte magique.
C'est trop peu de Jason que ton œil me dérobe,
C'est trop peu de mon lit, tu veux encor ma robe,
Rivale insatiable; et c'est encor trop peu,
Si, la force à la main, tu l'as sans mon aveu;
Il faut que par moi-même elle te soit offerte,
Que, perdant mes enfants, j'achète encor leur perte;
Il en faut un hommage à tes divins attraits,
Et des remerciements au vol que tu me fais.
Tu l'auras; mon refus seroit un nouveau crime;
Mais je t'en veux parer pour être ma victime,
Et, sous un faux semblant de libéralité,
Soûler et ma vengeance et ton avidité.
Le charme est achevé, tu peux rentrer, Nérine[1].

---

[1] Dans la tragédie de *Macbeth*, qu'on regarde comme un chef-d'œuvre de Shakespeare, trois sorcières font leurs enchantements sur le théâtre : elles arrivent au milieu des éclairs et du tonnerre avec un grand chaudron, dans lequel elles font bouillir des herbes. *Le chat a miaulé trois fois*, disent-elles; *il est temps, il est temps*. Elles jettent un crapaud dans le chaudron, et apostrophent le crapaud, en criant en refrain : *Double, double, chaudron, trouble; que le feu brûle, que l'eau bouille; double, double*. Cela vaut bien les serpents qui sont venus d'Afrique en un moment,

ACTE IV, SCÈNE I.

(Nérine sort, et Médée continue.)

Mes maux dans ces poisons trouvent leur médecine :
Vois combien de serpents à mon commandement
D'Afrique jusqu'ici n'ont tardé qu'un moment,
Et, contraints d'obéir à mes clameurs funestes,

et ces herbes que Médée a cueillies le pied nu, en faisant pâlir la lune, et ce plumage noir d'une harpie. Ces puérilités ne seraient pas admises aujourd'hui.

C'est à l'opéra, c'est à ce spectacle consacré aux fables, que ces enchantements conviennent, et c'est là qu'ils ont été le mieux traités. Voyez dans Quinault, supérieur en ce genre, ce morceau que chante Médée :

> Sortez, ombres, sortez de la nuit éternelle :
> Voyez le jour pour le troubler :
> Que l'affreux désespoir, que la rage cruelle,
> Prennent soin de vous rassembler :
> Avancez, malheureux coupables ;
> Soyez aujourd'hui déchaînés ;
> Goûtez l'unique bien des cœurs infortunés,
> Ne soyez pas seuls misérables.
> Ma rivale m'expose à des maux effroyables ;
> Qu'elle ait part aux tourments qui vous sont destinés.
> Non, les enfers impitoyables
> Ne pourront inventer des horreurs comparables
> Aux tourments qu'elle m'a donnés.
> Goûtons l'unique bien des cœurs infortunés,
> Ne soyons pas seuls misérables.

Ce seul couplet vaut mieux peut-être que toute la *Médée* de Sénèque, de Corneille, et de Longepierre, parcequ'il est fort et naturel, harmonieux et sublime. Observons que c'est là ce Quinault que Boileau affectait de mépriser, et apprenons à être justes. (V.) — On remarque souvent dans Voltaire cette affectation d'accuser Boileau d'injustice envers Quinault. Il est vrai qu'accoutumé aux beautés sévères d'un art pour lequel il avait un talent supérieur, Boileau ne pouvait accorder qu'une faible estime à la poésie presque toujours molle et efféminée de cet écrivain, ni même au genre dans lequel il excellait. Racine, qu'on n'oserait accuser de jalousie, n'en portait pas un juge-

Ont sur ce don fatal vomi toutes leurs pestes [1].
L'amour à tous mes sens ne fut jamais si doux
Que ce triste appareil à mon esprit jaloux.
Ces herbes ne sont pas d'une vertu commune;
Moi-même en les cueillant je fis pâlir la lune,
Quand, les cheveux flottants, les bras et le pied nu,
J'en dépouillai jadis un climat inconnu.
Vois mille autres venins : cette liqueur épaisse
Mêle du sang de l'hydre avec celui de Nesse;
Python eut cette langue; et ce plumage noir
Est celui qu'une harpie [2] en fuyant laissa choir;
Par ce tison Althée assouvit sa colère,
Trop pitoyable sœur, et trop cruelle mère;
Ce feu tomba du ciel avecque Phaéton,
Cet autre vient des flots du pierreux Phlégéthon;
Et celui-ci jadis remplit en nos contrées
Des taureaux de Vulcain les gorges ensoufrées.
Enfin, tu ne vois là, poudres, racines, eaux,
Dont le pouvoir mortel n'ouvrit mille tombeaux;
Ce présent déceptif a bu toute leur force,
Et, bien mieux que mon bras, vengera mon divorce.

ment plus favorable; et ces deux autorités peuvent sans doute balancer celle de Voltaire. Quinault fut un écrivain pur, facile, élégant; il connut la délicatesse et les graces : mais combien n'est-il pas inférieur, même dans le genre lyrique, aux chœurs d'*Esther* et d'*Athalie*, et aux belles odes de Rousseau ? Avec beaucoup d'esprit et un talent peu commun il s'éleva rarement au-dessus de la médiocrité, et c'en était assez pour l'opéra. Le couplet que Voltaire cite est entièrement dénué d'images : il est naturel, élégant, harmonieux; mais il n'est pas sublime. (P.)

[1] Var. Sur ce présent fatal ont déchargé leurs pestes. (1639-54.)

[2] Aujourd'hui, la première syllabe de ce mot est aspirée. (Par.)

ACTE IV, SCÈNE I.

Mes tyrans par leur perte apprendront que jamais...[1]
Mais d'où vient ce grand bruit que j'entends au palais?

NÉRINE.

Du bonheur de Jason, et du malheur d'Ægée :
Madame, peu s'en faut qu'il ne vous ait vengée.
 Ce généreux vieillard, ne pouvant supporter[2]
Qu'on lui vole à ses yeux ce qu'il croit mériter,
Et que sur sa couronne et sa persévérance
L'exil de votre époux ait eu la préférence,
A tâché, par la force, à repousser l'affront
Que ce nouvel hymen lui porte sur le front.
Comme cette beauté, pour lui toute de glace,
Sur les bords de la mer contemplait la bonace,
Il la voit mal suivie, et prend un si beau temps
A rendre ses desirs et les vôtres contents.
De ses meilleurs soldats une troupe choisie
Enferme la princesse, et sert sa jalousie[3] ;
L'effroi qui la surprend la jette en pâmoison ;
Et tout ce qu'elle peut, c'est de nommer Jason.
Ses gardes à l'abord font quelque résistance,
Et le peuple leur prête une foible assistance ;
Mais l'obstacle léger de ces débiles cœurs
Laissoit honteusement Créuse à leurs vainqueurs :
Déja presque en leur bord elle étoit enlevée...

MÉDÉE.

Je devine la fin, mon traître l'a sauvée[4].

---

[1] VAR. Les traîtres apprendront à se jouer de moi.
    Mais d'où provient ce bruit dans le palais du roi? (1639-54.)

[2] VAR. Ce généreux vieillard, indigné que ses feux
    Près de votre rivale aient perdu tant de vœux. (1639 54.)

[3] VAR. Le suit dans ce dessein : Créuse en est saisie. (1639-54.)

[4] VAR. J'en devine la fin; mon traître l'a sauvée. (1639-54.)

NÉRINE.

Oui, madame, et, de plus, Ægée est prisonnier;
Votre époux à son myrte ajoute ce laurier :
Mais apprenez comment.

MÉDÉE.

N'en dis pas davantage :
Je ne veux point savoir ce qu'a fait son courage;
Il suffit que son bras a travaillé pour nous,
Et rend une victime à mon juste courroux.
Nérine, mes douleurs auroient peu d'allégeance,
Si cet enlèvement l'ôtoit à ma vengeance :
Pour quitter son pays en est-on malheureux?
Ce n'est pas son exil, c'est sa mort que je veux;
Elle auroit trop d'honneur de n'avoir que ma peine,
Et de verser des pleurs pour être deux fois reine.
Tant d'invisibles feux enfermés dans ce don,
Que d'un titre plus vrai j'appelle ma rançon,
Produiront des effets bien plus doux à ma haine.

NÉRINE.

Par-là vous vous vengez, et sa perte est certaine :
Mais contre la fureur de son père irrité
Où pensez-vous trouver un lieu de sûreté?

MÉDÉE.

Si la prison d'Ægée a suivi sa défaite,
Tu peux voir qu'en l'ouvrant je m'ouvre une retraite[1],
Et que ses fers brisés, malgré leurs attentats,
A ma protection engagent ses états.
Dépêche seulement, et cours vers ma rivale
Lui porter de ma part cette robe fatale :

---

[1] Var. Vois-tu pas qu'en l'ouvrant je m'ouvre une retraite,
Et que, brisant ses fers, cette obligation
Engage sa couronne à ma protection? (1639-54.)

ACTE IV, SCÈNE II.

Mène-lui mes enfants, et fais-les, si tu peux,
Présenter par leur père à l'objet de ses vœux.

NÉRINE.

Mais, madame, porter cette robe empestée,
Que de tant de poisons vous avez infectée,
C'est pour votre Nérine un trop funeste emploi :
Avant que sur Créuse ils agiroient sur moi ¹.

MÉDÉE.

Ne crains pas leur vertu, mon charme la modère,
Et lui défend d'agir que sur elle et son père.
Pour un si grand effet prends un cœur plus hardi,
Et, sans me répliquer, fais ce que je te di.

SCÈNE II.

CRÉON, POLLUX; SOLDATS.

CRÉON.

Nous devons bien chérir cette valeur parfaite²
Qui de nos ravisseurs nous donne la défaite.
Invincible héros, c'est à votre secours
Que je dois désormais le bonheur de mes jours ;
C'est vous seul aujourd'hui dont la main vengeresse ³
Rend à Créon sa fille, à Jason sa maîtresse,
Met Ægée en prison et son orgueil à bas,

---

¹ Cette suivante, qui craint la brûlure, et qui refuse de porter la robe, est très comique, et fournirait de bonnes plaisanteries. Il était fort aisé d'envoyer la robe par un domestique qui ne fût pas instruit du poison qu'elle renfermait. (**V.**)

² On voit combien Pollux est inutile à la pièce : Corneille l'appelle un personnage protatique. (**V.**)

³ VAR. C'est vous dont le courage, et la force, et l'adresse. (1639-54.)

MÉDÉE.
Et fait mordre la terre à ses meilleurs soldats.
POLLUX.
Grand roi, l'heureux succès de cette délivrance
Vous est beaucoup mieux dû qu'à mon peu de vaillance.
C'est vous seul et Jason, dont les bras indomptés
Portoient avec effroi la mort de tous côtés;
Pareils à deux lions dont l'ardente furie
Dépeuple en un moment toute une bergerie.
L'exemple glorieux de vos faits plus qu'humains
Échauffoit mon courage et conduisoit mes mains :
J'ai suivi, mais de loin, des actions si belles [1],
Qui laissoient à mon bras tant d'illustres modèles.
Pourroit-on reculer en combattant sous vous,
Et n'avoir point de cœur à seconder vos coups ?
CRÉON.
Votre valeur, qui souffre en cette repartie,
Ote toute croyance à votre modestie :
Mais, puisque le refus d'un honneur mérité
N'est pas un petit trait de générosité,
Je vous laisse en jouir. Auteur de la victoire,
Ainsi qu'il vous plaira, départez-en la gloire;
Comme elle est votre bien, vous pouvez la donner.
Que prudemment les dieux savent tout ordonner !
Voyez, brave guerrier, comme votre arrivée
Au jour de nos malheurs se trouve réservée,
Et qu'au point que le sort osoit nous menacer,
Ils nous ont envoyé de quoi le terrasser.
 Digne sang de leur roi, demi-dieu magnanime,

[1] Var. Et, vous voyant faucher ces têtes criminelles,
J'ai suivi, mais de loin, des actions si belles.
Qui pourroit reculer en combattant sous vous ?
Et qui n'auroit du cœur à seconder vos coups ? (1639-54.)

ACTE IV, SCÈNE II.

Dont la vertu ne peut recevoir trop d'estime,
Qu'avons-nous plus à craindre? et quel destin jaloux,
Tant que nous vous aurons, s'osera prendre à nous?
POLLUX.
Appréhendez pourtant, grand prince.
CRÉON.
      Et quoi?
POLLUX.
        Médée,
Qui par vous de son lit se voit dépossédée.
Je crains qu'il ne vous soit malaisé d'empêcher
Qu'un gendre valeureux ne vous coûte bien cher.
Après l'assassinat d'un monarque et d'un frère,
Peut-il être de sang qu'elle épargne ou révère?
Accoutumée au meurtre, et savante en poison,
Voyez ce qu'elle a fait pour acquérir Jason;
Et ne présumez pas, quoi que Jason vous die,
Que pour le conserver elle soit moins hardie.
CRÉON.
C'est de quoi mon esprit n'est plus inquiété;
Par son bannissement j'ai fait ma sûreté;
Elle n'a que fureur et que vengeance en l'ame :
Mais, en si peu de temps, que peut faire une femme?
Je n'ai prescrit qu'un jour de terme à son départ.
POLLUX.
C'est peu pour une femme, et beaucoup pour son art :
Sur le pouvoir humain ne réglez pas les charmes.
CRÉON.
Quelque puissants qu'ils soient, je n'en ai point d'alarmes;
Et quand bien ce délai devroit tout hasarder,
Ma parole est donnée, et je la veux garder.

SCÈNE III.

CRÉON, POLLUX, CLÉONE.

CRÉON.

Que font nos deux amants, Cléone[1]?
CLÉONE.

La princesse,
Seigneur, près de Jason reprend son allégresse;
Et ce qui sert beaucoup à son contentement,
C'est de voir que Médée est sans ressentiment.
CRÉON.
Et quel dieu si propice a calmé son courage?
CLÉONE.
Jason, et ses enfants qu'elle vous laisse en gage.
La grace que pour eux madame obtient de vous[2]
A calmé les transports de son esprit jaloux.
Le plus riche présent qui fût en sa puissance
A ses remerciements joint sa reconnoissance.
Sa robe sans pareille, et sur qui nous voyons
Du Soleil son aïeul briller mille rayons,
Que la princesse même avoit tant souhaitée,
Par ces petits héros lui vient d'être apportée,
Et fait voir clairement les merveilleux effets
Qu'en un cœur irrité produisent les bienfaits.
CRÉON.
Eh bien, qu'en dites-vous? Qu'avons-nous plus à craindre?

---

[1] VAR. Que font nos amoureux, Cléone? (1639-54.)

[2] *Madame*, dans la poésie noble, ne s'emploie qu'au vocatif;
et c'est bien là un pur caprice de l'usage. (MARM.)

ACTE IV, SCÈNE III.

POLLUX.
Si vous ne craignez rien, que je vous trouve à plaindre!
CRÉON.
Un si rare présent montre un esprit remis.
POLLUX.
J'eus toujours pour suspects les dons des ennemis [1],
Ils font assez souvent ce que n'ont pu leurs armes.
Je connois de Médée et l'esprit, et les charmes,
Et veux bien m'exposer aux plus cruels trépas,
Si ce rare présent n'est un mortel appas.
CRÉON.
Ses enfants si chéris, qui nous servent d'otages,
Nous peuvent-ils laisser quelque sorte d'ombrages?
POLLUX.
Peut-être que contre eux s'étend sa trahison,
Qu'elle ne les prend plus que pour ceux de Jason,
Et qu'elle s'imagine, en haine de leur père,
Que, n'étant plus sa femme, elle n'est plus leur mère.
Renvoyez-lui, seigneur, ce don pernicieux [2],
Et ne vous chargez point d'un poison précieux.
CLÉONE.
Madame cependant en est toute ravie,
Et de s'en voir parée elle brûle d'envie.

[1] Ce vers est la traduction de ce beau vers de Virgile :

. . . . . Timeo Danaos, et dona ferentes.

Et Virgile lui-même a pris ce vers d'Homère mot à mot. Quand on imite de tels vers qui sont devenus proverbes, il faut tâcher que nos imitations deviennent aussi proverbes dans notre langue. On n'y peut réussir que par des mots harmonieux, aisés à retenir. *Pour suspects les dons*, est trop rude; on doit éviter les consonnes qui se heurtent. C'est le mélange heureux des voyelles et des consonnes qui fait le charme de la versification. (V.)

[2] VAR. Sire, renvoyez-lui ce poison précieux. (1639-54.)

POLLUX.

Où le péril égale et passe le plaisir,
Il faut se faire force, et vaincre son desir.
Jason, dans son amour, a trop de complaisance
De souffrir qu'un tel don s'accepte en sa présence.

CRÉON.

Sans rien mettre au hasard, je saurai dextrement
Accorder vos soupçons et son contentement.
Nous verrons dès ce soir, sur une criminelle,
Si ce présent nous cache une embûche mortelle.
Nise, pour ses forfaits destinée à mourir,
Ne peut par cette épreuve injustement périr :
Heureuse, si sa mort nous rendoit ce service,
De nous en découvrir le funeste artifice!
Allons-y de ce pas, et ne consumons plus
De temps ni de discours en débats surpeflus.

SCÈNE IV.

ÆGÉE, en prison [1].

Demeure affreuse des coupables,
Lieux maudits, funeste séjour,

[1] Rotrou avait mis les stances à la mode. Corneille, qui les employa, les condamne lui-même dans ses *Réflexions sur la Tragédie*. Elles ont quelque rapport à ces odes que chantaient les chœurs entre les scènes sur le théâtre grec. Les Romains les imitèrent. Il me semble que c'était l'enfance de l'art : il était bien plus aisé d'insérer ces inutiles déclamations entre neuf ou dix scènes qui composaient une tragédie, que de trouver dans son sujet même de quoi animer toujours le théâtre, et de soutenir une longue intrigue toujours intéressante. Lorsque notre théâtre commença à sortir de la barbarie, et de l'asservissement aux

Dont jamais avant mon amour [1]
Les sceptres n'ont été capables,
Redoublez puissamment votre mortel effroi,
Et joignez à mes maux une si vive atteinte,
Que mon ame chassée, ou s'enfuyant de crainte,
Dérobe à mes vainqueurs le supplice d'un roi.

    Le triste bonheur où j'aspire !
    Je ne veux que hâter ma mort,
    Et n'accuse mon mauvais sort
    Que de souffrir que je respire.
Puisqu'il me faut mourir, que je meure à mon choix ;
Le coup m'en sera doux, s'il est sans infamie :
Prendre l'ordre à mourir d'une main ennemie,
C'est mourir, pour un roi, beaucoup plus d'une fois [2].

    Malheureux prince, on te méprise
    Quand tu t'arrêtes à servir :
    Si tu t'efforces de ravir,
    Ta prison suit ton entreprise.

usages anciens, pire encore que la barbarie, on substitua à ces odes des chœurs qu'on voit dans Garnier, dans Jodelle et dans Baïf, des stances que les personnages récitaient. Cette mode a duré cent années; le dernier exemple que nous ayons des stances est dans *la Thébaïde*. Racine se corrigea bientôt de ce défaut : il sentit que cette mesure, différente de la mesure employée dans la pièce, n'était pas naturelle; que les personnages ne devaient pas changer le langage convenu; qu'ils devenaient poëtes mal à propos. (V.)

[1] Var.   Dont auparavant mon amour
            Les sceptres étoient incapables. (1639-54.)

[2] Var. C'est mourir, à mon gré, beaucoup plus d'une fois. (1639-54.)
    Pauvre prince, l'on te méprise. (1639-54.)

MÉDÉE.

Ton amour qu'on dédaigne, et ton vain attentat,
D'un éternel affront vont souiller ta mémoire :
L'un t'a déja coûté ton repos et ta gloire;
L'autre te va coûter ta vie et ton état.

  Destin, qui punis mon audace,
  Tu n'as que de justes rigueurs;
  Et s'il est d'assez tendres cœurs
  Pour compatir à ma disgrace,
Mon feu de leur tendresse étouffe la moitié,
Puisqu'à bien comparer mes fers avec ma flamme[1],
Un vieillard amoureux mérite plus de blâme
Qu'un monarque en prison n'est digne de pitié.

  Cruel auteur de ma misère,
  Peste des cœurs, tyran des rois,
  Dont les impérieuses lois
  N'épargnent pas même ta mère,
Amour, contre Jason tourne ton trait fatal;
Au pouvoir de tes dards je remets ma vengeance :
Atterre son orgueil, et montre ta puissance
A perdre également l'un et l'autre rival[2].

  Qu'une implacable jalousie
  Suive son nuptial flambeau;

---

[1] Var. Vu qu'à bien comparer mes fers avec ma flamme. (1639-54.)

[2] Quand même ces stances ennuyeuses et mal écrites auraient été aussi bonnes que la meilleure ode d'Horace, elles ne feraient aucun effet, parcequ'elles sont dans la bouche d'un vieillard ridicule, amoureux comme un vieillard de comédie. Ce n'est pas assez au théâtre qu'une scène soit belle par elle-même, il faut qu'elle soit belle dans la place où elle est. (V.)

Que sans cesse un objet nouveau
S'empare de sa fantaisie;
Que Corinthe à sa vue accepte un autre roi;
Qu'il puisse voir sa race à ses yeux égorgée;
Et, pour dernier malheur, qu'il ait le sort d'Ægée,
Et devienne à mon âge amoureux comme moi!

SCÈNE V.
ÆGÉE, MÉDÉE.

ÆGÉE.

Mais d'où vient ce bruit sourd? quelle pâle lumière
Dissipe ces horreurs et frappe ma paupière?
Mortel, qui que tu sois, détourne ici tes pas,
Et, de grace, m'apprends l'arrêt de mon trépas,
L'heure, le lieu, le genre; et, si ton cœur sensible
A la compassion peut se rendre accessible,
Donne-moi les moyens d'un généreux effort
Qui des mains des bourreaux affranchisse ma mort.

MÉDÉE.

Je viens l'en affranchir. Ne craignez plus, grand prince;
Ne pensez qu'à revoir votre chère province.

(Elle donne un coup de baguette sur la porte de la prison, qui s'ouvre aussitôt; et, en ayant tiré Ægée, elle en donne encore un sur ses fers, qui tombent.)

Ni grilles ni verrous ne tiennent contre moi [1].
Cessez, indignes fers, de captiver un roi;
Est-ce à vous à presser les bras d'un tel monarque?
Et vous, reconnoissez Médée à cette marque,

---

[1] Var. Ces portes ne sont pas pour tenir contre moi. (1639 54.)

Et fuyez un tyran dont le forcènement
Joindroit votre supplice à mon bannissement;
Avec la liberté reprenez le courage.

ÆGÉE.

Je les reprends tous deux pour vous en faire hommage,
Princesse, de qui l'art propice aux malheureux
Oppose un tel miracle à mon sort rigoureux :
Disposez de ma vie, et du sceptre d'Athènes;
Je dois et l'une et l'autre à qui brise mes chaînes.
Si votre heureux secours me tire de danger [1],
Je ne veux en sortir qu'afin de vous venger;
Et si je puis jamais, avec votre assistance,
Arriver jusqu'aux lieux de mon obéissance,
Vous me verrez, suivi de mille bataillons,
Sur ces murs renversés planter mes pavillons,
Punir leur traître roi de vous avoir bannie,
Dedans le sang des siens noyer sa tyrannie,
Et remettre en vos mains et Créuse et Jason,
Pour venger votre exil plutôt que ma prison.

MÉDÉE.

Je veux une vengeance et plus haute et plus prompte;
Ne l'entreprenez pas, votre offre me fait honte :
Emprunter le secours d'aucun pouvoir humain,
D'un reproche éternel diffameroit ma main.
En est-il, après tout, aucun qui ne me cède?
Qui force la nature a-t-il besoin qu'on l'aide?
Laissez-moi le souci de venger mes ennuis,

---

[1] Var. Votre divin secours me tire de danger;
 Mais je n'en veux sortir qu'afin de vous venger.
 Madame, si jamais, avec votre assistance,
 Je puis toucher les lieux de mon obéissance,
 Vous me verrez, suivi de mille bataillons,
 Jusque dessus ces murs planter mes pavillons. (1639-54.)

Et, par ce que j'ai fait, jugez ce que je puis.
L'ordre en est tout donné, n'en soyez point en peine :
C'est demain que mon art fait triompher ma haine;
Demain je suis Médée, et je tire raison
De mon bannissement et de votre prison.

ÆGÉE.

Quoi! madame, faut-il que mon peu de puissance
Empêche les devoirs de ma reconnoissance[1]?
Mon sceptre ne peut-il être employé pour vous?
Et vous serai-je ingrat autant que votre époux?

MÉDÉE.

Si je vous ai servi, tout ce que j'en souhaite,
C'est de trouver chez vous une sûre retraite,
Où de mes ennemis menaces ni présents
Ne puissent plus troubler le repos de mes ans.
Non pas que je les craigne; eux et toute la terre
A leur confusion me livreroient la guerre;
Mais je hais ce désordre, et n'aime pas à voir
Qu'il me faille pour vivre user de mon savoir.

ÆGÉE.

L'honneur de recevoir une si grande hôtesse
De mes malheurs passés efface la tristesse.
Disposez d'un pays qui vivra sous vos lois,
Si vous l'aimez assez pour lui donner des rois;
Si mes ans ne vous font mépriser ma personne,
Vous y partagerez mon lit et ma couronne :
Sinon, sur mes sujets faites état d'avoir,
Ainsi que sur moi-même, un absolu pouvoir.
Allons, madame, allons; et par votre conduite
Faites la sûreté que demande ma fuite.

---

[1] Var. Étouffe les devoirs de ma reconnoissance? (1639.)

MÉDÉE.

Ma vengeance n'auroit qu'un succès imparfait :
Je ne me venge pas, si je n'en vois l'effet;
Je dois à mon courroux l'heur d'un si doux spectacle.
Allez, prince, et sans moi ne craignez point d'obstacle ;
Je vous suivrai demain par un chemin nouveau.
Pour votre sûreté conservez cet anneau [1];
Sa secrète vertu, qui vous fait invisible,
Rendra votre départ de tous côtés paisible.
Ici, pour empêcher l'alarme que le bruit
De votre délivrance auroit bientôt produit,
Un fantôme pareil et de taille et de face [2],
Tandis que vous fuirez, remplira votre place.
Partez sans plus tarder, prince chéri des dieux,
Et quittez pour jamais ces détestables lieux.

ÆGÉE.

J'obéis sans réplique, et je pars sans remise.
Puisse d'un prompt succès votre grande entreprise
Combler nos ennemis d'un mortel désespoir,
Et me donner bientôt le bien de vous revoir [3] !

[1] Var. Nérine devant vous portera ce flambeau. (1639-54.)

[2] On voit assez que ce fantôme pareil et de taille et de face, et cet anneau enchanté, et ces coups de baguette, ne sont point admissibles dans la tragédie. (V.)

[3] Var. Et me donner bientôt l'honneur de vous revoir. (1639-54.)

Vers supprimés :

Auparavant que vous je serai dans Athènes ;
Cependant, pour loyer de ces légères peines [*],
Ayez soin de Nérine, et songez seulement
Qu'en elle vous pouvez m'obliger puissamment. (1639-54.)

[*] Var. Cependant, pour le prix de ces légères peines. (1654.)

FIN DU QUATRIÈME ACTE.

ACTE CINQUIÈME.

SCÈNE I.

MÉDÉE, THEUDAS.

THEUDAS.
Ah, déplorable prince! ah, fortune cruelle[1]!
Que je porte à Jason une triste nouvelle!
  MÉDÉE, lui donnant un coup de baguette
  qui le fait demeurer immobile.
Arrête, misérable, et m'apprends quel effet
A produit chez le roi le présent que j'ai fait.
  THEUDAS.
Dieux! je suis dans les fers d'une invisible chaîne!
  MÉDÉE.
Dépêche, ou ces longueurs t'attireront ma haine[2].
  THEUDAS.
Apprenez donc l'effet le plus prodigieux[3]

---

[1] Ce Theudas qu'on ne connaît point, qu'on n'attend point, et qui ne vient là que pour être pétrifié d'un coup de baguette, ressemble trop à la farce d'*Arlequin magicien*. (V.)

[2] Vers supprimés :
  Ma verge, qui déjà t'empêche de courir,
  N'a que trop de vertu pour te faire mourir.
  Garde-toi seulement d'irriter ma colère,
  Et pense que ta mort dépend de me déplaire. (1639-47.)

[3] VAR. Apprenez un effet le plus prodigieux. (1639-54.)

MÉDÉE.

Que jamais la vengeance ait offert à nos yeux.
   Votre robe a fait peur, et sur Nise éprouvée,
En dépit des soupçons, sans péril s'est trouvée;
Et cette épreuve a su si bien les assurer,
Qu'incontinent Créuse a voulu s'en parer.
Mais cette infortunée à peine l'a vêtue [1],
Qu'elle sent aussitôt une ardeur qui la tue;
Un feu subtil s'allume, et ses brandons épars
Sur votre don fatal courent de toutes parts;
Et Cléone et le roi s'y jettent pour l'éteindre :
Mais (ô nouveau sujet de pleurer et de plaindre!)
Ce feu saisit le roi, ce prince en un moment
Se trouve enveloppé du même embrasement.

MÉDÉE.

Courage! enfin il faut que l'un et l'autre meure.

THEUDAS.

La flamme disparoît, mais l'ardeur leur demeure;
Et leurs habits charmés, malgré nos vains efforts,
Sont des brasiers secrets attachés à leurs corps;
Qui veut les dépouiller, lui-même les déchire,
Et ce nouveau secours est un nouveau martyre [2].

MÉDÉE.

Que dit mon déloyal? que fait-il là-dedans?

THEUDAS.

Jason, sans rien savoir de tous ces accidents,
S'acquitte des devoirs d'une amitié civile
A conduire Pollux hors des murs de la ville,
Qui va se rendre en hâte aux noces de sa sœur [3],

---

[1] Var. Cette pauvre princesse à peine l'a vêtue. (1639-54.)

[2] Var. Et l'aide qu'on leur donne est un nouveau martyre. (1639-54.)

[3] Var. Qui court à grande hâte aux noces de sa sœur. (1639-54.)

Dont bientôt Ménélas doit être possesseur;
Et j'allois lui porter ce funeste message.

MÉDÉE, *lui donnant un autre coup de baguette.*
Va, tu peux maintenant achever ton voyage.

SCÈNE II.

MÉDÉE.

Est-ce assez, ma vengeance, est-ce assez de deux morts?
Consulte avec loisir tes plus ardents transports.
Des bras de mon perfide arracher une femme,
Est-ce pour assouvir les fureurs de mon ame?
Que n'a-t-elle déjà des enfants de Jason,
Sur qui plus pleinement venger sa trahison!
Suppléons-y des miens; immolons avec joie
Ceux qu'à me dire adieu Créuse me renvoie :
Nature, je le puis sans violer ta loi;
Ils viennent de sa part, et ne sont plus à moi :
Mais ils sont innocents; aussi l'étoit mon frère :
Ils sont trop criminels d'avoir Jason pour père;
Il faut que leur trépas redouble son tourment;
Il faut qu'il souffre en père aussi bien qu'en amant.
Mais quoi! j'ai beau contre eux animer mon audace,
La pitié la combat, et se met en sa place;
Puis cédant tout-à-coup la place à ma fureur,
J'adore les projets qui me faisoient horreur :
De l'amour aussitôt je passe à la colère [1],
Des sentiments de femme aux tendresses de mère.
  Cessez dorénavant, pensers irrésolus,

---

[1] VAR. De l'amour aussitôt je tombe à la colère. (1639.)

D'épargner des enfants que je ne verrai plus.
Chers fruits de mon amour, si je vous ai fait naître,
Ce n'est pas seulement pour caresser un traître :
Il me prive de vous, et je l'en vais priver.
Mais ma pitié renaît, et revient me braver [1] ;
Je n'exécute rien, et mon ame éperdue
Entre deux passions demeure suspendue.
N'en délibérons plus, mon bras en résoudra.
Je vous perds, mes enfants ; mais Jason vous perdra ;
Il ne vous verra plus.... Créon sort tout en rage ;
Allons à son trépas joindre ce triste ouvrage [2].

SCÈNE III.

CRÉON, DOMESTIQUES.

CRÉON.

Loin de me soulager vous croissez mes tourments [3] ;
Le poison à mon corps unit mes vêtements ;
Et ma peau, qu'avec eux votre secours m'arrache [4],
Pour suivre votre main de mes os se détache.
Voyez comme mon sang en coule à gros ruisseaux [5] ;
Ne me déchirez plus, officieux bourreaux ;
Votre pitié pour moi s'est assez hasardée ;

---

[1] Var. Mais ma pitié retourne, et revient me braver. (1639-54.)
[2] Var. Allons à son trépas ajouter ce carnage. (1639.)
[3] Var. Loin de me secourir, vous croissez mes tourments. (1639-54.)
[4] Var. Et ma peau, qu'avec eux votre pitié m'arrache. (1639-54.)
[5] Var. Voyez comme mon sang en coule en mille lieux :
Ne me déchirez plus, bourreaux officieux ;
Fuyez, ou ma fureur, une fois débordée,
Dans ces pieux devoirs vous prendra pour Médée. (1639-48.)

ACTE V, SCÈNE IV. 395

Fuyez, ou ma fureur vous prendra pour Médée.
C'est avancer ma mort que de me secourir;
Je ne veux que moi-même à m'aider à mourir.
Quoi! vous continuez, canailles infidèles ¹!
Plus je vous le défends, plus vous m'êtes rebelles!
Traîtres, vous sentirez encor ce que je puis;
Je serai votre roi, tout mourant que je suis;
Si mes commandements ont trop peu d'efficace,
Ma rage pour le moins me fera faire place :
Il faut ainsi payer votre cruel secours.
(Il se défait d'eux, et les chasse à coups d'épée.)

SCÈNE IV.

CRÉON, CRÉUSE, CLÉONE.

CRÉUSE.

Où fuyez-vous de moi, cher auteur de mes jours?
Fuyez-vous l'innocente et malheureuse source
D'où prennent tant de maux leur effroyable course?
Ce feu qui me consume et dehors et dedans
Vous venge-t-il trop peu de mes vœux imprudents ²?
  Je ne puis excuser mon indiscrète envie,
Qui donne le trépas à qui je dois la vie :
Mais soyez satisfait des rigueurs de mon sort,
Et cessez d'ajouter votre haine à ma mort.

¹ Toutes ces lamentations de Créon et de Créuse ne touchent point. Comment se peut-il faire que le spectacle d'un père et d'une fille mourant d'une mort affreuse soit si froid? C'est que ce spectacle est une partie de la catastrophe : il fallait donc qu'elle fût courte. (V.)

² VAR. Punit-il point assez mes souhaits imprudents? (1639-54.)

MÉDÉE.

L'ardeur qui me dévore, et que j'ai méritée,
Surpasse en cruauté l'aigle de Prométhée ;
Et je crois qu'Ixion au choix des châtiments [1]
Préféreroit sa roue à mes embrasements.

CRÉON.

Si ton jeune desir eut beaucoup d'imprudence,
Ma fille, j'y devois opposer ma défense.
Je n'impute qu'à moi l'excès de mes malheurs,
Et j'ai part en ta faute ainsi qu'en tes douleurs.
Si j'ai quelque regret, ce n'est pas à ma vie,
Que le déclin des ans m'auroit bientôt ravie :
La jeunesse des tiens, si beaux, si florissants,
Me porte au fond du cœur des coups bien plus pressants [2].
 Ma fille, c'est donc là ce royal hyménée
Dont nous pensions toucher la pompeuse journée !
La Parque impitoyable en éteint le flambeau [3],
Et pour lit nuptial il te faut un tombeau !
Ah ! rage, désespoir, destins, feux, poisons, charmes,
Tournez tous contre moi vos plus cruelles armes :
S'il faut vous assouvir par la mort de deux rois,
Faites en ma faveur que je meure deux fois,
Pourvu que mes deux morts emportent cette grace
De laisser ma couronne à mon unique race,
Et cet espoir si doux, qui m'a toujours flatté,
De revivre à jamais en sa postérité.

CRÉUSE.

Cléone, soutenez, je chancelle, je tombe [4],

---

[1] Var. Et je crois qu'Ixion, au choix des sentiments. (1639-48.)

[2] Var. Me porte bien des coups plus vifs et plus pressants. (1639-54.)

[3] Var. L'impiteuse Clothon en porte le flambeau. (1639-54.)

[4] Var. Cléone, soutenez, les forces me défaillent,
   Et ma vigueur succombe aux douleurs qui m'assaillent ;

ACTE V, SCÈNE IV.

Mon reste de vigueur sous mes douleurs succombe ;
Je sens que je n'ai plus à souffrir qu'un moment.
Ne me refusez pas ce triste allégement,
Seigneur ; et si pour moi quelque amour vous demeure,
Entre vos bras mourants permettez que je meure [1].
Mes pleurs arroseront vos mortels déplaisirs ;
Je mêlerai leurs eaux à vos brûlants soupirs.
Ah ! je brûle, je meurs, je ne suis plus que flamme ;
De grace, hâtez-vous de recevoir mon ame.
Quoi ! vous vous éloignez [2] !

CRÉON.

Oui, je ne verrai pas,
Comme un lâche témoin, ton indigne trépas :
Il faut, ma fille, il faut que ma main me délivre
De l'infame regret de t'avoir pu survivre.
Invisible ennemi, sors avecque mon sang.

(Il se tue d'un poignard.)

CRÉUSE.

Courez à lui, Cléone ; il se perce le flanc.

    Le cœur me va manquer : je n'en puis plus, hélas !
    Ne me refusez point ce funeste soulas,
    Monsieur ; et si pour moi quelque amour vous demeure. (1639-54.)

[1] Après ce vers, on lit dans l'édition de 1639 :

CRÉON.

Ah, ma fille !

CRÉUSE.

Ah, mon père !

CLÉONE.

A ces embrassements,
Qui retiendroit ses pleurs et ses gémissements ?
Dans ces ardents baisers leurs ames se confondent,
Et leurs tristes sanglots seulement se répondent.

[2] Var. Eh quoi ! vous me quittez * ? (1639.)

  * Var. Quoi ! vous me refusez ? (1648-64.)

CRÉON.

Retourne, c'en est fait. Ma fille, adieu; j'expire,
Et ce dernier soupir met fin à mon martyre :
Je laisse à ton Jason le soin de nous venger.

CRÉUSE.

Vain et triste confort! soulagement léger!
Mon père....

CLÉONE.

Il ne vit plus, sa grande ame est partie [1].

CRÉUSE.

Donnez donc à la mienne une même sortie ;
Apportez-moi ce fer qui, de ses maux vainqueur,
Est déja si savant à traverser le cœur.
Ah! je sens fer, et feux, et poison, tout ensemble ;
Ce que souffroit mon père à mes peines s'assemble.
Hélas! que de douceurs auroit un prompt trépas!
Dépêchez-vous, Cléone, aidez mon foible bras.

CLÉONE.

Ne désespérez point : les dieux, plus pitoyables,
A nos justes clameurs se rendront exorables,
Et vous conserveront, en dépit du poison,
Et pour reine à Corinthe, et pour femme à Jason.
Il arrive, et, surpris, il change de visage ;
Je lis dans sa pâleur une secrète rage,
Et son étonnement va passer en fureur.

---

[1] Var. . . . . Il ne vit plus; sa belle ame est partie. (1639.)

SCÈNE V.

JASON, CRÉUSE, CLÉONE, THEUDAS.

JASON.

Que vois-je ici, grands dieux! quel spectacle d'horreur[1]!
Où que puissent mes yeux porter ma vue errante,
Je vois ou Créon mort, ou Créuse mourante.
Ne t'en va pas, belle ame, attends encore un peu,
Et le sang de Médée éteindra tout ce feu.
Prends le triste plaisir de voir punir son crime,
De te voir immoler cette infame victime;
Et que ce scorpion, sur la plaie écrasé,
Fournisse le remède au mal qu'il a causé.

CRÉUSE.

Il n'en faut point chercher au poison qui me tue;
Laisse-moi le bonheur d'expirer à ta vue,
Souffre que j'en jouisse en ce dernier moment :
Mon trépas fera place à ton ressentiment;
Le mien cède à l'ardeur dont je suis possédée;
J'aime mieux voir Jason que la mort de Médée.
Approche, cher amant, et retiens ces transports :
Mais garde de toucher ce misérable corps;
Ce brasier, que le charme ou répand ou modère,
A négligé Cléone, et dévoré mon père :
Au gré de ma rivale il est contagieux.
Jason, ce m'est assez de mourir à tes yeux :
Empêche les plaisirs qu'elle attend de ta peine;
N'attire point ces feux esclaves de sa haine.

---

[1] VAR. Que vois-je ici, bons dieux ! quel spectacle d'horreur!
Quelque part que mes yeux portent ma vue errante. (1639-54.)

400 MÉDÉE.
Ah, quel âpre tourment! quels douloureux abois!
Et que je sens de morts sans mourir une fois!
JASON.
Quoi! vous m'estimez donc si lâche que de vivre?
Et de si beaux chemins sont ouverts pour vous suivre!
Ma reine, si l'hymen n'a pu joindre nos corps,
Nous joindrons nos esprits, nous joindrons nos deux morts;
Et l'on verra Caron passer chez Rhadamante,
Dans une même barque, et l'amant et l'amante.
Hélas! vous recevez, par ce présent charmé,
Le déplorable prix de m'avoir trop aimé;
Et puisque cette robe a causé votre perte,
Je dois être puni de vous l'avoir offerte[1].
Quoi! ce poison m'épargne, et ces feux impuissants[2]
Refusent de finir les douleurs que je sens!
Il faut donc que je vive, et vous m'êtes ravie!
Justes dieux! quel forfait me condamne à la vie?
Est-il quelque tourment plus grand pour mon amour
Que de la voir mourir, et de souffrir le jour?
Non, non; si par ces feux mon attente est trompée,
J'ai de quoi m'affranchir au bout de mon épée;
Et l'exemple du roi, de sa main transpercé,
Qui nage dans les flots du sang qu'il a versé,
Instruit suffisamment un généreux courage
Des moyens de braver le destin qui l'outrage.
CRÉUSE.
Si Créuse eut jamais sur toi quelque pouvoir,

[1] Vers supprimés :
   Trop heureux si sa force, agissant en mes mains,
   Eût de notre ennemie éventé les desseins;
   Et, détournant sur moi ses trames déloyales,
   Mon ame eût satisfait pour deux ames royales! (1639-54.)
[2] Var. Mais ce poison m'épargne, et ces feux impuissants. (1639-54.)

ACTE V, SCÈNE V.

Ne t'abandonne point aux coups du désespoir.
Vis pour sauver ton nom de cette ignominie
Que Créuse soit morte, et Médée impunie ;
Vis pour garder le mien en ton cœur affligé,
Et du moins ne meurs point que tu ne sois vengé.
 Adieu : donne la main ; que, malgré ta jalouse,
J'emporte chez Pluton le nom de ton épouse.
Ah, douleurs ! C'en est fait, je meurs à cette fois,
Et perds en ce moment la vie avec la voix.
Si tu m'aimes....

JASON.
 Ce mot lui coupe la parole ;
Et je ne suivrai pas son ame qui s'envole !
Mon esprit, retenu par ses commandements,
Réserve encor ma vie à de pires tourments [1] !
Pardonne, chère épouse, à mon obéissance ;
Mon déplaisir mortel défère à ta puissance,
Et de mes jours maudits tout prêt de triompher,
De peur de te déplaire, il n'ose m'étouffer.
 Ne perdons point de temps, courons chez la sorcière
Délivrer par sa mort mon ame prisonnière.
Vous autres, cependant, enlevez ces deux corps :
Contre tous ses démons mes bras sont assez forts,
Et la part que votre aide auroit en ma vengeance
Ne m'en permettroit pas une entière allégeance.
Préparez seulement des gênes, des bourreaux ;
Devenez inventifs en supplices nouveaux,

---

[1] Vers supprimés :
  O honte ! mes regrets permettent que je vive,
  Et ne secourent pas ma main qu'elle captive ;
  Leur atteinte est trop foible, et, dans un tel malheur,
  Je suis trop peu touché pour mourir de douleur. (1639 54.)

Qui la fassent mourir tant de fois sur leur tombe
Que son coupable sang leur vaille une hécatombe;
Et si cette victime, en mourant mille fois,
N'apaise point encor les mânes de deux rois,
Je serai la seconde; et mon esprit fidèle
Ira gêner là-bas son ame criminelle,
Ira faire assembler pour sa punition
Les peines de Titye à celles d'Ixion.

(Cléone et le reste emportent les corps de Créon et de Créuse, et Jason continue seul.)

Mais leur puis-je imputer ma mort en sacrifice?
Elle m'est un plaisir, et non pas un supplice.
Mourir, c'est seulement auprès d'eux me ranger,
C'est rejoindre Créuse, et non pas la venger.
Instruments des fureurs d'une mère insensée,
Indignes rejetons de mon amour passée,
Quel malheureux destin vous avoit réservés
A porter le trépas à qui vous a sauvés?
C'est vous, petits ingrats, que, malgré la nature,
Il me faut immoler dessus leur sépulture.
Que la sorcière en vous commence de souffrir;
Que son premier tourment soit de vous voir mourir.
Toutefois qu'ont-ils fait qu'obéir à leur mère?

SCÈNE VI.

MÉDÉE, JASON.

MÉDÉE en haut sur un balcon.

Lâche, ton désespoir encore en délibère [1]?

---

[1] Chose étrange, Médée trouve ici le secret d'être froide en

ACTE V, SCÈNE VI.

Lève les yeux, perfide, et reconnois ce bras
Qui t'a déja vengé de ces petits ingrats [1];
Ce poignard que tu vois vient de chasser leurs ames,
Et noyer dans leur sang les restes de nos flammes.
Heureux père et mari, ma fuite et leur tombeau
Laissent la place vide à ton hymen nouveau.
Réjouis-t'en, Jason, va posséder Créuse :
Tu n'auras plus ici personne qui t'accuse ;
Ces gages de nos feux ne feront plus pour moi
De reproches secrets à ton manque de foi.

JASON.

Horreur de la nature, exécrable tigresse!

MÉDÉE.

Va, bienheureux amant, cajoler ta maîtresse [2] ;
A cet objet si cher tu dois tous tes discours ;
Parler encore à moi, c'est trahir tes amours.
Va lui, va lui conter tes rares aventures,
Et contre mes effets ne combats point d'injures.

égorgeant ses enfants! C'est qu'après la mort de Créon et de Créuse ce parricide n'est qu'un surcroît de vengeance, une seconde catastrophe, une barbarie inutile. (V.)

[1] On ne relèvera pas ici l'expression très vicieuse *de ces petits ingrats*, parcequ'on n'en relève aucune. Le plus capital de tous les défauts dans la tragédie est de faire commettre de ces crimes qui révoltent la nature, sans donner au criminel des remords aussi grands que son attentat, sans agiter son ame par des combats touchants et terribles, comme on l'a déja insinué. Médée, après avoir tué ses deux enfants, au lieu de se venger de son mari, qui seul est coupable, s'en va en le raillant. (V.)

[2] Lorsqu'à ces crimes commis de sang-froid on joint une telle raillerie, c'est le comble de l'atrocité dégoûtante. Il fallait, par un coup de l'art, intéresser pour Médée, s'il était possible : c'eût été l'effort du génie. Le Tasse intéresse pour Armide, qui est magicienne comme Médée, et qui, comme elle, est aban-

26.

MÉDÉE.
JASON.
Quoi! tu m'oses braver, et ta brutalité
Pense encore échapper à mon bras irrité?
Tu redoubles ta peine avec cette insolence.
MÉDÉE.
Et que peut contre moi ta débile vaillance?
Mon art faisoit ta force, et tes exploits guerriers
Tiennent de mon secours ce qu'ils ont de lauriers.
JASON.
Ah! c'est trop en souffrir; il faut qu'un prompt supplice
De tant de cruautés à la fin te punisse.
Sus, sus, brisons la porte, enfonçons la maison;
Que des bourreaux soudain m'en fassent la raison.
Ta tête répondra de tant de barbaries.

MÉDÉE, en l'air dans un char tiré par deux dragons.

Que sert de t'emporter à ces vaines furies?
Épargne, cher époux, des efforts que tu perds;
Vois les chemins de l'air qui me sont tous ouverts;

donnée de son amant. Et, lorsque Quinault fait paraître Médée, il lui fait dire ces beaux vers :

>Le destin de Médée est d'être criminelle;
>Mais son cœur étoit fait pour aimer la vertu.

Au reste, il ne sera pas inutile de dire ici aux lecteurs qui ne savent pas le latin, ou qui n'en lisent guère, que c'est dans la *Médée* de Sénèque qu'on trouve cette fameuse prophétie, qu'un jour l'Amérique sera découverte, *venient annis secula seris*. Il y en a une dans le Dante encore plus circonstanciée, et plus clairement exprimée; c'est touchant la découverte des étoiles du pôle antarctique. Il suffirait de ces deux exemples pour prouver que les poëtes méritent le nom de prophètes, *vates*. Jamais, en effet, il n'y eut de prédiction mieux accomplie. Si Sénèque avait en effet eu l'Amérique en vue, tout l'art qu'on attribue à Médée n'aurait pas approché du sien. (V.)

ACTE V, SCÈNE VII.

C'est par là que je fuis, et que je t'abandonne,
Pour courir à l'exil que ton change m'ordonne.
Suis-moi, Jason, et trouve en ces lieux désolés
Des postillons pareils à mes dragons ailés.
   Enfin je n'ai pas mal employé la journée
Que la bonté du roi, de grace, m'a donnée ;
Mes desirs sont contents. Mon père et mon pays,
Je ne me repens plus de vous avoir trahis ;
Avec cette douceur j'en accepte le blâme.
Adieu, parjure : apprends à connoître ta femme,
Souviens-toi de sa fuite, et songe une autre fois
Lequel est plus à craindre ou d'elle ou de deux rois.

SCÈNE VII.

JASON.

O dieux ! ce char volant, disparu dans la nue [1],
La dérobe à sa peine, aussi bien qu'à ma vue ;
Et son impunité triomphe arrogamment
Des projets avortés de mon ressentiment.
Créuse, enfants, Médée, amour, haine, vengeance,
Où dois-je désormais chercher quelque allégeance ?
Où suivre l'inhumaine, et dessous quels climats
Porter les châtiments de tant d'assassinats ?
Va, furie exécrable, en quelque coin de terre
Que t'emporte ton char, j'y porterai la guerre :
J'apprendrai ton séjour de tes sanglants effets,
Et te suivrai par-tout au bruit de tes forfaits.
Mais que me servira cette vaine poursuite,

[1] Voilà encore un monologue plus froid que tout le reste ; rien n'est plus insipide que de longues horreurs. (V.)

Si l'air est un chemin toujours libre à ta fuite,
Si toujours tes dragons sont prêts à t'enlever,
Si toujours tes forfaits ont de quoi me braver?
Malheureux, ne perds point contre une telle audace
De ta juste fureur l'impuissante menace;
Ne cours point à ta honte, et fuis l'occasion
D'accroître sa victoire et ta confusion.
Misérable! perfide! ainsi donc ta foiblesse
Épargne la sorcière, et trahit ta princesse!
Est-ce là le pouvoir qu'ont sur toi ses desirs,
Et ton obéissance à ses derniers soupirs?
Venge-toi, pauvre amant, Créuse le commande;
Ne lui refuse point un sang qu'elle demande;
Écoute les accents de sa mourante voix,
Et vole sans rien craindre à ce que tu lui dois.
A qui sait bien aimer il n'est rien d'impossible.
Eusses-tu pour retraite un roc inaccessible,
Tigresse, tu mourras; et, malgré ton savoir,
Mon amour te verra soumise à son pouvoir;
Mes yeux se repaîtront des horreurs de ta peine :
Ainsi le veut Créuse, ainsi le veut ma haine.
Mais quoi! je vous écoute, impuissantes chaleurs!
Allez, n'ajoutez plus de comble à mes malheurs.
Entreprendre une mort que le ciel s'est gardée,
C'est préparer encore un triomphe à Médée.
Tourne avec plus d'effet sur toi-même ton bras,
Et punis-toi, Jason, de ne la punir pas.

Vains transports, où sans fruit mon désespoir s'amuse,
Cessez de m'empêcher de rejoindre Créuse.
Ma reine, ta belle ame, en partant de ces lieux,
M'a laissé la vengeance, et je la laisse aux dieux;
Eux seuls, dont le pouvoir égale la justice,

ACTE V, SCÈNE VII.

Peuvent de la sorcière achever le supplice.
Trouve-le bon, chère ombre, et pardonne à mes feux
Si je vais te revoir plus tôt que tu ne veux [1].

(Il se tue.)

[1] Cette pièce n'eut qu'un succès médiocre, quoiqu'elle fût au-dessus de tout ce qu'on avait donné jusqu'alors. Un ouvrage peut toucher avec les plus énormes défauts, quand il est animé par une passion vive et par un grand intérêt, comme *le Cid;* mais de longues déclamations ne réussissent en aucun pays ni en aucun temps. La *Médée* de Sénèque, qui avait ce défaut, n'eut point de succès chez les Romains; celle de Corneille n'a pu rester au théâtre.

On ne représente d'autre *Médée* à Paris que celle de Longepierre, tragédie à la vérité très médiocre, et où le défaut des Grecs, qui était la vaine déclamation, est poussé à l'excès : mais, lorsqu'une actrice imposante fait valoir le rôle de Médée, cette pièce a quelque éclat aux représentations, quoique la lecture en soit peu supportable.

Ces tragédies, uniquement tirées de la fable, et où tout est incroyable, ont aujourd'hui peu de réputation parmi nous, depuis que Corneille nous a accoutumés au vrai; et il faut avouer qu'un homme sensé qui vient d'entendre la délibération d'Auguste, de Cinna et de Maxime, a bien de la peine à supporter Médée traversant les airs dans un char traîné par des dragons. Un défaut plus grand encore dans la tragédie de *Médée*, c'est qu'on ne s'intéresse à aucun personnage. Médée est une méchante femme qui se venge d'un malhonnête homme. La manière dont Corneille a traité ce sujet nous révolte aujourd'hui ; celles d'Euripide et de Sénèque nous révolteraient encore davantage. (V.)

FIN.

EXAMEN DE MÉDÉE.

Cette tragédie a été traitée en grec par Euripide [1], et en latin par Sénèque; et c'est sur leur exemple que je me suis autorisé à en mettre le lieu dans une place publique, quelque peu de vraisemblance qu'il y ait à y faire parler des rois, et à y voir Médée prendre les desseins de sa vengeance. Elle en fait confidence, chez Euripide, à tout le chœur, composé de Corinthiennes sujettes de Créon, et qui devoient être du moins au nombre de quinze, à qui elle dit hautement qu'elle fera périr leur roi, leur princesse et son mari, sans qu'aucune d'elles ait la moindre pensée d'en donner avis à ce prince.

Pour Sénèque, il y a quelque apparence qu'il ne lui fait pas prendre ces résolutions violentes en présence du chœur, qui n'est pas toujours sur le théâtre, et n'y parle jamais aux autres acteurs; mais je ne puis comprendre comme, dans son quatrième acte, il lui fait achever ses enchantements en place publique; et j'ai mieux aimé rompre l'unité exacte du lieu, pour faire voir Médée dans le même cabinet où elle a fait ses charmes, que de l'imiter en ce point.

Tous les deux m'ont semblé donner trop peu de défiance à Créon des présents de cette magicienne, offensée au dernier point, qu'il témoigne craindre chez l'un et chez l'autre, et dont il a d'autant plus de lieu de se défier, qu'elle

---

[1] Les amateurs du théâtre qui liront cet Examen et les suivants s'apercevront assez que Corneille raisonnait plus qu'il ne sentait; au lieu que Racine sentait plus qu'il ne raisonnait : et au théâtre il faut sentir. Corneille, dans ses réflexions sur *Médée*, ne touche aucun des points essentiels, qui sont les personnages inutiles, les longueurs, les froides déclamations, le mauvais style et le comique mêlé à l'horreur. (V.)

lui demande instamment un jour de délai pour se préparer à partir, et qu'il croit qu'elle ne le demande que pour machiner quelque chose contre lui, et troubler les noces de sa fille.

J'ai cru mettre la chose dans un peu plus de justesse, par quelques précautions que j'y ai apportées : la première, en ce que Créuse souhaite avec passion cette robe que Médée empoisonne, et qu'elle oblige Jason à la tirer d'elle par adresse : ainsi, bien que les présents des ennemis doivent être suspects, celui-ci ne le doit pas être, parceque ce n'est pas tant un don qu'elle fait qu'un paiement qu'on lui arrache de la grace que ses enfants reçoivent; la seconde, en ce que ce n'est pas Médée qui demande ce jour de délai qu'elle emploie à sa vengeance, mais Créon qui le lui donne de son mouvement, comme pour diminuer quelque chose de l'injuste violence qu'il lui fait, dont il semble avoir honte en lui-même; et la troisième enfin, en ce qu'après les défiances que Pollux lui en fait prendre presque par force, il en fait faire l'épreuve sur une autre, avant que de permettre à sa fille de s'en parer.

L'épisode d'Ægée n'est pas tout-à-fait de mon invention ; Euripide l'introduit dans son troisième acte, mais seulement comme un passant à qui Médée fait ses plaintes, et qui l'assure d'une retraite chez lui à Athènes, en considération d'un service qu'elle promet de lui rendre. En quoi je trouve deux choses à dire : l'une, qu'Ægée étant dans la cour de Créon, ne parle point du tout de le voir; l'autre, que, bien qu'il promette à Médée de la recevoir et protéger à Athènes après qu'elle se sera vengée, ce qu'elle fait dès ce jour-là même, il lui témoigne toutefois qu'au sortir de Corinthe il va trouver Pitthéus à Trézène, pour consulter avec lui sur le sens de l'oracle qu'on venoit de lui rendre à Delphes, et qu'ainsi Médée seroit demeurée en assez mauvaise posture dans Athènes en l'attendant, puisqu'il tarda manifestement quelque temps chez Pitthéus, où il fit l'amour à sa fille Æthra, qu'il laissa grosse de Thésée, et n'en partit point que sa grossesse ne fût constante. Pour donner un peu plus d'intérêt à ce monarque dans l'action de cette tragédie, je le fais amoureux de Créuse, qui lui préfère Jason, et je porte ses ressentiments à l'enlever, afin qu'en cette entreprise, demeurant prisonnier de ceux qui la sauvent de ses mains, il ait obligation à Médée de sa délivrance, et que la reconnoissance qu'il lui en doit l'engage plus fortement à sa protection, et même à l'épouser, comme l'histoire le marque.

Pollux est de ces personnages protatiques qui ne sont introduits que pour écouter la narration du sujet. Je pense l'avoir déjà dit, et j'ajoute que ces personnages sont d'ordinaire assez difficiles à imaginer dans la tragédie, parceque les événements publics et éclatants dont elle est composée sont connus de tout le monde, et que s'il est aisé de trouver des gens qui les sachent pour les raconter, il n'est pas aisé d'en trouver qui les ignorent pour les entendre; c'est ce qui m'a fait avoir recours à cette fiction, que Pollux, depuis son retour de Colchos, avoit toujours été en Asie, où il n'avoit rien appris de ce qui s'étoit passé dans la Grèce, que la mer en sépare. Le contraire arrive en la comédie : comme elle n'est que d'intrigues particulières, il n'est rien si facile que de trouver des gens qui les ignorent; mais souvent il n'y a qu'une seule personne qui les puisse expliquer : ainsi l'on n'y manque jamais de confident quand il y a matière de confidence.

Dans la narration que fait Nérine au quatrième acte, on peut considérer que, quand ceux qui écoutent ont quelque chose d'important dans l'esprit, ils n'ont pas assez de patience pour écouter le détail de ce qu'on leur vient raconter, et que c'est assez pour eux d'en apprendre l'événement en un mot : c'est ce que fait voir ici Médée, qui, ayant su que Jason a arraché Créuse à ses ravisseurs, et pris Ægée prisonnier, ne veut point qu'on lui explique comment cela s'est fait. Lorsqu'on a affaire à un esprit tranquille, comme Achorée à Cléopâtre dans *la Mort de Pompée*, pour qui elle ne s'intéresse que par un sentiment d'honneur, on prend le loisir d'exprimer toutes les particularités; mais avant que d'y descendre, j'estime qu'il est bon même alors d'en dire tout l'effet en deux mots dès l'abord.

Sur-tout, dans les narrations ornées et pathétiques, il faut très soigneusement prendre garde en quelle assiette est l'ame de celui qui parle et de celui qui écoute, et se passer de cet ornement qui ne va guère sans quelque étalage ambitieux, s'il y a la moindre apparence que l'un des deux soit trop en péril, ou dans une passion trop violente pour avoir toute la patience nécessaire au récit qu'on se propose.

J'oubliois à remarquer que la prison où je mets Ægée est un spectacle désagréable que je conseillerois d'éviter; ces grilles qui éloignent l'acteur du spectateur, et lui cachent toujours plus de la moitié de sa personne, ne manquent jamais à rendre son action fort languissante. Il arrive quelquefois des occasions indispensables de faire arrêter prisonniers sur nos théâtres quelques uns de nos principaux acteurs; mais alors il vaut mieux se contenter de leur donner des gardes qui les suivent, et n'affoiblissent ni le spectacle ni l'action, comme dans *Polyeucte* et dans *Héraclius*. J'ai voulu rendre visible ici l'obligation qu'Ægée avoit à Médée; mais cela se fût mieux fait par un récit.

Je serai bien aise encore qu'on remarque la civilité de Jason envers Pollux à son départ : il l'accompagne jusque hors de la ville; et c'est une adresse de théâtre assez heureusement pratiquée pour l'éloigner de Créon et Créuse mourants, et n'en avoir que deux à-la-fois à faire parler. Un auteur est bien embarrassé quand il y en a trois, et qu'ils ont tous trois une assez forte passion dans l'ame pour leur donner une juste impatience de la pousser au-dehors; c'est ce qui m'a obligé à faire mourir ce roi malheureux avant l'arrivée de Jason, afin qu'il n'eût à parler qu'à

Créuse; et à faire mourir cette princesse avant que Médée se montre sur le balcon, afin que cet amant en colère n'ait plus à qui s'adresser qu'à elle : mais on auroit eu lieu de trouver à dire qu'il ne fût pas auprès de sa maîtresse dans un si grand malheur, si je n'eusse rendu raison de son éloignement.

J'ai feint que les feux que produit la robe de Médée, et qui font périr Créon et Créuse, étoient invisibles, parceque j'ai mis leurs personnes sur la scène dans la catastrophe. Ce spectacle de mourants m'étoit nécessaire pour remplir mon cinquième acte, qui sans cela n'eût pu atteindre à la longueur ordinaire des nôtres; mais, à dire le vrai, il n'a pas l'effet que demande la tragédie; et ces deux mourants importunent plus par leurs cris et par leurs gémissements, qu'ils ne font pitié par leur malheur. La raison en est, qu'ils semblent l'avoir mérité par l'injustice qu'ils ont faite à Médée, qui attire si bien de son côté toute la faveur de l'auditoire [1], qu'on excuse sa vengeance après l'indigne traitement qu'elle a reçu de Créon et de son mari, et qu'on a plus de compassion du désespoir où ils l'ont réduite, que de tout ce qu'elle leur fait souffrir.

[1] Une magicienne ne nous paraît pas un sujet propre à la tragédie régulière, ni convenable à un peuple dont le goût est perfectionné. On demande pourquoi nous rejetterions des magiciens, et que non seulement nous permettons que dans la tragédie on parle d'ombres et de fantômes, mais même qu'une ombre paraisse quelquefois sur le théâtre.

Il n'y a certainement pas plus de revenants que de magiciens dans le monde; et, si le théâtre est la représentation de la vérité, il faut bannir également les apparitions et la magie.

Voici, je crois, la raison pour laquelle nous souffririons l'apparition d'un mort, et non le vol d'un magicien dans les airs. Il est possible que la Divinité fasse paraître une ombre pour étonner les hommes par ces coups extraordinaires de sa providence, et pour faire rentrer les criminels en eux-mêmes; mais il n'est pas possible que des magiciens aient le pouvoir de violer les lois éternelles de cette même providence: telles sont aujourd'hui les idées reçues.

Un prodige opéré par le ciel même ne révoltera point; mais un pro-

Quant au style, il est fort inégal en ce poëme ; et ce que j'y ai mêlé du mien approche si peu de ce que j'ai traduit de Sénèque, qu'il n'est point besoin d'en mettre le texte en

dige opéré par un sorcier, malgré le ciel, ne plaira jamais qu'à la populace.
Quodcumque ostendis mihi sic incredulus odi.

Chez les Grecs, et même chez les Romains, qui admettaient les sortiléges, *Médée* pouvait être un très beau sujet. Aujourd'hui nous le reléguons à l'Opéra, qui est parmi nous l'empire des fables, et qui est à-peu-près parmi les théâtres ce qu'est l'*Orlando furioso* parmi les poëmes épiques.

Mais, quand Médée ne serait pas sorcière, le parricide qu'elle commet presque de sang-froid sur ses deux enfants pour se venger de son mari, et l'envie que Jason a de son côté de tuer ces mêmes enfants pour se venger de sa femme, forment un amas de monstres dégoûtants, qui n'est malheureusement soutenu que par des amplifications de rhétorique, en vers souvent durs ou faibles, ou tenant de ce comique qu'on mêlait avec le tragique, sur tous les théâtres de l'Europe, au commencement du dix-septième siècle. Cependant cette pièce est un chef-d'œuvre en comparaison de presque tous les ouvrages dramatiques qui la précédèrent. C'est ce que M. de Fontenelle appelle *prendre l'essor, et monter jusqu'au tragique le plus sublime*. Et en effet il a raison, si on compare *Médée* aux six cents pièces de Hardy, qui furent faites chacune en deux ou trois jours ; aux tragédies de Garnier, aux *Amours infortunés de Léandre et de Héro*, par l'avocat La Selve ; à la *Fidèle Tromperie* d'un autre avocat nommé Gougenot ; au *Pirandre* de Boisrobert, qui fut joué un an avant la *Médée*.

Nous avons déja remarqué que toutes les autres parties de la littérature n'étaient pas mieux cultivées.

Corneille avait trente ans quand il donna sa *Médée* : c'est l'âge de la force de l'esprit ; mais il était encore subjugué par son siècle. Ce n'est point sa première tragédie ; il avait fait jouer *Clitandre* trois ans auparavant. Les tragédies de Shakespeare étaient plus monstrueuses encore que *Clitandre* ; mais elles n'ennuyaient pas. Il fallut enfin revenir aux anciens pour faire quelque chose de supportable, et *Médée* est la première pièce dans laquelle on trouve quelque goût de l'antiquité. Cette imitation est sans doute très inférieure à ces beautés vraies que Corneille tira depuis de son seul génie.

Resserrer un événement illustre et intéressant dans l'espace de deux ou trois heures, ne faire paraître les personnages que quand ils doivent marge pour faire discerner au lecteur ce qui est de lui ou de moi. Le temps m'a donné le moyen d'amasser assez de forces pour ne laisser pas cette différence si visible dans le *Pompée*, où j'ai beaucoup pris de Lucain, et ne crois pas être demeuré fort au-dessous de lui quand il a fallu me passer de son secours.

venir, ne laisser jamais le théâtre vide, former une intrigue aussi vraisemblable qu'attachante, ne dire rien d'inutile, instruire l'esprit et remuer le cœur, être toujours éloquent en vers, et de l'éloquence propre à chaque caractère qu'on représente, parler sa langue avec autant de pureté que dans la prose la plus châtiée, sans que la contrainte de la rime paraisse gêner les pensées, ne se pas permettre un seul vers ou dur, ou obscur, ou déclamateur; ce sont là les conditions qu'on exige aujourd'hui d'une tragédie, pour qu'elle puisse passer à la postérité avec l'approbation des connaisseurs, sans laquelle il n'y a jamais de réputation véritable.

On verra comment, dans les pièces suivantes, Corneille a rempli plusieurs de ces conditions. (V.)

FIN DU SECOND VOLUME.

TABLE DES PIÈCES

CONTENUES

DANS LE TOME SECOND.

La Galerie du Palais, comédie.   Page   1
La Suivante, comédie.   117
La Place royale, comédie.   223
Médée, tragédie.   315

FIN DE LA TABLE.

www.ingramcontent.com/pod-product-compliance
Lightning Source LLC
Chambersburg PA
CBHW070926230426
43666CB00011B/2332